# Plaidoyer pour la
# **mondialisation capitaliste**

Canadä

Édition : Vivianne Moreau



Titre original en suédois (www.timbro.com) : *Till världkapitalismens försvar*
Titre anglais (www.globalcapitalism.st) : *In Defence of Global Capitalism*

Ce livre est paru au Canada en 2003.
ISBN : 2.89035.370.2

ÉDITIONS SAINT-MARTIN

©2003 Les Éditions Saint-Martin et
5000, rue Iberville, bureau 203
Montréal (Québec) H2H 2S6
Tél. : (514) 529-0920
Téléc. : (514) 529-8384
st-martin@qc.aira.com

Institut économique de Montréal
6418, rue Saint-Hubert, 2e étage
Montréal (Québec) H2S 2M2
Tél. : (514) 273-0969
www.iedm.org


ISBN : 2.259.20009.5

JOHAN NORBERG

# Plaidoyer pour la mondialisation capitaliste

Traduit de l'anglais par Martin Masse

PLON

## SOMMAIRE

*Préface de l'édition française* .................................... 9

1. CHAQUE JOUR, LES CHOSES S'AMÉLIORENT… ............ 15
Les demi-vérités .................................................... 15
La réduction de la pauvreté .................................... 19
La faim ................................................................... 24
L'éducation ............................................................ 28
La démocratisation .................................................. 29
L'oppression des femmes ........................................ 33
La Chine ................................................................. 37
L'Inde .................................................................... 39
Les inégalités à l'échelle mondiale ......................... 42
Des exceptions ....................................................... 47

2. … ET CE N'EST PAS UNE COÏNCIDENCE .................... 49
Le capitalisme, c'est pour vous ! ............................ 49
Les bienfaits de la croissance ................................ 55
Pourquoi choisir entre la liberté et l'égalité ? ........ 67
Les droits de propriété profitent aux pauvres ........ 73
Le miracle est-asiatique ......................................... 81
Le bourbier africain ............................................... 86

3. LE LIBRE-ÉCHANGE, C'EST ÉQUITABLE ..................... 95
Les deux parties y gagnent ..................................... 95
L'importance des importations ............................... 101
Le libre-échange entraîne la croissance ................. 107

Il y a toujours du travail à faire ............................ 116
La liberté de mouvement pour les individus aussi ............................ 124

4. LES PROBLÈMES DES PAYS EN DÉVELOPPEMENT ........ 129
Un capitalisme… inégalement réparti ............................ 129
La honte de l'homme blanc ............................ 132
Le cas de l'Amérique latine ............................ 138
Sur la route du commerce ............................ 143
« Qu'ils les gardent, leurs tarifs » ............................ 147
Le piège de l'endettement ............................ 150
Le bon remède ............................ 159

5. LA COURSE VERS LE SOMMET ............................ 165
J'appuie le libre-échange, mais… ............................ 165
Le travail des enfants ............................ 171
Et nous dans tout ça ? ............................ 175
«Big is beautiful» ............................ 183
Le capitalisme protège la nature ............................ 198

6. UN CAPITAL INTERNATIONAL DÉBRIDÉ ............................ 213
Un collectif sans leader ............................ 213
Plus ou moins de réglementation ? ............................ 221
La taxe Tobin ............................ 225
La crise asiatique ............................ 230
Comment éviter les crises ............................ 235
La dictature du marché ............................ 238

7. IL FAUT LIBÉRALISER, PAS STANDARDISER ............................ 249
Le droit de choisir sa culture ............................ 249
La marche en avant de la liberté ............................ 256

*Bibliographie* ............................ 263

# PRÉFACE DE L'ÉDITION FRANÇAISE

J'ai décidé d'écrire ce livre pour exprimer ma consternation. Ce qui m'a choqué ces dernières années, c'est de voir des manifestants de pays riches qui dénoncent la mondialisation, et des gens pour qui le contrôle politique et l'isolement économique sont préférables à la liberté de commerce sur les marchés internationaux.

En tant que Suédois, je sais que la mondialisation n'est pas un phénomène nouveau. Mes arrière-grands-parents vivaient dans une Suède économiquement sous-développée, où la pauvreté et la faim étaient aussi courantes qu'elles le sont aujourd'hui dans les pays en développement. Depuis le milieu du XIXe siècle, la Suède s'est ouverte au commerce avec l'étranger et a pu jouir du libre-échange, et le niveau de vie de ses habitants a rapidement augmenté. Je veux expliquer pourquoi nous ne devrions pas refuser aux autres la chance que nous avons eue de nous développer.

Je me réjouis de savoir que les lecteurs du Canada et de la francophonie pourront consulter ce livre. Que les idées, les miennes comme celles des activistes qui pensent autrement, puissent si facilement traverser les frontières est un bon exemple des effets bénéfiques de la mondialisation.

La montée du terrorisme, mise en évidence par l'attaque contre les États-Unis le 11 septembre 2001, ne peut que renforcer l'importance qu'il faut accorder à ces questions. Nous sommes, grâce à l'ingéniosité humaine, plus riches que jamais dans l'histoire de l'humanité. Toutefois, de nombreux gouvernements continuent de nier les droits et la liberté qui permettraient à leurs citoyens de mettre à profit cette créativité. Le protectionnisme dont font preuve les pays occidentaux a aussi pour effet de leur fermer les portes du développement. Ces habitants du tiers-monde sont laissés pour compte dans un monde qui offre de plus en plus d'opportunités de s'enrichir. Ils sont conscients de notre richesse, mais ne peuvent rien faire pour l'obtenir.

Je ne fais pas partie de ceux qui pensent que c'est la pauvreté qui engendre le terrorisme. Mais il est sûrement vrai qu'une population en colère et désespérée, qui vit dans le dénuement et qui n'a aucun espoir de voir sa situation s'améliorer, est plus susceptible d'être séduite par ceux qui lui offrent des solutions fondées sur la haine et la violence. Les pays qui produisent la majorité des terroristes ont quelque chose en commun de plus important que la religion : ce sont tous des dictatures avec des économies protectionnistes, centralisées et contrôlées par l'État, où l'aire de liberté individuelle est extrêmement restreinte. Ces pays n'offrent aucune perspective d'avenir emballante à leurs citoyens.

Il existe pourtant une chance d'avoir un meilleur avenir. Les possibilités de construire des sociétés libres et prospères, où les individus peuvent vaincre la pauvreté et le sous-développement, n'ont jamais été aussi grandes qu'aujourd'hui. Les avantages du commerce, des investissements, des idées et des technologies nouvelles se diffusent plus rapidement que jamais. Un processus de développement qui s'est déroulé sur cent ans en Suède peut maintenant se faire en dix ou vingt ans dans les pays pauvres qui réforment leurs institutions et qui libéralisent leur économie. Les économies de géants démographiques tels que la Chine, l'Inde et la Russie continuent de croître rapidement. Si ces pays poursuivent leurs réformes libérales, il n'y a pas de doute qu'ils se transformeront aussi en géants économiques. Cela signifie que des milliards de personnes jouiront de meilleures conditions de vie, et nous vivrons alors dans un monde où les notions de « sociétés occidentales développées » et « tiers-monde » n'auront plus de sens.

La récente débâcle de l'économie argentine, pour laquelle on a à plusieurs reprises blâmé l'ouverture des marchés et les réformes libérales mises en place au cours des années 1990, ont relancé les critiques sur la mondialisation. Il s'agit pourtant d'une conclusion étrange. Comme l'a brillamment expliqué Mauricio Rojas dans son livre *The Sorrows of Carmencita : Argentina's Crisis in a Historical Perspective* (Timbro, 2002), l'Argentine est un exemple révélateur et tragique de pays où des espoirs ont été détruits à cause de réformes incohérentes et d'une histoire dominée par le protectionnisme et les privilèges.

Au début du XXe siècle, l'Argentine était l'un des pays les plus riches du monde, mais la dictature, le protectionnisme et le populisme ont détruit sa prospérité (une tragédie que j'analyse dans la section « Le cas de l'Amérique latine », dans le chapitre IV). En 1990, l'Argentine était devenue un pays pauvre plongé dans un marasme économique sans précédent, avec un taux d'inflation de 2314 %. Le gouvernement entreprit alors une série de réformes avec l'objectif de déréglementer les marchés, de mettre fin à l'hyperinflation et de libéraliser le commerce avec l'étranger. Toutefois, on s'est surtout concentré sur des réformes favorisant l'élite en place. Les privatisations favorisèrent ainsi les amis des politiciens corrompus, qui obtinrent le contrôle de monopoles publics pour une bouchée de pain. Entre-temps, la réglementation toujours présente des petites entreprises et du marché du travail, une protection déficiente des droits de propriété et des impôts toujours élevés ont fait en sorte qu'il était encore très difficile pour les moins nantis de monter dans l'échelle économique.

Cela semblait néanmoins fonctionner mieux que les politiques précédentes. Pendant une période de huit ans, l'économie a crû de 50 % et le nombre de pauvres a diminué. Le problème est que ces nouvelles richesses ont redonné vie à tous les groupes qui siphonnaient les ressources de l'État. L'économie était en croissance, mais les dépenses publiques augmentaient encore plus rapidement, doublant en dix ans. Parce que la devise argentine était indexée au dollar américain, il était impossible de financer ces dépenses par l'inflation, et le gouvernement se mit à emprunter. Malgré le boom économique qu'a connu le pays au cours de cette décennie, le gouvernement a enregistré des déficits budgétaires ahurissants à partir de 1993. La proportion de la dette publique sur le PIB est passée de moins de 30 % à plus de 50 %.

Un tel niveau d'endettement n'est pas inhabituel lorsqu'on examine l'état des finances d'autres pays dans le monde, mais il est unique lorsqu'on le compare aux exportations nécessaires pour obtenir les fonds allant au remboursement de cette dette. Les exportations de l'Argentine ne comptent que pour 10 % de son PIB (comparativement au Canada et à la Suède, où elles comptent pour 40 à 50 % du PIB). Cette proportion extrêmement faible est le résultat de décennies de politiques protectionnistes et d'accent mis sur le marché local par les industries du pays – une situation aggravée par un taux de change élevé et la dévaluation monétaire effectuée par l'un de ses principaux partenaires commerciaux, le Brésil, en 1999.

À la fin des années 1990, les montants versés en capital et en intérêts sur la dette argentine équivalaient à pratiquement tous les revenus provenant des exportations. Sans apport additionnel de capitaux étrangers et de prêts internationaux, le pays se dirigeait vers la banqueroute. Pourquoi quelqu'un voudrait-il vous prêter plus d'argent ou investir chez vous si vous êtes au bord de la faillite ? Au contraire, les capitaux commençaient à quitter le pays. Le peso étant, de l'avis de tous (y compris le gouvernement), surévalué, on a observé la même spéculation sur la monnaie que celle que je décris dans le chapitre sur la crise asiatique ; c'est toujours ce qui se produit lorsqu'on cherche à réglementer le taux de change. En janvier 2002, le gouvernement laissa tomber la convertibilité du peso en dollar et confisqua les épargnes des Argentins en convertissant en pesos tous les dépôts bancaires libellés en dollars, et ce, à un taux de change de beaucoup inférieur à la parité jusque-là maintenue. Cette manœuvre pulvérisa le peu de confiance qui restait dans la capacité de l'Argentine de se sortir de la crise.

Le reste du monde ne peut toutefois éviter tout blâme pour cette situation. Au moment où l'Argentine tentait de se sortir de ce pétrin en augmentant ses exportations, les obstacles au commerce érigés par les pays riches poursuivaient leurs effets destructeurs. L'Argentine a le potentiel de devenir l'un des principaux pays exportateurs de produits agricoles, mais l'Union européenne refuse d'envisager une réforme en profondeur de sa Politique agricole commune, ce qui rend en pratique impossibles les exportations vers l'Europe.

Entre-temps, sous la conduite d'un président qui se déclare pourtant libre-échangiste, les États-Unis ont introduit des tarifs douaniers sur l'acier. Ils ont imité l'Union européenne avec l'adoption d'une loi sur l'agriculture extraordinairement coûteuse, visant à restreindre la concurrence étrangère. Depuis que j'ai dénoncé dans ce livre le fait que le rideau de fer entre l'Est et l'Ouest a été remplacé par un rideau tarifaire entre le Nord et le Sud, l'attitude des pays riches est devenue encore plus hypocrite. Ceux-ci peuvent bien prêcher le libre marché et les vertus de la mondialisation lors des sommets internationaux, mais il reste encore beaucoup de chemin à parcourir avant qu'ils ne les mettent en pratique.

*Johan Norberg*
Stockholm, avril 2003

# 1

# CHAQUE JOUR, LES CHOSES S'AMÉLIORENT...

## *Les demi-vérités*

Depuis au moins l'an 1014, année à laquelle l'archevêque Wulfstan déclara dans un sermon à York que « le monde se précipite vers sa fin », bien des gens croient que les choses se dégradent continuellement, que tout était mieux dans le bon vieux temps. Une bonne partie des discours sur le thème de la mondialisation présupposent que le monde court à sa perte. L'archevêque suédois K. G. Hammar faisait récemment écho aux propos de son confrère d'il y a un millénaire en résumant ainsi l'état du monde : « Tout le monde peut voir que le train est en passe de dérailler et qu'il n'y a même pas de manette d'alarme que quiconque puisse tirer[1]. »

On prétend que le monde est de plus en plus inéquitable. Le refrain entendu dans le débat sur l'économie de marché est que « les riches s'enrichissent et les pauvres s'appauvrissent ». C'est d'ailleurs présenté comme une sorte de diktat de la nature, et non comme une thèse que l'on doit soutenir avec des arguments. Si l'on cherche à aller plus loin que les slogans accrocheurs et que l'on observe ce qui se passe

1. L'archevêque Hammar a été interviewé dans *Arena* en juin 2000.

réellement dans le monde, on constate qu'il s'agit d'une demi-vérité. La première partie est vraie : les riches sont en effet devenus plus riches. Pas tous, mais de façon générale, oui. Ceux qui ont la chance de vivre dans un pays riche ont vu leur bien-être augmenter de façon significative depuis quelques décennies. C'est également le cas des riches du tiers-monde. La seconde partie du refrain est cependant complètement fausse. De façon générale, les pauvres ne sont pas devenus plus pauvres au cours des dernières décennies. Au contraire, la pauvreté absolue a diminué aux endroits où elle était la plus répandue. Par exemple, en Asie, plusieurs centaines de millions d'individus qui avaient de la difficulté à survivre il y a à peine vingt ans jouissent maintenant d'une existence assurée et parfois même d'un modeste confort. La misère globale a diminué et les grandes injustices du passé sont en voie de disparaître. Dans ce premier chapitre, nous présentons une longue liste de données et de descriptions de tendances, mais cela doit être fait pour réfuter les faussetés répandues concernant les conditions de vie dans le monde[1].

---

1. À moins d'indication contraire, les faits et chiffres cités dans ce chapitre sont tirés de documents du Programme des Nations unies pour le développement (PNUD) et de la Banque mondiale, en particulier les rapports annuels respectifs de ces deux organismes que sont le *Rapport mondial sur le développement humain* et le *World Development Report*, de même que la compilation de données publiées par la Banque mondiale intitulée *World Development Indicators 2000*. Le lecteur notera que les chiffres varient d'une source à l'autre à cause des différences méthodologiques. Il faut donc s'assurer d'employer une seule et même méthodologie lorsqu'on étudie des changements à travers le temps. Dans ce livre, lorsque nous comparons les pays en développement (ou sous-développés) avec les pays industrialisés, nous utilisons la définition couramment acceptée selon laquelle ces pays souffrent, notamment, d'un niveau de vie peu élevé, de systèmes de santé et d'éducation peu développés, d'un faible taux de productivité, d'un manque de capital, d'une forte concentration de l'activité économique dans l'agriculture et l'extraction de matières premières, et d'une situation caractérisée par l'instabilité et la dépendance dans les relations avec d'autres pays (voir Michael P. Todaro, 1997, p. 38). Selon cette définition, environ 135 des pays les plus pauvres de la planète sont des pays en développement. Il est toutefois important de préciser que les différences entre ces pays sont si grandes qu'il n'est pas pertinent d'en parler comme d'un seul groupe. Ce concept met dans le même panier les dictatures et les démocraties, les zones de guerre et les marchés en voie d'expansion, les pays horriblement pauvres où sévit la famine et ceux qui se rapprochent du rang de pays industrialisés.

L'un des plus importants livres publiés en Suède ces dernières années est *I Asiens tid*, un livre-reportage dans lequel l'auteur Lasse Berg et le documentariste Stig T. Karlsson racontent ce qu'ils ont vu en retournant dans des pays d'Asie qu'ils avaient visités dans les années 1960. Lors du premier voyage, ils avaient observé la pauvreté, la misère et la situation de désastre imminent dans laquelle se trouvaient ces pays. Comme beaucoup d'autres, ils ne voyaient pas comment une évolution positive était possible et croyaient qu'une révolution socialiste serait peut-être une solution. À leur retour en Chine et en Inde dans les années 1990, ils n'ont pu que constater à quel point ils s'étaient trompés. Un nombre croissant d'habitants se sont sortis de la pauvreté, la faim est un problème en voie de disparaître et les rues sont plus propres. Les maisons en boue séchée ont fait place à des édifices de briques reliés au réseau électrique avec des antennes de télévision sur le toit.

Lorsque les Suédois ont visité Calcutta pour la première fois, 10 % de ses habitants étaient des sans-abri. Chaque matin, des camions appartenant aux autorités publiques ou à des organisations missionnaires faisaient le tour des quartiers pour ramasser les corps des itinérants morts dans la nuit. Trente ans plus tard, lorsqu'ils ont entrepris de photographier des personnes vivant dans la rue, ils ont eu de la difficulté à en trouver. Le pousse-pousse, ce remarquable moyen de transport que plusieurs d'entre nous ont découvert dans les albums de *Tintin* et qui est constitué d'un fourgon à passagers tiré par un homme aux pieds nus, est en train de disparaître de la scène urbaine. Les gens voyagent maintenant en automobile, en motocyclette ou en métro.

Lorsque Lasse Berg et Stig T. Karlsson ont montré à de jeunes Indiens des photos illustrant comment les choses étaient lors de leur visite précédente, ceux-ci ont refusé de croire qu'il s'agissait du même endroit. Les choses pouvaient-elles être si épouvantables ? La transformation est mise en évidence par deux photos à la page 42 de leur livre. Sur la plus vieille, prise en 1976, une jeune fille de douze ans, Satto, montre ses mains. Elles sont déjà profondément ridées et usées, prématurément vieillies par plusieurs années de dur labeur. On peut voir en dessous une photo de Seema, sa fille de treize ans, montrant ses mains. Celles-ci paraissent douces et jeunes ; ce sont les mains d'une fillette dont l'enfance n'a pas été dérobée.

Le plus important changement a eu lieu sur le plan des mentalités et des rêves des habitants. La télévision et les journaux apportent des idées de tous les coins du monde, élargissant ainsi la conception qu'ils se font de ce qui est possible. Pourquoi quelqu'un devrait-il passer toute sa vie au même endroit ? Pourquoi une femme devrait-elle être forcée d'avoir des enfants très tôt et de sacrifier sa vie professionnelle ? Pourquoi les mariages devraient-ils être arrangés et pourquoi les intouchables sont-ils exclus alors que les relations familiales sont tellement plus flexibles dans d'autres pays ? Pourquoi se contenter des politiques actuelles alors qu'il existe des systèmes politiques alternatifs ?

Lasse Berg écrit sur un ton d'autocritique :

« En lisant les analyses que nous, les observateurs étrangers comme indiens, avons écrites dans les années 1960 et 1970, je ne vois rien qui ressemble à l'Inde d'aujourd'hui. On évoque souvent des scénarios d'apocalypse – surpopulation, désordres, bouleversements ou stagnation –, mais pas cette marche en avant calme et assurée, et encore moins cette modernisation des esprits. Qui aurait pu prédire que la propension à consommer allait pénétrer si profondément la vie des villageois ? Qui aurait pu prédire que l'économie et la prospérité feraient de si grands pas ? En regardant en arrière, on constate que les descriptions avaient toutes tendance à exagérer ce qui était extraordinaire, effrayant et incertain (la plupart des auteurs avaient leurs propres dadas) et à sous-estimer les tendances vers la normalité[1]. »

Ce développement a pu voir le jour non pas grâce à la révolution socialiste mais, au contraire, à la suite d'un mouvement vers plus de liberté individuelle au cours des dernières décennies. La liberté de choisir et les échanges internationaux se sont accrus, les investissements étrangers et l'aide au développement ont permis de transmettre des idées et des res-

1. Lasse Berg et Stig T. Karlsson, 2000, p. 96.

sources. De cette façon, les bienfaits du développement ont pu se répandre à partir du savoir, de la richesse et des inventions d'autres pays. L'importation de médicaments et de techniques médicales a permis d'améliorer les conditions de vie. La technologie moderne et les nouvelles méthodes de production ont stimulé la production agricole. Les citoyens sont devenus libres de choisir eux-mêmes leurs occupations et de vendre leurs produits. On peut voir, grâce aux statistiques, comment cela permet d'accroître la prospérité nationale et de réduire la pauvreté au sein de la population. Mais l'élément le plus important est la liberté elle-même, l'indépendance et la dignité qu'une plus grande autonomie confère à ceux qui ont vécu sous un régime d'oppression.

L'esclavage, un phénomène répandu à travers le monde il y a quelques siècles, a été éliminé sur un continent après l'autre, parallèlement avec la diffusion des idées humanistes. Il persiste de façon illégale aujourd'hui, mais il est interdit presque partout depuis la libération des derniers esclaves dans la péninsule arabe en 1970. Le travail forcé typique des économies précapitalistes est en voie d'être remplacé par la liberté de contrat et la liberté de mouvement là où le marché a pu s'établir.

## *La réduction de la pauvreté*

Entre 1965 et 1998, le revenu moyen d'un habitant de la planète a pratiquement doublé, passant de 2 497 à 4 839 dollars[1], ceci en dollars constants ajustés selon la parité du pouvoir d'achat. Cette hausse n'est *pas* due d'abord et avant tout à une augmentation des revenus dans les pays industrialisés. Au cours de cette période, les personnes faisant partie des 20 % les plus riches du monde ont vu leur revenu moyen croître de 8 315 à 14 623 $, c'est-à-dire d'environ 75 %. Pour les 20 % les plus pauvres, la croissance a été encore plus rapide, avec un revenu moyen passant de 551 à 1 137 $, soit

1. Dans ce livre, le mot dollar réfère toujours à des dollars américains (*N. d .T.*)

plus du double[1]. La consommation à l'échelle mondiale est deux fois plus élevée aujourd'hui qu'elle l'était en 1960.

Au cours du demi-siècle qui vient de se terminer, le développement matériel a permis de sortir plus de trois milliards de personnes de la pauvreté. C'est une situation unique dans l'histoire. Le Programme des Nations unies pour le développement a observé que, de façon générale, la pauvreté dans le monde a plus diminué au cours des cinquante dernières années que pendant les cinq cents ans qui les ont précédées. Dans son *Rapport sur le développement humain* de 1997, le PNUD a noté que l'humanité est en train de vivre une « deuxième grande phase de développement ». La première a vu le jour au XIXe siècle avec l'industrialisation de l'Europe et des États-Unis et la propagation rapide de la prospérité. La seconde a débuté après la Seconde Guerre mondiale et est présentement en plein essor. L'Asie et les autres pays en voie de développement ont fait des bonds toujours plus importants dans la lutte contre la pauvreté, la faim, la maladie et l'analphabétisme. Selon le PNUD, le remarquable succès qu'a connu la lutte contre la pauvreté au XXe siècle démontre qu'il est possible d'éradiquer la misère dès les premières décennies du XXIe siècle[2].

La pauvreté continue de diminuer rapidement. Si quelqu'un a un revenu inférieur à un dollar par jour, on parle généralement de pauvreté absolue. En 1820, environ 85 % de la population mondiale vivait avec l'équivalent de ce qui vaut aujourd'hui un dollar par jour. Cette proportion a diminué à un peu plus de 50 % en 1950 et a atteint 31 % en 1980. Depuis 1980, la pauvreté absolue est passée de 31 % à 20 % (on mentionne souvent le chiffre de 24 %, mais celui-ci indique plutôt la proportion de la population qui souffre de pauvreté absolue dans les pays en développement). Ce qui est remarquable dans l'évolution des vingt dernières années, c'est qu'il ne s'agit pas seulement d'une diminution de la proportion, mais également du *nombre total* de ces pauvres ; un phénomène qui se produit pour la première fois dans l'histoire

1. Arne Melchior, Kjetil Telle et Henrik Wiig, 2000, chap. II.
2. PNUD, 1997.

humaine. La population mondiale s'est accrue d'un milliard et demi de personnes pendant ces deux décennies, et pourtant le nombre de gens qui vivent dans la pauvreté absolue a baissé d'environ 200 millions. C'est la croissance économique qui est responsable de cela. C'est aux endroits où la prospérité s'est propagée le plus rapidement que la pauvreté a été combattue le plus efficacement. En Asie de l'Est (Chine exceptée), la pauvreté absolue est passée de 15 à 9 % (et de 32 à 17 % en Chine). Six Asiatiques sur dix vivaient dans des conditions de pauvreté absolue en 1975. Aujourd'hui, il y en a moins de deux sur dix.

Mais, diront les sceptiques, pourquoi les habitants des pays en voie de développement ont-ils besoin de plus de croissance et de consommation ? Pourquoi leur impose-t-on notre mode de vie ? La réponse est qu'il ne faut imposer aucun mode de vie à qui que ce soit, mais que, quelles que soient leurs valeurs, la très grande majorité des gens souhaitent bénéficier de meilleures conditions financières, pour la simple raison qu'ils auront ainsi un plus grand nombre d'options, indépendamment de celles qu'ils choisissent. Comme Amartya Sen, économiste indien et lauréat d'un prix Nobel, et d'autres l'ont souligné, la pauvreté n'est pas qu'un problème matériel. C'est un phénomène plus large, défini par l'absence de pouvoir et de liberté de choix, par un accès bloqué aux outils de base pour s'enrichir. Un faible revenu est souvent symptomatique de l'absence de ces conditions chez ceux qui sont victimes d'oppression et qui vivent en marge de la société. Le développement humain signifie la possibilité de mener une vie raisonnablement saine et sécuritaire, avec un niveau de consommation acceptable et la liberté de forger son propre avenir. Étudier les sources du développement matériel est important pour comprendre comment ces conditions ont pu émerger, mais aussi pour contribuer au développement lui-même. Ce sont les ressources matérielles, sur le plan individuel et social, qui permettent aux gens de se nourrir, d'être éduqués, de recevoir des soins médicaux et d'éviter de voir leurs enfants mourir. On se rend compte qu'il s'agit là de besoins humains quasi universels lorsqu'on laisse les gens libres de décider pour eux-mêmes.

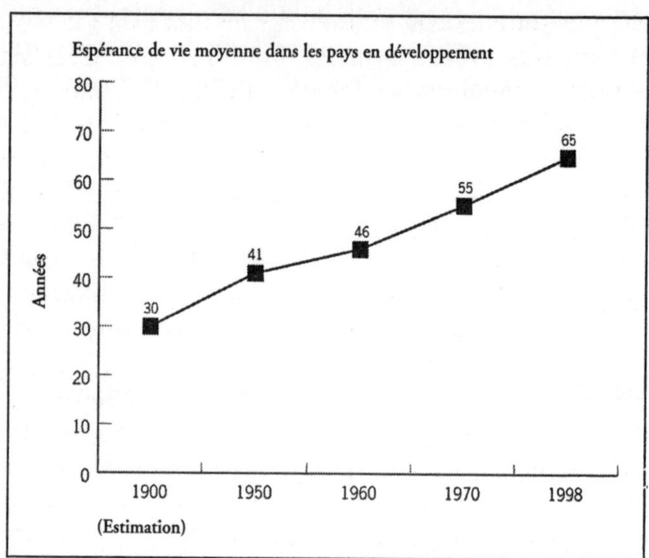


**L'espérance de vie moyenne augmente**
Source : PNUD

Cette amélioration des conditions à l'échelle mondiale se reflète, par exemple, dans l'augmentation rapide de l'espérance de vie. Au début du XX<sup>e</sup> siècle, l'espérance de vie moyenne dans les pays en développement était inférieure à 30 ans ; elle avait atteint 46 ans en 1960 et 65 ans en 1998. Les gens vivent en moyenne quinze ans de plus aujourd'hui dans les pays en développement que ceux qui vivaient dans l'économie la plus développée du monde il y a un siècle, la Grande-Bretagne. C'est en Afrique subsaharienne que cette évolution a été la plus lente mais, même là, l'espérance de vie est passée de 41 à 51 ans depuis les années 1960. L'espérance de vie moyenne demeure plus élevée dans les pays riches ; elle est de 78 ans dans les pays membres de l'OCDE. C'est toutefois dans les pays pauvres que l'amélioration a été la plus marquée. L'espérance de vie dans ces pays s'élevait à 60 % de celle des pays riches en 1960, alors qu'elle atteint 80 % aujourd'hui. Neuf personnes sur dix dans le monde peuvent espérer vivre au-delà de 60 ans, ce qui est plus que le double de la moyenne d'il y a un siècle.

Dans *I Asiens tid*, Lasse Berg décrit son retour en Malaisie après trente ans, et comment il s'est soudainement rendu compte que, durant cette période, l'espérance de vie moyenne de ses habitants avait augmenté de quinze ans. Cela signifie que, à *chaque* anniversaire, les gens qu'il a rencontrés se sont rapprochés de six mois seulement de leur mort[1].

L'amélioration de la santé des habitants découle en partie de meilleures habitudes alimentaires et de meilleures conditions de vie, mais également de soins plus adéquats. Il y a vingt ans, on comptait un seul médecin par millier d'habitants, alors qu'il y en a 1,5 aujourd'hui. Dans les pays les plus pauvres, il n'y avait que 0,6 médecin par millier d'habitants en 1980 et ce nombre a presque doublé : il est maintenant de 1. Le meilleur indice des conditions de vie des pauvres est sans doute le taux de mortalité infantile, qui a chuté de façon importante dans les pays en développement. Alors que 18 % des nouveau-nés – presque un sur cinq ! – mouraient en 1950, la proportion de décès diminuait à 11 % en 1976 et à seulement 6 % en 1995. La mortalité a pratiquement été réduite de moitié au cours des trente dernières années, de 107 décès par millier de naissances en 1970 à 59 en 1998. De plus en plus de gens ont pu survivre malgré la pauvreté. Comme les statistiques indiquent que la proportion de pauvres au sein de la population mondiale continue de diminuer progressivement, on peut conclure que la réduction de la pauvreté a été encore plus importante que ce qu'une observation superficielle des données peut indiquer.

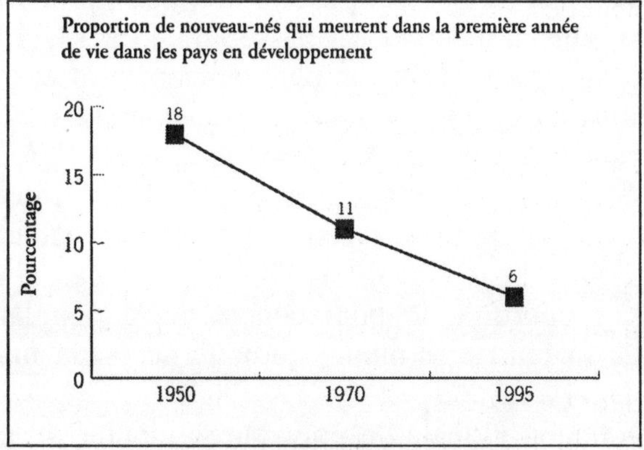


**La mortalité infantile diminue**
Source : PNUD

1. Lasse Berg et Stig T. Karlsson, 2000, p. 300.

*La faim*

Le fait que les gens vivent plus vieux et en meilleure santé est dû en partie à la réduction de l'une des plus cruelles manifestations du sous-développement : la faim. La consommation de calories par habitant dans le tiers-monde a augmenté de 30 % depuis les années 1960. Selon l'Organisation des Nations unies, 960 millions d'habitants de pays en développement étaient sous-alimentés en 1970. Ce nombre était de 830 millions en 1991 et de 790 millions en 1996. Proportionnellement à la population, cela constitue une amélioration spectaculaire. Il y a trente ans, près de 37 % des habitants des pays en développement souffraient de la faim. Aujourd'hui, c'est plutôt 18 %. Est-ce beaucoup ? Oui. Trop ? Certainement. Mais le nombre diminue rapidement. La Suède s'est débarrassée de la malnutrition chronique en deux décennies au début du XX^e^ siècle. En seulement trente ans, la proportion des mal nourris dans le monde a été réduite de moitié et l'on s'attend à ce qu'elle diminue encore pour atteindre 12 % en 2010. Il n'y a jamais eu autant d'humains sur Terre et il n'y a jamais eu une telle quantité de nourriture disponible. Au cours des années 1990, le nombre de personnes souffrant de la faim a diminué en moyenne de 6 millions chaque année, alors que la population mondiale s'est accrue de 80 millions.

C'est en Asie de l'Est et du Sud-Est, où la proportion des personnes sous-alimentées est passée de 43 à 13 %, que les changements sont survenus le plus rapidement. Cette proportion a diminué de 19 à 11 % en Amérique latine, de 25 à 9 % en Afrique du Nord et au Moyen-Orient, et de 38 à 23 % en Asie du Sud. La pire situation reste celle de l'Afrique subsaharienne, où le nombre de gens souffrant de malnutrition a augmenté : il est passé de 89 à 180 millions. Mais si on parle plutôt de proportion, le pourcentage de la population qui souffre de la faim a diminué, quoique de façon marginale, passant de 34 à 33 %.

La production globale de nourriture a doublé au cours du dernier demi-siècle et triplé dans les pays en développement. La production de nourriture par habitant dans le monde est en hausse de 22 % aujourd'hui par rapport au début des années

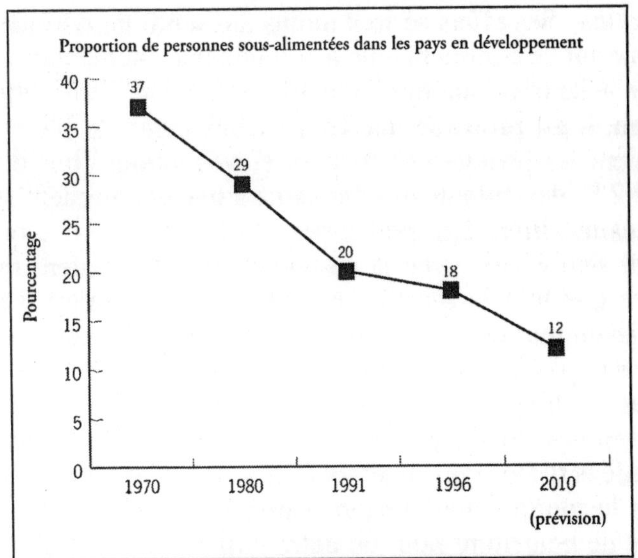


**La faim diminue dans le monde**
Source : PNUD

1960. Les pays en développement produisent, quant à eux, 49 % plus de céréales par habitant. Le défrichement de nouvelles terres n'est que partiellement responsable de cette expansion agricole. Ce sont plutôt les vieilles terres qui sont exploitées plus efficacement. Le rendement par hectare de terre arable a pratiquement doublé. Les prix du blé, du maïs et du riz ont été réduits de 60 %. Depuis le début des années 1980 seulement, les prix des denrées ont chuté de moitié et la production a augmenté de 25 % sur certaines terres – un processus qui a connu une croissance plus rapide dans les pays pauvres que dans les pays riches.

Ces réalisations sont le résultat triomphal de la « Révolution verte ». Des plantes plus productives et plus résistantes ont été développées, pendant que les méthodes de semence, d'irrigation, de fertilisation et de récolte ont été considérablement améliorées. De nouvelles souches de blé à haut rendement sont responsables de 75 % de la production dans les pays en développement. Dans le sud de l'Inde, on estime que la Révolution verte a permis d'accroître le revenu réel des propriétaires de ferme de 90 % et celui des paysans sans terre de 125 % en vingt ans. Ses effets se sont moins fait sentir en Afrique, mais, même sur ce continent, elle a entraîné une augmentation de 10 à 40 % de la production de maïs par hectare. Sans cette révolution, il est probable que les prix mondiaux du blé et du riz seraient de presque 40 % plus élevés aujourd'hui et à peu près 2 % des enfants qui ont assez à manger auraient souffert de malnutrition. Les problèmes d'alimentation d'aujourd'hui n'ont rien à voir avec la surpopulation, ils existent toujours parce que tout le monde ne peut pas se permettre d'acheter suffisamment de nourriture, ou parce que des paysans n'ont toujours pas la liberté de produire dans des conditions sécuritaires et en ayant accès aux connaissances et aux techniques disponibles. Selon plusieurs chercheurs, si les méthodes de culture et d'élevage contemporaines étaient appliquées partout dans le monde, nous serions capables de produire suffisamment de nourriture pour un autre milliard d'humains[1].

Les cas de famine importante ont aussi diminué considérablement, en grande partie parce que plusieurs pays sont devenus des démocraties. Des disettes sont survenues dans pratiquement tous les types de société – régimes communistes, empires coloniaux, dictatures technocratiques et anciennes sociétés tribales. Dans tous les cas, il s'agissait d'États autoritaires et centralisés qui réprimaient l'expression des opinions et le fonctionnement du marché. Comme l'a fait remarquer Amartya Sen, il n'y a jamais eu de famine dans un pays démocratique. Même les pays démocratiques pauvres tels l'Inde et le Botswana ont évité la disette malgré un approvisionnement en nourriture moins bon que dans plusieurs pays où ce type de désastre est survenu. Par contre, les États communistes comme la Chine, l'Union soviétique, le Cambodge, l'Éthiopie et la Corée du Nord, de même que l'Inde sous le régime colonial britannique, ont connu des périodes de famine, ce qui tend à démontrer que c'est la dictature, et non l'absence de nourriture, qui provoque les famines. La famine survient lorsque les dirigeants détruisent la production et le commerce, lorsqu'ils font la guerre et

1. *Forbes*, 16 novembre 1998, p. 36 ; Banque mondiale, 2000a, p. 184.

qu'ils ignorent les conditions lamentables dans lesquelles se retrouve leur population affamée.

Amartya Sen soutient que les démocraties ne connaissent pas la famine pour la simple raison que celle-ci peut facilement être évitée si les dirigeants d'un pays le souhaitent. Ils peuvent s'abstenir d'entraver la distribution de nourriture et créer des emplois pour ceux qui n'ont pas les moyens de se nourrir en période de crise. Les dictateurs ne subissent toutefois aucune pression pour agir dans ce sens. Les dirigeants démocratiques, eux, subissent cette pression et sont démis de leurs fonctions s'ils ne le font pas. Ajoutons qu'une presse libre permet au public de prendre conscience du problème et d'y faire face pendant qu'il en est encore temps. Sous un régime dictatorial, même les dirigeants peuvent être trompés par la censure. Tout porte à croire que les dirigeants chinois ont été rassurés par leur propre propagande et par les statistiques trafiquées de leurs subalternes alors que 30 millions de personnes mouraient de faim pendant le « Grand Bond en avant » de 1958 à 1961[1].

En même temps que la production de nourriture a augmenté et que plus de gens ont pu manger à leur faim, l'approvisionnement en eau potable a lui aussi doublé, ce qui constitue un progrès extrêmement important dans la lutte contre les maladies et les infections dans les pays en développement. Huit personnes sur dix ont maintenant accès à de l'eau propre à travers le monde. Il y a seulement une génération, 90 % de la population rurale devait s'en passer, alors que c'est toujours le cas pour 25 % aujourd'hui. Au début des années 1980, à peine plus de la moitié de la population indienne bénéficiait d'un accès à une source d'eau pure, une proportion qui a grimpé à plus de 80 % une décennie plus tard. En Indonésie, ce pourcentage est passé de 39 à 62 %. Des pays comme le Koweït et l'Arabie Saoudite obtiennent de nos jours une bonne partie de leur eau potable en dessalant l'eau de mer, qui est disponible en quantités illimitées. Le dessalement est un procédé coûteux, mais il est la preuve qu'une prospérité grandis-

---

1. Amartya Sen, 1999, chap. VII.

sante permet de résoudre tous les problèmes, y compris une pénurie de ressources.

### *L'éducation*

L'éducation est l'une des méthodes les plus sûres pour accroître le développement des individus et leurs espérances de revenu. Beaucoup de gens en sont toutefois privés, en bonne partie à cause de leur sexe. Environ 65 % des enfants à qui on interdit l'école et qui restent analphabètes sont des filles. C'est aussi une question de pauvreté. Dans beaucoup de pays, les plus pauvres n'ont tout simplement pas accès à l'éducation. Les familles pauvres n'ont pas les moyens d'envoyer leurs enfants à l'école parce que leurs maigres revenus ne peuvent être consacrés à autre chose qu'à l'essentiel (l'école est trop dispendieuse), ou encore parce qu'ils considèrent que l'éducation n'est pas un investissement assez rentable. En Inde, les enfants des familles comptant parmi les 15 % les plus riches reçoivent dix années d'éducation de plus que ceux qui viennent des familles parmi les 15 % les plus pauvres. Il n'est donc pas surprenant que l'accès à l'éducation augmente rapidement lorsque l'économie connaît une poussée de croissance. Cela a pour effet de stimuler encore plus la croissance.

Pratiquement la totalité des enfants dans le monde fréquentent aujourd'hui l'école primaire. L'exception majeure, encore une fois, est l'Afrique subsaharienne, où ce taux de fréquentation atteint tout de même 75 %. Le nombre de jeunes fréquentant l'école secondaire et faisant des études supérieures est passé de 27 % en 1960 à 67 % en 1995. Pendant cette période, la proportion des enfants qui ont eu accès à l'école a augmenté de 80 %. Il y a aujourd'hui 900 millions d'adultes analphabètes dans le monde. Cela peut sembler énorme (et ça l'est, bien sûr), mais ce nombre représente une diminution importante en termes de proportion, de 70 % de la population des pays en développement dans les années 1950 à entre 25 et 30 % aujourd'hui. Cette rapide avancée de l'alphabétisation est apparente lorsqu'on compare les taux d'analphabétisme des différentes générations. Chez les plus jeunes, le phénomène disparaît rapidement.

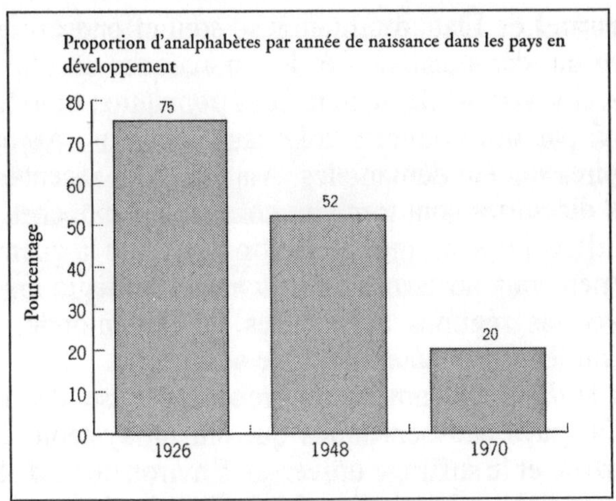


**L'analphabétisme diminue**
Source : UNESCO

*La démocratisation*

La diffusion accélérée des informations et des idées à travers le monde, qui a lieu en parallèle avec l'augmentation des niveaux d'éducation et de prospérité, a aussi pour effet d'accentuer les revendications en faveur de droits politiques véritables. Les adversaires de la mondialisation prétendent qu'un marché dynamique et le capital international menacent la démocratie, mais ce qui est en réalité menacé est ce qu'ils voudraient eux-mêmes faire avec la démocratie, c'est-à-dire s'en servir pour accroître le pouvoir des gouvernements. Jamais auparavant dans l'histoire de l'humanité n'y a-t-il eu une aussi vaste dissémination qu'aujourd'hui des droits démocratiques, du suffrage universel et de la liberté d'opinion.

Il y a un siècle, le suffrage universel n'existait dans aucun pays. Le monde était gouverné par des empires et des monarchies. Même dans les pays occidentaux, les femmes étaient exclues du processus démocratique. Au cours du XXe siècle, plusieurs populations ont été assujetties au communisme, au fascisme ou au nazisme, des idéologies qui ont mené à des conflits majeurs et à l'assassinat politique de plus de 300 millions de personnes. À quelques exceptions près, ces systèmes ont disparu. Les États totalitaires se sont effondrés, les dictatures ont été démocratisées et les monarques absolus ont été déposés. Il y a un siècle, le tiers de la population mondiale était gouverné par des pouvoirs coloniaux lointains. Aujourd'hui, ces empires ont été démantelés. Au cours des récentes décennies, les dictatures sont tombées comme des mouches, surtout après la démolition du mur de Berlin. La fin de la guerre froide a également mis un terme à la fâcheuse stratégie américaine d'appuyer les régimes autoritaires du tiers-monde, dans la mesure où ils s'opposaient au bloc soviétique.

Selon le *think tank* américain Freedom House, il y a aujourd'hui 120 pays démocratiques qui ont un système électoral multipartiste et le suffrage universel. Environ 60 % de la population mondiale, c'est-à-dire 3,5 milliards de personnes, y vivent. Quatre-vingt-six de ces pays, avec un total de 2,5 milliards d'habitants, sont considérés comme « libres », c'est-à-dire qu'il s'agit de démocraties où les droits civils sont garantis à tous. Il y a donc 40 % de la population mondiale qui vit dans des pays libres, soit la plus grande proportion jamais vue. Tous ces gens vivent dans des pays où la règle de droit est garantie et qui permettent la tenue de débats et l'organisation d'une opposition active.

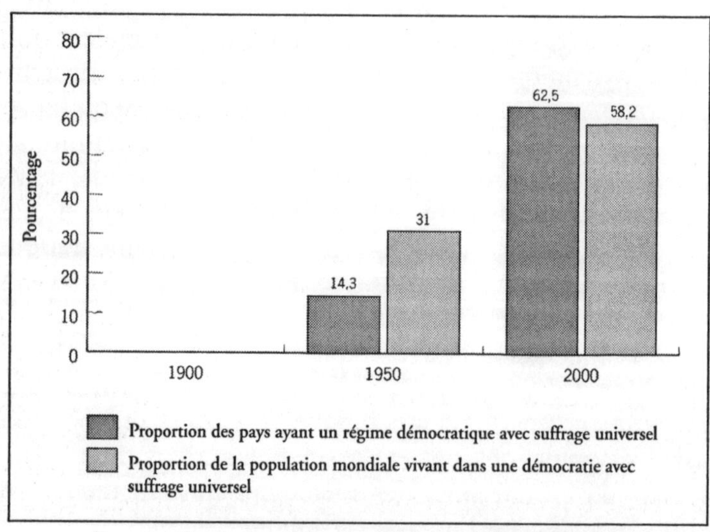


**Le monde devient de plus en plus démocratique**
Source : Freedom House, 2000

Il y a actuellement 47 États qui violent les droits fondamentaux de la personne. Parmi les pires, on compte l'Afghanistan, l'Arabie Saoudite, la Birmanie, la Corée du Nord, Cuba, la Guinée équatoriale, l'Irak, la Libye, le Soudan, la Syrie et le Turkménistan. Ces pays sont parmi les moins affectés par la mondialisation et les moins orientés vers l'économie de marché et le libéralisme. Il faut déplorer et combattre l'oppression qui y règne, la suppression des opinions, l'existence de médias contrôlés par les gouvernements, la surveillance des citoyens. Mais il faut se rappeler que cet état de choses était tout à fait normal pour la majeure partie des habitants de la planète il y a à peine quelques décennies. En 1973, seulement 20 pays comptant plus d'un million d'habitants étaient gouvernés de façon démocratique[1].

Durant les années 1990, 21 pays se sont ajoutés à la liste des pays libres, tandis que le nombre de pays non libres baissait de trois. Cela s'est déroulé en même temps que la formation de plusieurs nouveaux États issus de la désintégration de l'Union soviétique. La tendance vers plus de démocratie continue de s'affirmer et il n'y a aucune raison de croire qu'elle s'arrêtera bientôt. On entend parfois dire que la démocratie se conjugue difficilement avec l'islam, et c'est l'impression qu'on peut avoir en observant le monde aujourd'hui. Il faut toutefois se rappeler que de nombreux chercheurs disaient la même chose du catholicisme dans les années 1970, alors qu'on trouvait parmi les pays catholiques les régimes militaires d'Amérique latine, des États communistes d'Europe de l'Est et des dictatures comme celle des Philippines sous le régime du président Marcos.

Le nombre de conflits militaires a diminué de moitié au cours de la dernière décennie et, aujourd'hui, moins de 1 % de la population mondiale est directement affectée par la guerre. Cela est dû au fait que les démocraties ne se font pas la guerre entre elles, de même qu'à l'expansion des échanges internationaux, qui rendent les conflits moins intéressants. Un citoyen s'intéresse moins à la taille de son pays lorsqu'il jouit de la liberté de mouvement et de commerce. On peut créer la

---

1. Freedom House, 2001.

prospérité non pas en annexant une partie du territoire d'un autre pays, mais en ayant la possibilité de commercer avec ce pays et de profiter de ses ressources. Dans un monde constitué d'États nationaux vivant en autarcie, les territoires étrangers n'ont de valeur que lorsqu'on peut s'en emparer.

Comme le dit un proverbe populaire du XVIe siècle dans les régions frontalières entre le Danemark et la Suède, « le bœuf a fait la paix ». L'histoire veut que les fermiers de Småland (Suède) et Blekinge (Danemark) aient décidé de faire la paix entre eux, contre la volonté de leurs dirigeants, parce qu'ils voulaient échanger de la viande et du beurre contre du hareng et des épices. Un dicton attribué à tort au libéral français Frédéric Bastiat, mais qui résume bien sa pensée, dit la même chose un peu différemment : « Si les biens ne traversent pas la frontière, ce sont les soldats qui le feront. » Une dépendance mutuelle implique un amenuisement des risques de conflits entre les États. L'existence de firmes à propriété partagée par des actionnaires de divers pays, la présence de compagnies et d'investisseurs étrangers et le contrôle des ressources naturelles par des acteurs privés plutôt que publics font en sorte qu'il est difficile de savoir où les frontières réelles d'un pays s'arrêtent et où commencent celles d'un autre. Dans les siècles passés, lorsque les Suédois avaient l'habitude de ravager le continent, c'était pour s'emparer des ressources des autres. Si nous faisions la même chose aujourd'hui, ce sont les compagnies, le capital et les marchés d'exportation suédois qui en souffriraient.

Certains prétendent que la mondialisation menace les États nationaux et incite au séparatisme et aux conflits ethniques et régionaux. Il existe en effet un risque de recrudescence des activités séparatistes lorsque le pouvoir des États nationaux est remis en cause, et la tragédie de l'ex-Yougoslavie est un exemple des conflits sanglants qui peuvent en découler. Toutefois, le nombre de guerres civiles importantes (ayant fait plus de 1000 morts) en cours dans le monde est tombé, de 1991 à 1998, de 20 à 13. Neuf de ces treize conflits avaient lieu en Afrique, le continent le moins démocratique et le moins capitaliste. Les guerres qui suivent l'effondrement de régimes totalitaires sont d'abord des luttes de pouvoir qui prennent place dans une situation temporaire de vide politique. Dans plusieurs pays, une centralisation excessive a empêché le développement d'institutions démocratiques stables et l'autonomie de la société civile. Lorsque cette centralisation bat de l'aile, le chaos règne jusqu'à ce que de nouvelles institutions soient établies. Il n'y a aucune raison de croire qu'il s'agit là d'une nouvelle tendance dans un monde plus démocratique et internationalisé.

### *L'oppression des femmes*

L'une des plus cruelles injustices dans le monde est l'oppression subie par les femmes. Dans certaines parties du monde, la femme est encore considérée comme une propriété de l'homme. Un père a le droit de marier sa fille à qui il veut, selon ce qu'il juge dans l'intérêt de la famille, et c'est le mari qui décide quelle sorte de travail son épouse pourra faire. Dans plusieurs pays, c'est le mari qui possède le passeport ou la carte d'identité de sa femme, ce qui empêche celle-ci de se déplacer à son gré. Des lois empêchent les femmes de divorcer, d'avoir des propriétés ou de travailler à l'extérieur de la maison, et nient aux filles les mêmes droits de succession qu'aux garçons. Les filles ne reçoivent qu'une partie de l'éducation dont profitent les garçons, et n'en reçoivent souvent pas du tout. Les femmes sont battues, violées et soumises à des mutilations génitales sans que les autorités n'interviennent.

Il est vrai, comme plusieurs le déplorent, que la mondialisation bouleverse les vieilles traditions et habitudes. Comment maintenir, par exemple, les traditions patriarcales lorsque les enfants ont soudainement la possibilité de gagner plus d'argent que le chef de famille ? L'une des vieilles et tenaces traditions menacées par la mondialisation est celle de la subordination des femmes. Grâce aux contacts culturels et aux échanges d'informations, des espoirs et des idéaux nouveaux se propagent. De jeunes Indiennes qui voient à la télévision que les Occidentales ne sont pas confinées au rôle de ménagère envisagent elles-mêmes des carrières en droit ou en médecine.

Des Chinoises auparavant isolées trouvent le courage d'émettre des revendications et de prendre des décisions lorsqu'elles peuvent s'informer sur la sexualité et la maternité sur des sites Web. Lorsque les femmes commencent à prendre leurs propres décisions et qu'on leur permet de consommer ce qu'elles veulent et de choisir leur travail, elles deviennent plus exigeantes sur les questions d'égalité et de pouvoir dans d'autres domaines.

> « Mes parents m'ont élevée en m'inculquant l'idée que je devais être jolie et sage. Il fallait que je sois obéissante et polie, soumise envers eux et mes professeurs… Lorsque j'aurai des enfants, je ferai en sorte que nous soyons égaux au sein de la famille, entre homme et femme, entre parents et enfants. Ce n'était pas comme ça pour nous. Pour la génération de mes parents, il était évident que la vie de la femme mariée devait se dérouler entre les quatre murs de la maison, où elle devait tout faire, même si elle travaillait. Je pense que cette époque sera bientôt révolue pour toujours. »
>
> — Shan Ying, une Chinoise de 21 ans qui est commis de banque à Shanghai[1]

Une prospérité croissante permet d'augmenter les possibilités pour les femmes de devenir plus indépendantes et de se prendre en main. En Afrique et ailleurs, on constate que les femmes sont souvent des entrepreneurs dynamiques dans plusieurs types de production à petite échelle et dans le secteur au noir, ce qui suggère que le marché leur permettrait de se développer si la discrimination et les réglementations ne freinaient pas leur élan. D'ailleurs, la tendance mondiale vers une plus grande libéralisation des conditions de travail et du marché fait en sorte qu'il devient très difficile de tenir les femmes à l'écart. Les femmes constituent aujourd'hui 42 % de la main-d'œuvre mondiale, contre 36 % il y a vingt ans. Le capitalisme ne s'inquiète pas de savoir si le meilleur producteur est une femme ou un homme. Au contraire, exercer une discrimination coûte cher puisque cela implique qu'on se prive des services de certaines personnes. Toutes les études montrent que

1. Lasse Berg et Stig T. Karlsson, 2000, p. 202.

le respect des droits des femmes et leur capacité d'exercer une influence à la maison dépendent fortement des possibilités d'emploi et de revenu qu'elles peuvent avoir à l'extérieur.

La technologie peut s'avérer une force de changement. Les femmes, en Arabie Saoudite, ne peuvent se montrer en public à moins de couvrir complètement leur corps, sauf leurs mains, leurs yeux et leurs pieds. Elles n'ont pas le droit de conduire une voiture, une interdiction parmi bien d'autres. La conséquence inévitable de ces règles a été de les exclure de toute activité économique. Mais l'arrivée d'Internet a soudainement permis aux femmes de faire des affaires à partir de la maison, grâce à l'ordinateur. Très rapidement, toute une série d'entreprises gérées par des femmes sont apparues ; entreprises qui offrent par exemple des services dans la mode, la réservation de voyages, l'organisation de conférences et de réceptions. Cela explique qu'environ les deux tiers des usagers d'Internet, en Arabie Saoudite, sont des femmes. Lorsque plusieurs milliers de femmes prouvent qu'elles peuvent être aussi compétitives que les hommes, malgré la discrimination, les interdits qui s'appliquent à elles finissent par avoir l'air de plus en plus absurdes. On devient donc de plus en plus conscient et critique de la discrimination entre les sexes[1].

La démocratisation donne une place aux femmes en politique et les lois sont changées dans un nombre croissant de pays en faveur d'une plus grande égalité des sexes. Les lois sur le divorce et la succession sont de moins en moins partiales. L'égalité devant la loi se répand en même temps que la démocratie et le capitalisme. La notion de dignité humaine chasse la discrimination. Cela prend également plus d'ampleur avec la prospérité. Dans les familles indiennes qui sont parmi les 20 % les plus pauvres, la différence entre la proportion de filles et de garçons qui reçoivent une éducation est de 11 %, alors qu'elle n'est que de 4,7 % chez les 20 % les plus riches. Dans les régions du monde où les inégalités sont les plus fortes – Asie du Sud, Afrique, Moyen-Orient –, la proportion de filles qui vont à l'école a doublé au cours des vingt-cinq dernières années. De façon générale, l'écart entre la proportion

1. «How Women Beat the Rules», *The Economist*, 2 octobre 1999.

de filles et de garçons à qui l'on permet de s'instruire a diminué de moitié depuis vingt ans. À travers le monde, 46 % des enfants qui vont à l'école primaire sont des filles.

Cela est important non seulement pour les femmes mais aussi pour leurs enfants, parce que le fait qu'une mère bénéficie d'une meilleure éducation et de revenus supplémentaires a pour effet que les enfants sont mieux nourris et éduqués, alors que la situation du père n'a pas les mêmes retombées. En Asie du Sud, où une attitude inhumaine envers les femmes s'est manifestée dans le passé – c'est encore le cas aujourd'hui à certains endroits – par un haut taux de mortalité pour les filles durant les premières années de la vie, celles-ci ont aujourd'hui une espérance de vie plus élevée que les garçons à la naissance. L'espérance de vie moyenne des femmes dans les pays en développement a augmenté de 20 % au cours des cinquante dernières années.

Le développement permet aux femmes de reprendre le contrôle de leur corps. La plus grande influence des femmes dans les pays pauvres, tout comme la plus grande disponibilité des méthodes de contraception, sont directement reliées à un taux de natalité moins élevé.

Helen Rahman travaille chez Shoishab, une organisation financée par Oxfam à Dhaka, au Bangladesh, qui aide les enfants pauvres et abandonnés et les femmes au travail. Selon elle, c'est l'émergence d'une industrie textile dans ce pays au cours des vingt dernières années qui a permis aux femmes d'acquérir une meilleure position sociale. « L'industrie du vêtement a engendré une révolution silencieuse dans les mœurs. Auparavant, il était inacceptable pour une femme de travailler à l'extérieur de son milieu immédiat. Des femmes qui quittaient leur village pour aller travailler en ville étaient très mal vues ; on présumait qu'elles allaient se prostituer. Aujourd'hui, il est devenu acceptable pour cinq jeunes femmes de louer une maison ensemble. Le revenu que ces femmes obtiennent leur donne un certain prestige et un pouvoir de négociation. L'une des conséquences positives de ceci est que l'âge moyen auquel elles se marient a augmenté[1]. »

1. Oxfam, «The clothes trade in Bangladesh».

*La Chine*

Environ la moitié des pauvres de la planète vivent dans les deux pays les plus peuplés : la Chine et l'Inde. Ce qui arrive dans ces pays est donc d'une importance capitale. Ils ont tous deux considérablement libéralisé leur économie depuis une vingtaine d'années. Les dictateurs communistes chinois se sont rendu compte, vers la fin des années 1970, que la collectivisation constituait un frein au développement. L'obligation pour les fermiers de livrer leurs produits selon des directives bureaucratiques les empêchait de concentrer leurs efforts sur le rendement et le renouvellement des récoltes. Le dirigeant chinois Deng Xiaoping voulait préserver sa foi dans les vertus du socialisme pour la distribution des richesses, mais comprenait en même temps qu'on ne peut que redistribuer la pauvreté ou la richesse, et que cette dernière ne pouvait être créée qu'en donnant plus de liberté aux individus. Il lança donc un programme de libéralisation de l'économie en décembre 1978, deux ans après la mort de Mao Zedong. Les familles de la campagne qui jusque-là avaient été forcées de travailler sur les fermes collectives reçurent la permission de mettre de côté une partie de leur récolte et de la vendre aux prix du marché. Ce système fut de plus en plus libéralisé au fil des ans. De cette façon, les Chinois furent incités à investir dans l'agriculture et à améliorer leur efficacité. La possibilité offerte à tous de se retirer de la ferme collective et de louer un lopin de terre de l'État fut mise à profit par tellement de paysans que pratiquement toute la terre est depuis passée dans des mains privées, dans ce qui a peut-être été la plus grosse privatisation de l'histoire. La manœuvre a porté ses fruits, les rendements des récoltes ayant connu une hausse annuelle spectaculaire de 7,7 % de 1978 à 1984. Ce pays, qui avait été affecté vingt ans auparavant par les pires famines de l'histoire de l'humanité, jouissait maintenant d'un surplus de nourriture.

Ce type de réforme faisant appel aux incitations du marché fut rapidement introduit dans d'autres secteurs de l'économie. Les échanges commerciaux furent permis entre villages mais aussi entre les villes et les campagnes. Les villages qui étaient autosuffisants furent intégrés au marché régional et à celui du pays entier. Profitant d'une productivité et d'un pouvoir d'achat accrus, de nombreux fermiers décidèrent d'investir leur capital dans des compagnies privées ou des coopératives du secteur industriel. Depuis ce temps, d'autres développements qu'on aurait trouvés inconcevables jusque-là – un marché du travail plus libre, le commerce international, les investissements directs étrangers – sont devenus des faits banals.

Les informations concernant ces changements sont contradictoires à cause de la difficulté d'obtenir des données fiables dans un régime dictatorial. Toutefois, tous les observateurs s'entendent pour reconnaître que la croissance économique et la hausse des revenus ont été exceptionnelles. Certains ont parlé d'une croissance annuelle de près de 10 % dans les vingt années qui ont suivi les réformes, permettant au PIB de quadrupler. Il y a vingt ans, l'économie chinoise se comparait en gros à celle de l'Allemagne ; aujourd'hui, elle est plus grosse que les économies combinées de l'Allemagne, de la France, de l'Italie et des pays scandinaves. La libéralisation économique de 1978 a permis à 800 millions de fermiers chinois de doubler leurs revenus en seulement six ans. L'analyste Shuije Yao soutient que l'étendue de la pauvreté absolue a longtemps été cachée par les statistiques officielles mais qu'un demi-milliard de Chinois auraient tout de même quitté cette condition grâce à ce développement rapide. La Banque mondiale a évoqué « la plus importante et la plus rapide réduction du niveau de pauvreté dans l'histoire[1] ».

La Chine pourrait bien connaître des revers économiques spectaculaires au cours des prochaines années. Sous l'impulsion d'une réglementation financière boiteuse, des sommes colossales ont été affectées aux sociétés d'État inefficaces et à des entreprises privilégiées, alors que les petites et moyennes entreprises sont sous-capitalisées. Les autorités ont entravé l'examen de la situation des banques et des compagnies, ce qui pourrait précipiter une crise sans précédent. Mais l'économie a subi une transformation telle qu'il serait impossible de revenir à la situation d'avant 1978 sur le plan des réformes et de la prospérité.

1. Shuije Yao, 2000 ; Banque mondiale, 2000b.

Il reste malheureusement beaucoup de choses qui n'ont pas changé en Chine, comme l'ont démontré le massacre de la place Tienanmen, la répression au Tibet et au Xinjiang, la persécution du mouvement Falun Gong et les camps de travail pour prisonniers politiques. Le joug du parti communiste se maintient, mais de moins en moins de gens s'attendent à ce qu'il survive à la libéralisation économique à long terme. C'est par la libéralisation économique que les citoyens en sont venus à pouvoir jouir de libertés importantes. Alors qu'avant ils devaient travailler là où on leur ordonnait de le faire, les Chinois peuvent à présent choisir leur emploi. Les voyages et les déménagements étaient impossibles et il était interdit de quitter la campagne pour la ville. Aujourd'hui, ils peuvent voyager presque librement, porter les vêtements qu'ils aiment et dépenser leur argent comme bon leur semble.

Les villageois ont maintenant la possibilité d'élire leurs représentants locaux. Les élections sont souvent contrôlées par le parti communiste mais, là où ce n'est pas le cas, les gens ont voté pour le changement et le pouvoir du parti s'est effondré dans presque un tiers des villages. Conjuguer une démocratie locale de plus en plus étendue à une dictature centralisée risque de devenir intenable à long terme. Même si les gens peuvent encore se faire arrêter pour cause de dissidence, une grande diversité d'opinion peut à présent se faire entendre, en grande partie grâce aux pressions internationales et à Internet. Des organisations indépendantes font surface et il devient impossible de contrôler toute l'information. Même les journaux officiels montrent plus d'indépendance et se permettent de critiquer les fonctionnaires corrompus.

### *L'Inde*

Contrairement à la Chine, l'Inde est une démocratie depuis son accession à l'indépendance en 1947. Elle aussi a d'abord opté pour une économie strictement contrôlée. Le gouvernement a investi dans l'industrie lourde et l'a protégée par des barrières tarifaires élevées, avec pour objectif d'atteindre l'autosuffisance. Cela s'est avéré un fiasco et a coûté très cher.

Toute l'activité économique a été empêtrée dans des réglementations sans fin et il est devenu impossible de faire quoi que ce soit sans avoir de permis, ceux-ci pouvant être obtenus uniquement en utilisant ses relations et en payant des pots-de-vin. Quiconque voulait se lancer en affaires devait consacrer une bonne partie de son temps à graisser la patte des fonctionnaires. Ceux qui y arrivaient étaient récompensés par des réglementations les protégeant de la compétition. La croissance économique avait alors de la peine à suivre le même rythme que la croissance démographique, et la proportion d'habitants sous le seuil de pauvreté selon les standards indiens est passée de 50 %, au moment de l'indépendance, à 62 %, en 1966.

Au milieu des années 1970, l'Inde a commencé à réorganiser son économie. La fermeture envers l'étranger et l'objectif d'autosuffisance ont été remplacés par une mise en valeur des avantages du pays dans les types d'industrie nécessitant une main-d'œuvre abondante. La croissance s'est accélérée et la pauvreté a diminué dans les années 1980. Ce boom était soutenu par l'endettement, ce qui provoqua une crise importante au début des années 1990. Pour y remédier, le gouvernement entreprit une série de réformes, en 1991, afin de mettre de l'ordre dans les finances du pays, de le rendre plus accueillant pour le commerce et les investissements étrangers, et d'encourager la compétition et l'esprit d'entreprise. Les barrières tarifaires, qui s'élevaient en moyenne à 87 % du prix des produits importés, furent réduites à 27 %. De nombreuses restrictions au développement furent abolies par trois gouvernements successifs, formés par des partis aux teintes idéologiques variées.

Même si des réformes colossales restent à faire pour que l'Inde puisse être appelée une économie de marché libre, d'importants résultats ont été atteints grâce à une utilisation plus productive des ressources du pays. Depuis le début des réformes, l'Inde reçoit un apport constant d'investissements étrangers et la croissance annuelle de l'économie se maintient entre 5 et 7 %. La proportion des habitants sous le seuil officiel de pauvreté est tombée à 32 %. Ce déclin a été le plus prononcé depuis que le processus de libéralisation a été enclenché. De 1993 à 1999, le taux de pauvreté a diminué de 10 %. Environ 300 millions d'Indiens seraient toujours pauvres aujourd'hui sans cette réduction. La croissance démographique a chuté de 30 % depuis les années 1960 et l'espérance de vie a doublé, passant de 30 ans après l'indépendance à environ 60 ans aujourd'hui[1]. La moitié des ménages pauvres en Inde possèdent aujourd'hui une horloge, et 33 % d'entre eux ont une radio.

La nature des changements varie cependant d'un État à l'autre en Inde, selon l'étendue des réformes qui ont été entreprises dans chacun d'eux. De nombreuses régions rurales, où vivent la plupart des pauvres, n'ont pu bénéficier d'aucune mesure de libéralisation. Dans ces régions, le niveau de pauvreté est plus ou moins resté le même. Les États du Sud – Andhra Pradesh, Karnataka et Tamil Nadu – ont fait des progrès très rapides grâce à la libéralisation. Leur croissance a dépassé la moyenne nationale, atteignant parfois le rythme spectaculaire de 15 % par année. Ce sont aussi ces États qui ont attiré le plus d'investissements, aussi bien de l'étranger que du reste de l'Inde. L'industrie des nouvelles technologies de l'information s'y est installée et l'on a pu observer, par exemple, une croissance annuelle de 50 % du secteur des logiciels. Microsoft a ouvert son premier centre de développement de logiciels à l'extérieur des États-Unis dans l'État de l'Andhra Pradesh. La croissance économique a aussi eu des conséquences sur les conditions sociales. Les États réformateurs ont généralement mieux réussi à améliorer leurs systèmes de santé et d'éducation et à réduire la mortalité infantile et l'analphabétisme. Les filles, qui avaient l'habitude de ne recevoir aucune éducation, sont en voie de rattraper les garçons sur ce plan. Dans plusieurs de ces États (Andhra Pradesh, Maharashtra), la pauvreté a diminué d'environ 40 % depuis la fin des années 1970, alors que les conditions de vie ont à peine changé dans les États tels Bihar et Uttar Pradesh qui n'ont amorcé aucune réforme de libéralisation de l'économie[2].

---

1. Lasse Berg et Stig T. Karlsson, 2000, chap. IV.
2. Nirupam Bajpai et Jeffrey Sach, 1999.

Le système indien des castes, une forme d'apartheid qui divise, évalue et traite les gens selon leurs origines familiales, a officiellement été aboli mais continue malgré tout de vivre dans les mentalités. Sur le plan local, les gens de castes inférieures sont traités comme des sous-hommes avec moins de droits que les autres. Mais le système s'effrite lentement dans un contexte où ce sont les meilleurs travailleurs plutôt que ceux qui viennent des bonnes familles qui sont sollicités dans un marché du travail qui est insensible à ces préjugés. Un peu partout, des intouchables participent pour la première fois aux réunions du conseil du village. Au lieu de contribuer à renforcer le système des castes, le gouvernement lance des campagnes de sensibilisation contre la discrimination. L'Inde a même eu récemment un président issu de la caste des intouchables.

### *Les inégalités à l'échelle mondiale*

Tout cela est bien beau, diront certains critiques de la mondialisation, mais même si la situation s'est améliorée pour la majorité des gens, les individus et les pays déjà riches se sont enrichis plus vite que les autres et le fossé entre riches et pauvres s'est élargi. Les inégalités ont donc augmenté. Le PIB *per capita* des 20 pays les plus riches était quinze fois plus élevé que celui des 20 pays les plus pauvres il y a quarante ans, alors qu'il est trente fois plus élevé aujourd'hui.

On peut opposer deux arguments à cette critique de la mondialisation. D'abord, même si c'était vrai, ce ne serait pas très grave. Si tout le monde améliore son sort, qu'importe si certains l'améliorent plus vite que d'autres ? La chose la plus importante n'est-elle pas que chacun puisse vivre dans les meilleures conditions possibles et non que d'autres vivent mieux encore ? Seuls ceux qui considèrent la richesse comme un problème peuvent critiquer le fait que certains deviennent millionnaires alors que d'autres s'enrichissent en partant d'une situation beaucoup plus modeste. Être pauvre, dans le contexte inégalitaire des États-Unis (avec un seuil de pauvreté d'environ 7 800 $), est de loin préférable à l'égalité dans des pays comme le Rwanda (où le revenu moyen est d'environ 200 $ par année), le Bangladesh (environ 350 $) ou l'Ouzbékistan (environ 700 $). La raison pour laquelle les inégalités ont augmenté dans des pays réformateurs comme la Chine est que la croissance a été beaucoup plus rapide dans les villes que dans les campagnes. Si cela a mené à une réduction de la pauvreté autant dans les campagnes que dans les villes, peut-on vraiment souhaiter que ce développement n'ait jamais eu lieu ?

Ceux qui sont classés comme étant pauvres dans les statistiques ne font pas toujours l'expérience de la pauvreté. Beaucoup de concepts reliés à la pauvreté sont relatifs, c'est-à-dire que, au lieu de mesurer à quel point quelqu'un est pauvre, ils nous disent que cette personne est pauvre par rapport à une autre. L'une des définitions de la pauvreté souvent utilisées, notamment par le PNUD, place un individu dans la catégorie « pauvre » si son revenu équivaut à moins de la moitié du revenu médian dans son pays. Cela signifie que quelqu'un qui est « plein aux as » dans un pays pauvre comme le Népal peut être considéré comme très pauvre dans un pays riche comme les États-Unis. En conséquence, ces données relatives ne peuvent être utilisées pour des comparaisons internationales. Ceux qui sont classés comme pauvres aux États-Unis ne vivent pas nécessairement dans des conditions que l'on associe à la pauvreté. Ainsi, 72 % des familles américaines pauvres ont au moins une voiture, 50 % un climatiseur, 72 % une machine à laver, 20 % un lave-vaisselle, 60 % un four à micro-ondes, 93 % une télévision couleur, 60 % un magnétoscope et 41 % vivent dans une maison qui leur appartient. (Le calcul de la pauvreté se fait à partir du revenu seulement, les biens immobiliers ne sont pas inclus[1].)

La seconde objection est que l'affirmation selon laquelle les inégalités ont augmenté est fausse. Cette idée s'appuie avant tout sur des données du Programme des Nations unies pour le développement, le PNUD, et surtout son *Rapport mondial sur le développement humain* de 1999. Ces données sont problématiques dans la mesure où elles ne tiennent pas compte du

1. Michael W. Cox et Richard Alm, 1999, p. 14 et suiv.

pouvoir d'achat, c'est-à-dire de ce que les gens peuvent réellement acheter avec leur argent. Sans cet ajustement, elles reflètent surtout le taux de change officiel d'un pays et ce que sa monnaie vaut sur le marché international, ce qui constitue une mesure de la pauvreté peu valable. Le véritable niveau de vie des pauvres dépend beaucoup plus, il va sans dire, du prix local réel de la nourriture, des vêtements et du logement que de ce qu'ils pourraient se payer avec leur argent s'ils prenaient des vacances en Europe. Ce qui est bizarre, c'est que le PNUD utilise des données calculées à partir de la parité du pouvoir d'achat dans son Indice de développement humain (IDH), qui constitue un critère universel de référence sur les niveaux de vie. Il a recours aux données non ajustées uniquement pour soutenir sa thèse sur les inégalités.

Trois chercheurs de l'Institut norvégien des Affaires étrangères ont publié un rapport où ils étudient les inégalités à travers le monde au moyen de données ajustées pour le pouvoir d'achat. Leurs calculs montrent que, contrairement à ce qu'on pourrait penser, les inégalités entre les pays ont diminué constamment depuis le début des années 1970. Cette baisse a été particulièrement rapide entre 1993 et 1998, années où le processus de mondialisation s'est accéléré[1]. C'est donc un mouvement vers plus d'égalité que le monde a connu depuis une trentaine d'années. Si l'on compare seulement le dixième des pays les plus riches avec le dixième des plus pauvres, l'inégalité est plus grande, ce qui laisse supposer qu'un petit groupe traîne de l'arrière (nous reviendrons sur cette question pour voir quels sont ces pays et pourquoi). Toutefois, une étude englobant tous les pays indique clairement une baisse générale des inégalités. Si l'on compare, par exemple, le cinquième ou le tiers des pays les plus riches avec le cinquième et le tiers des plus pauvres, on observe une convergence des niveaux de vie. Les économistes mesurent habituellement le degré d'inégalité à l'aide du « coefficient Gini ». Si celui-ci

---

1. Arne Melchior, Kjetil Telle et Henrik Wiig, 2000. Cette tendance vers plus d'égalité devrait s'accélérer au cours des prochaines décennies, à mesure que la main-d'œuvre mondiale vieillit et que les écarts de revenu diminuent ; voir Tomas Larsson, 2001a.

est de zéro, l'égalité entre les individus est absolue (tout le monde reçoit le même revenu), alors que s'il est de un, l'inégalité est totale (un seul individu possède tout). Le coefficient Gini pour le monde entier est passé de 0,6 en 1968 à 0,52 en 1997, soit une baisse de plus de 10 %.

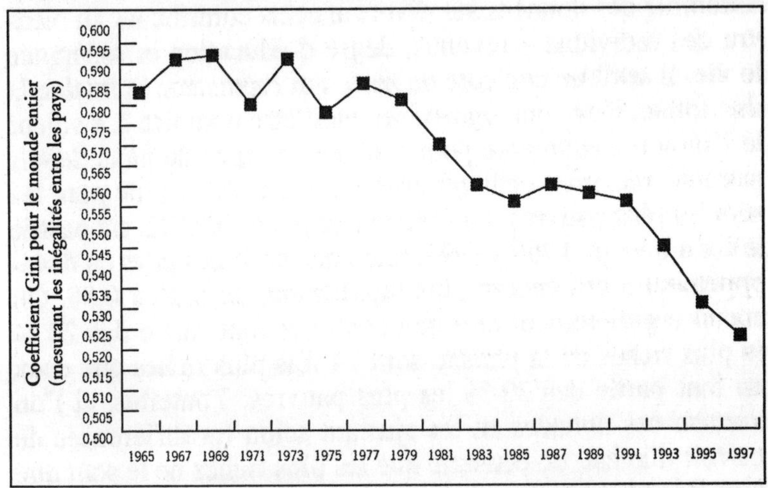


**Les inégalités diminuent dans le monde**
Source : Arne Melchior, Kjetil Telle et Henrik Wiig, 2000

Puisque les inégalités entre riches et pauvres *à l'intérieur* de ces pays semblent avoir été constantes au cours de cette période (elles ont augmenté dans la moitié des cas et diminué dans l'autre moitié), on peut affirmer que, contrairement aux croyances populaires, le monde est plus égalitaire aujourd'hui. Le rapport 1998-1999 de la Banque mondiale se penche sur les différences de revenus entre les 20 % les plus riches et les 20 % les plus pauvres dans les pays en développement. Les données montrent que l'écart est très grand, mais qu'il diminue sur tous les continents. L'exception majeure est celle des ex-pays communistes d'Europe de l'Est, où les inégalités ont augmenté plus vite là où on tarde à faire des réformes[1].

On a d'autant plus de raisons de douter des conclusions différentes du rapport du PNUD de 1999 que celui-ci omet

1. Banque mondiale, 2000d.

d'inclure ses propres statistiques pour les années où les inégalités diminuaient le plus rapidement, soit de 1995 à 1997. En outre, les données du PNUD publiées dans l'Indice de développement humain indiquent une réduction des inégalités *encore plus rapide* que celles du rapport norvégien. L'Indice rassemble des données sur divers aspects contribuant au bien-être des individus – revenus, degré d'éducation et espérance de vie. Il attribue une cote de zéro, qui représente la misère la plus totale, à un, qui signifie un bien-être complet. La valeur de l'Indice a augmenté pour tous les groupes de pays depuis quarante ans, mais cette progression a été plus rapide pour les pays les plus pauvres. La cote des pays de l'OCDE est passée de 0,8 à 0,91 de 1960 à 1993, alors que celle des pays en développement a crû encore plus rapidement, de 0,26 à 0,56. On entend régulièrement dire que ceux qui font partie des 20 % les plus riches de la planète sont 74 fois plus riches que ceux qui font partie des 20 % les plus pauvres. Toutefois, si l'on examine ces données en les ajustant selon les différences de pouvoir d'achat, on constate que les plus riches ne le sont que seize fois plus que les plus pauvres[1].

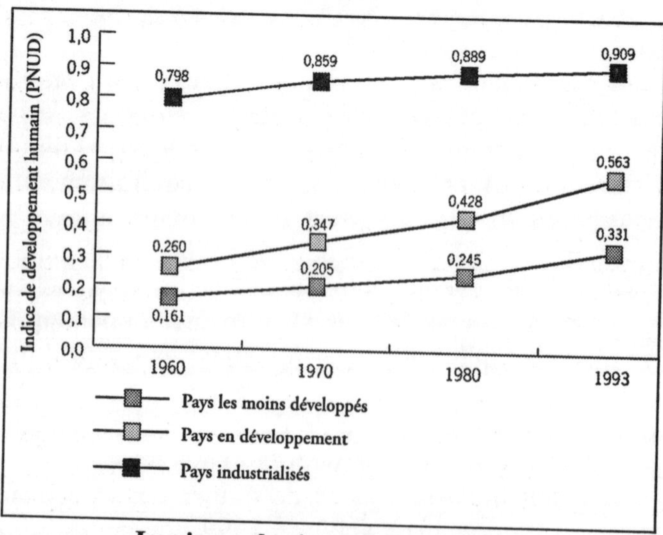


**Le niveau de vie augmente partout**
Source : PNUD

1. Tomas Larsson, 2000a, p. 11 et suiv.

### *Des exceptions*

Tout ce qui précède n'a évidemment pas pour but de prétendre que tout va bien, ni même que tout s'améliore. Pendant l'année 2000, 3 millions de personnes sont mortes du sida, ce qui constitue le nombre annuel de victimes le plus élevé jusqu'ici. L'une des conséquences les plus cruelles de l'épidémie est qu'elle rend orphelins de nombreux enfants. Dans plusieurs pays africains, plus de 15 % de la population adulte est atteinte du VIH. Environ 20 millions de personnes ont fui leur maison à cause de l'oppression, de conflits ou de désastres naturels. Même si les prévisions concernant la disponibilité d'eau pure dans le monde sont plus optimistes qu'elles ne l'étaient, nous courons tout de même le risque d'avoir des pénuries importantes à cause d'une contamination ou d'un conflit. Une vingtaine de pays, la plupart en Afrique australe, sont devenus plus pauvres depuis 1965. L'analphabétisme, la faim et la pauvreté ont peut-être régressé, mais plusieurs millions de personnes continuent d'en souffrir. Même si les conflits armés sont moins fréquents, cela ne change rien pour les centaines de milliers de victimes qui sont toujours massacrées, maltraitées ou torturées.

Les problèmes qui restent sont encore plus intolérables parce qu'on sait qu'on peut y apporter des solutions. Le sous-développement apparaît comme un destin tragique lorsqu'on le considère comme le résultat de circonstances naturelles et inévitables ; toutefois, lorsqu'on se rend compte qu'il ne découle pas d'une nécessité, il devient un problème comme les autres qui peut et doit être résolu. Ce phénomène n'est pas nouveau : la même perception existait lorsque la Révolution industrielle a permis d'élever le niveau de vie dans notre partie du monde, il y a cent cinquante ans. Lorsque la misère est partout, il est facile de ne pas y prêter attention. Mais lorsqu'elle contraste avec une situation plus favorable, nos yeux la perçoivent. Heureusement, puisque cela nous pousse à accroître nos efforts pour y mettre fin. Cela ne doit cependant pas nous amener à croire que les choses sont pires qu'avant, puisque c'est faux.

Personne ne peut nier qu'il subsiste encore d'énormes problèmes dans notre monde, mais il faut se réjouir que la propagation du capitalisme et de la démocratie ait permis d'en réduire l'ampleur. Dans les endroits où des politiques libérales ont été mises en place et maintenues suffisamment longtemps, la pauvreté et la souffrance sont devenues l'exception plutôt que la règle, alors que le contraire a été vrai pendant une bonne partie de l'histoire du monde. Des défis colossaux nous attendent, mais nous sommes au moins conscients des solutions politiques et techniques qui nous permettront de les relever. Il n'y a donc aucune raison de ne pas être optimiste.

## 2

## ... ET CE N'EST PAS UNE COÏNCIDENCE

*Le capitalisme, c'est pour vous !*

L'émergence de la prospérité n'est ni un « miracle » ni aucun des autres phénomènes inexplicables qu'on attribue généralement aux pays qui ont socialement et économiquement réussi. Aucune école n'a été construite et aucun revenu n'a été généré par l'effet pur de la chance. Ces choses apparaissent parce que des gens y ont réfléchi et ont travaillé fort pour que leurs projets se réalisent. Il n'y a rien d'extraordinaire à cela ; les gens réfléchissent et travaillent partout, et aucun phénomène surnaturel ne fait en sorte que certaines personnes à certains endroits et pendant certaines périodes de l'histoire sont plus intelligentes et plus vaillantes que d'autres. C'est principalement l'environnement qui fait la différence. Permet-il et encourage-t-il les idées et le travail des individus, ou bien pose-t-il des obstacles à leur réalisation et les exploite-t-il pour ses propres fins ? Cela dépend de nombreux facteurs : les individus ont-ils la liberté et la possibilité d'aller de l'avant avec leurs projets ? Les laisse-t-on posséder des biens, investir à long terme, conclure des ententes et commercer avec d'autres ? Bref, bénéficient-ils des avantages du capitalisme ? Dans le monde riche, nous avons eu une forme ou une autre de capitalisme depuis au moins quelques siècles. C'est pour cette raison que nous sommes désignés comme « les pays riches », parce que c'est le capitalisme qui a donné aux gens la liberte et le pouvoir de créer, de produire et de commercer, suscitant ainsi l'émergence de la prospérité.

Depuis une vingtaine d'années, ce système s'est propagé partout à travers le monde grâce à la mondialisation. Les dictatures communistes de l'Est et les dictatures militaires du tiers-monde se sont effondrées, entraînant avec elles les murs qu'elles avaient érigés pour empêcher la circulation des idées, des personnes et des biens. De nouvelles idées, qui stipulent que la créativité ne peut pas être centralisée, qu'elle peut seulement être encouragée en permettant aux citoyens de créer, de penser et de travailler pour eux-mêmes, ont pu se répandre.

Fonctionner dans un système capitaliste signifie que personne ne peut être assujetti à un pouvoir coercitif extérieur à soi. On peut s'abstenir de signer des contrats ou de conclure des affaires si l'on préconise d'autres solutions. La seule façon de devenir riche dans un libre marché est de donner aux gens ce qu'ils veulent, de façon à ce qu'ils décident librement et volontairement de payer pour l'obtenir. Les deux parties doivent tirer profit de l'échange, sinon celui-ci ne se fera pas. L'économie n'est donc pas un jeu à somme nulle. Si on simplifie, on peut affirmer que plus le revenu d'une personne est élevé dans une économie de marché, plus cette personne a réussi à offrir aux gens ce qu'ils voulaient. Bill Gates et Madonna gagnent des millions de dollars mais ils ne les ont pas volés, ils les ont gagnés en offrant des logiciels et de la musique pour lesquels beaucoup de gens sont prêts à payer. Dans cette optique, ils sont les « serviteurs » du public acheteur. Ce système fait en sorte que les compagnies et les individus se démènent pour développer de meilleurs produits et des façons plus efficaces de subvenir à nos besoins. L'alternative est que le gouvernement saisisse nos ressources et décide quels types de comportements et de produits il veut encourager. Il faut toutefois se demander pourquoi le gouvernement connaîtrait mieux que nous ce que nous voulons et ce que nous considérons comme important dans nos vies.

Dans une économie de marché, les prix et les profits servent d'indicateurs permettant au travailleur, à l'entrepreneur et à l'investisseur de savoir où ils vont. Ceux qui veulent avoir de bons salaires ou faire de bons profits doivent se diriger vers les secteurs de l'économie où ils pourront le mieux répondre à la demande des gens. Les taxes excessivement élevées et les subventions entravent complètement ces forces motrices. Les contrôles de prix ont des conséquences destructrices parce qu'ils faussent directement les signaux nécessaires. Si le gouvernement impose un plafond aux prix – c'est-à-dire qu'il impose un prix moins élevé que celui qui aurait émergé sur le marché, comme c'est le cas des appartements à louer dans le centre de Stockholm –, une pénurie en résultera. Les gens qui louent un appartement à bon marché vont être incités à y rester, même s'ils n'en ont pas vraiment besoin, et les entrepreneurs vont cesser de construire parce que ce n'est plus rentable. Cela aura pour résultat une pénurie de logements. Si le gouvernement met plutôt un plancher aux prix – c'est-à-dire qu'il impose un prix plus élevé que ce qui aurait émergé sur le marché –, cela causera des surplus. Lorsque l'Union européenne paie un prix plus élevé que celui du marché pour des produits agricoles, les fermiers produisent plus qu'il n'est nécessaire, ce qui provoque des surplus (qui seront écoulés à bas prix dans les pays en développement).

Le capitalisme exige que les gens puissent conserver les ressources qu'ils ont gagnées et créées. Si vous vous donnez du mal à travailler et à investir à long terme mais que quelqu'un d'autre s'empare de la majeure partie de vos profits, il y a de bonnes chances que vous abandonniez. La protection de la propriété est au cœur d'une économie capitaliste, non seulement parce qu'elle donne l'assurance aux gens qu'ils garderont le fruit de leur labeur, mais aussi parce qu'elle leur permet d'utiliser leurs ressources comme bon leur semble sans avoir à demander d'abord l'accord des autorités. Le capitalisme permet à chacun de vivre selon ses désirs.

Cela ne signifie pas qu'un entrepreneur est nécessairement plus futé qu'un bureaucrate, mais le premier est en contact direct avec le marché et, grâce au mouvement des prix, reçoit une information directe sur les conditions de l'offre et de la demande. Un planificateur central ne peut jamais rassembler toute l'information nécessaire pour prendre ses décisions dans tous les secteurs de l'économie, et il est loin d'être aussi motivé à se laisser guider par elle. Même si un seul individu fonctionnant dans un système de marché n'est pas plus futé qu'un bureaucrate, un million d'individus le sont certainement, eux ! Il est probable que un million de tentatives d'arriver à un but aient plus de succès qu'une seule solution imposée de façon centralisée. Si le gouvernement décide que toutes les ressources disponibles doivent être mises à profit dans un seul type d'agriculture collectivisée et que celle-ci échoue, toute la société en sera affectée, et pourrait même être aux prises avec la famine. Si un seul groupe d'individus tente sa chance avec ce type d'agriculture dans le contexte d'une entreprise, lui seul en assumera les conséquences s'il échoue. Une société a besoin d'expérimentations et de nouvelles solutions pour se développer, mais les risques encourus doivent avoir une portée limitée pour ne pas mettre tout l'édifice social en danger à cause des erreurs de quelques individus. C'est de là que la prise de décision et la responsabilité individuelles tirent leur supériorité. La responsabilité individuelle est un élément crucial. Un politicien ou un bureaucrate qui manipule des sommes énormes pour des projets comme des investissements dans les infrastructures ou une campagne de promotion pour obtenir les prochains jeux Olympiques n'a pas les mêmes incitations qu'un entrepreneur ou un investisseur à prendre les décisions les plus rationnelles. Si le projet tourne mal et que les coûts dépassent les revenus, ce n'est pas le politicien qui paie la note.

Ceux qui contrôlent leur propriété agissent en pensant à long terme, en sachant qu'ils récolteront les fruits de leurs actions. Voilà ce qui constitue le fondement de l'économie capitaliste : des gens qui épargnent une partie de ce qu'ils possèdent de façon à créer plus de valeur pour une consommation future. Nous faisons la même chose lorsque nous consacrons une partie de notre temps et de nos efforts à obtenir une bonne éducation qui nous rapportera de gros dividendes ; c'est ce qu'on appelle le « capital humain ». Dans le processus économique, cela a pour conséquence que, au lieu de vivre au jour le jour, nous mettons de côté une partie de notre revenu, et nous en sommes récompensés plus tard par l'obtention d'intérêts ou de profits créés par ceux qui ont pu utiliser cet argent d'une façon plus efficace que nous aurions pu le faire. Ces épargnes et ces investissements permettent à l'économie d'atteindre des niveaux de production de plus en plus élevés. Ils financent l'installation de nouvelles machines ou le développement de nouvelles structures organisationnelles qui rendent la main-d'œuvre plus productive.

S'organiser est important, puisque c'est par la coopération volontaire que les individus réussissent à produire plus que s'ils fabriquaient tout isolément. Un seul artisan prendrait une semaine pour fabriquer une chaise ; mais s'il se spécialise dans la fabrication de la structure et s'il unit ses forces à d'autres qui s'occuperont de la peinture et de la couture du coussin, ensemble ils pourront produire une chaise tous les jours. En utilisant de la machinerie moderne, ils réussiront à faire cent chaises par jour. Cela augmente la valeur de leur travail.

Grâce au progrès technique, de nouvelles machines produisent des produits anciens à moindres coûts et mettent à la disposition des consommateurs de nouvelles inventions et de nouveaux produits. À cause de ces hausses continues de productivité découlant de la division du travail et des avancées techniques, une heure de travail aujourd'hui permet de produire une valeur environ 25 fois supérieure à une heure de travail au milieu du XIXe siècle. En conséquence, les employés reçoivent aujourd'hui 25 fois plus pour leur labeur, sous forme de salaire plus élevé, de meilleures conditions de travail et de journées de travail plus courtes. Lorsque le travail de quelqu'un gagne en valeur, plus de compagnies souhaitent l'employer, ce qui conduit celles-ci à augmenter les salaires et à offrir de meilleures conditions de travail. Si toutefois les salaires augmentent plus rapidement que la productivité à la suite d'une législation ou d'une entente entre le patron et le syndicat, des emplois devront être abolis parce que la contribution des travailleurs n'a pas autant de valeur que ce que l'employeur est forcé de payer pour l'obtenir. On peut faire comme les politiciens ont longtemps fait en Suède : annuler l'effet des hausses de salaire par une politique monétaire inflationniste, ce qui permet de conserver ces emplois non productifs. Évidemment, dans cette situation, les hausses de salaire ne sont que fictives. Seules la croissance et la productivité permettent de hausser les salaires réels à long terme.

Tous les systèmes politiques et économiques exigent des règles, y compris le capitalisme le plus libéral, qui ne peut fonctionner sans règles définissant la propriété légitime, la rédaction de contrats, la résolution de disputes, etc. Ces règles sont nécessaires pour assurer un fonctionnement adéquat de l'économie de marché. D'autres types de règles entravent toutefois le fonctionnement de l'économie de marché. Par exemple, les règlements détaillés qui indiquent ce que les gens peuvent faire de leur propriété et qui rendent plus difficile la mise en œuvre de certaines activités en obligeant l'obtention de permis et de licences ou en restreignant la liberté d'action au chapitre des prix et des transactions d'affaires. Ces règlements servent d'abord à donner plus de pouvoir aux bureaucrates, qui ne sont pas impliqués dans le processus lui-même et qui n'y risquent pas leur propre argent. Leur multiplication impose un lourd fardeau aux créateurs de richesses. Seulement en Suède, les entrepreneurs doivent tenir compte d'environ 20 000 règlements. Il ne faut alors pas être surpris si de moins en moins de gens ont envie de s'engager dans l'aventure de transformer leurs bonnes idées en activité commerciale.

Cette réglementation est néfaste d'une autre façon. La mise en place d'obstacles à des activités nécessaires a pour conséquence qu'une partie importante du temps et des efforts de la firme sera consacrée à tenter de contourner les règlements – temps et efforts qui auraient pu être consacrés à la production. Lorsque cela devient trop difficile, les gens ont recours au marché noir, ce qui les prive de protection légale dans leurs transactions. Plusieurs compagnies utiliseront leurs ressources – qui auraient pu être investies ailleurs – pour tenter de convaincre des politiciens de changer les règlements en leur faveur. D'autres prendront différents raccourcis et les bureaucrates fermeront les yeux en échange de généreux pots-de-vin, particulièrement dans les pays pauvres où les salaires sont bas, et le système réglementaire, plus ou moins chaotique. La façon la plus courante de corrompre un pays est d'imposer des permis et des contrôles pour la production, l'importation, l'exportation, les investissements. Il y a plus de 2 500 ans, le sage oriental Lao-tseu déclara : « Plus il y a de lois, plus les voleurs et les bandits sont nombreux. »

La meilleure façon d'établir des règles honnêtes et de rendre les fonctionnaires incorruptibles est de procéder à une déréglementation en profondeur. Amartya Sen croit que la lutte contre la corruption est une raison suffisante pour inciter les dirigeants de pays en développement à déréglementer leur économie, même s'ils ne devaient en retirer aucun avantage économique[1].

---

1. Amartya Sen, 1999, p. 276.

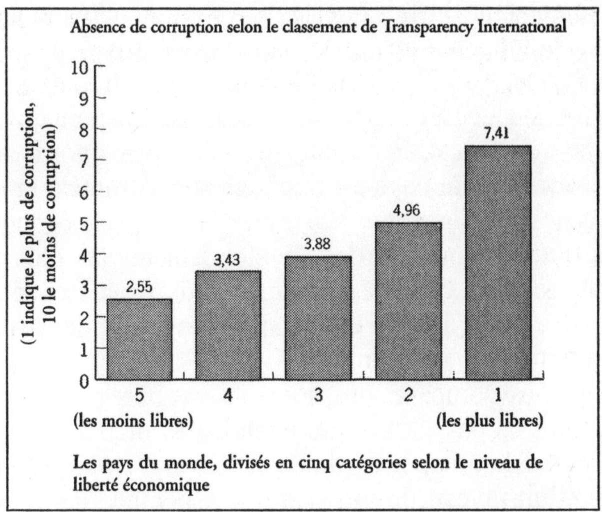


**La liberté économique atténue la corruption**
Source : James Gwartney, Robert Lawson *et al.*, 2001

## *Les bienfaits de la croissance*

Tout indique que la création de richesses et un développement économique soutenu ne surviennent que sous des régimes libéraux. La politique et l'économie ne sont pas des sciences exactes. On ne peut pas faire d'expériences en laboratoire pour vérifier quel système fonctionne et quel autre ne fonctionne pas, mais le capitalisme est le phénomène social qui se rapproche le plus de ces conditions expérimentales. Il existe un certain nombre de cas où une population partageant les mêmes antécédents historiques, la même langue et les mêmes normes culturelles est divisée entre deux systèmes différents, l'un étant une économie de marché et l'autre une économie dirigée et centralisée. Dans le cas de l'Allemagne divisée entre l'Ouest capitaliste et l'Est communiste, on a pu parler d'un miracle économique à l'ouest, et c'est cette région qui a dû payer la facture complète de sa réunification avec la partie est délabrée, alors que celle-ci était pourtant le pays le plus prospère du bloc communiste d'Europe de l'Est. La même chose est arrivée avec la Corée du Sud capitaliste et la Corée du Nord communiste. La première fait partie des tigres asiatiques et a offert au monde un exemple éclatant du fait que les pays en développement *peuvent* se développer. Alors qu'elle était plus pauvre que l'Angola dans les années 1960, elle est aujourd'hui la treizième économie du monde, et est devenue presque aussi prospère qu'un pays d'Europe de l'Ouest. Par contraste, l'économie nord-coréenne s'est effondrée et le pays est maintenant confronté à la famine. On peut observer la différence entre Taiwan, une économie de marché qui a connu l'un des développements les plus rapides de l'histoire, et la Chine communiste, qui a souffert de famine et de misère jusqu'à ce qu'elle comprenne la pertinence d'amorcer l'ouverture de ses marchés.

Les mêmes comparaisons sont observables partout dans le monde. Plus un pays adhère au libéralisme, plus il a de chances de parvenir à la prospérité, de connaître une croissance rapide, de jouir d'un niveau de vie et d'une espérance de vie élevés. Les citoyens des pays dont les économies sont les plus libres sont dix fois plus riches que ceux des pays dont les économies le sont le moins, et ils vivent en moyenne une vingtaine d'années de plus.

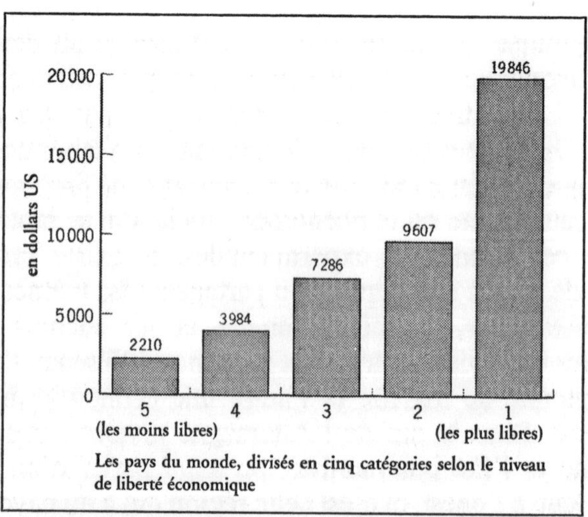


**La liberté économique entraîne la prospérité**
Source : James Gwartney, Robert Lawson *et al.*, 2001[1]

1. Ces graphiques ne font pas la distinction entre la cause et l'effet. Ils pourraient théoriquement représenter des pays qui sont d'abord devenus riches et ont ensuite libéralisé leur économie. Cette considération est pertinente mais si l'on se penche

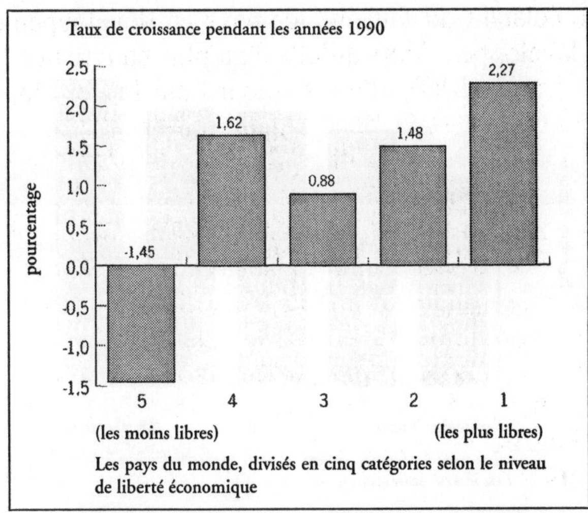


**La liberté économique entraîne la croissance**
Source : James Gwartney, Robert Lawson *et al.*, 2001

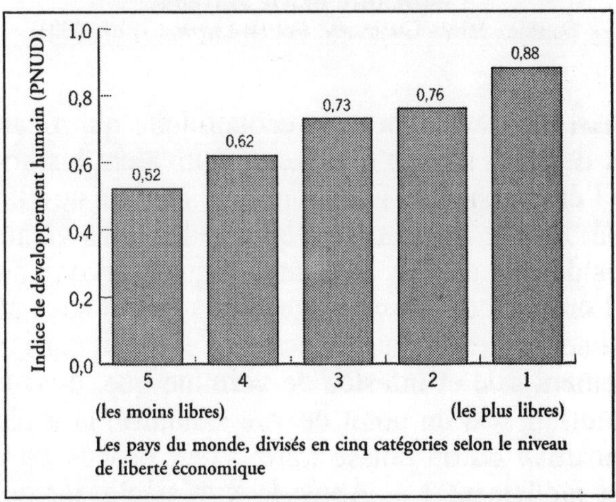


**La liberté économique permet d'augmenter le niveau de vie**
Source : James Gwartney, Robert Lawson *et al.*, 2001

sur le cas des pays qui se cachent derrière chaque histogramme, on constate que la relation opère presque exclusivement dans le sens contraire, c'est-à-dire que les mesures de libéralisation sont accompagnées d'une hausse de la croissance. Rien de ce qui précède ne devrait être interprété comme une négation de l'importance de l'histoire, de la culture et d'autres facteurs dans le développement d'un pays. Au contraire, je pense que les idées et les convictions des individus peuvent avoir une importance cruciale dans le développement économique, mais je me suis concentré sur les facteurs politiques, qui ont aussi une influence sur les motivations des personnes.

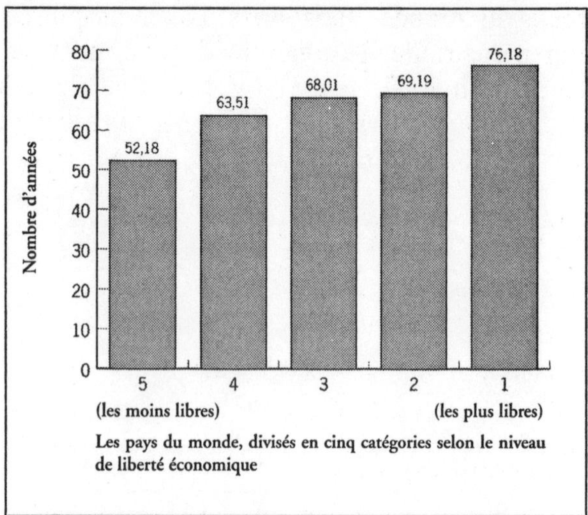


**La liberté économique permet d'augmenter l'espérance de vie moyenne**
Source : James Gwartney, Robert Lawson *et al.*, 2001

La phase de développement économique qui a caractérisé les deux derniers siècles n'a aucun équivalent historique qui précède l'émergence de l'économie de marché au XIXe siècle. Jusque-là, l'ordre des choses était que les gens vivaient plus ou moins dans la misère, obtenant de quoi survivre au jour le jour. L'Européen du Moyen Âge était souvent sous-alimenté, portait le seul vêtement qu'il possédait et vivait dans une maison tellement sale et infestée de vermine que, dans les mots d'un historien, « d'un point de vue sanitaire, la seule observation positive qu'on puisse faire à leur propos est qu'elles brûlaient facilement[1] ! ». Après le XVIe siècle, lorsque différentes parties du monde entament très lentement et à tâtons des relations commerciales, on constate des périodes de croissance économique, mais celles-ci sont tout à fait marginales.

Les conditions de pauvreté au XVIIIe siècle étaient pratiquement semblables partout. Si l'on se fie à certaines données hautement spéculatives, l'Europe était alors 20 % plus riche

1. Mabel C. Buer, *Health, Wealth and Population in the Early Days of the Industrial Revolution, 1760-1815*, Londres, 1926, cité par Ayn Rand, 1966, p. 114.

que le reste du monde. Puis, vers 1820, propulsée par la Révolution industrielle, l'économie du continent se mit en marche pour de bon. La pauvreté restait tout de même très répandue. Le revenu par habitant dans les pays européens les plus riches était d'environ 1 000 à 1 500 $ – à peu près ce que gagne aujourd'hui un habitant de la Bolivie ou du Kazakhstan. Même si les revenus de tous avaient été distribués également, cela n'aurait pas suffi à créer des conditions de vie décentes pour une majorité qui n'aurait eu ni eau potable ni pain quotidien et qui aurait dû se contenter d'un seul vêtement par personne. Pratiquement toute la population de la planète vivait alors dans la misère. On peut difficilement trouver de tels niveaux de pauvreté endémique où que ce soit aujourd'hui ; seuls les pays vraiment pauvres – le Mali, la Zambie, le Nigeria – s'en rapprochent. Au cours des deux siècles qui ont suivi, les revenus par habitant ont été multipliés plusieurs fois à travers le monde. On estime que la croissance globale de l'économie entre 1500 et 1820 n'est que le trentième de ce qu'elle a été depuis 1820[1]. Les revenus en Europe ont plus que décuplé. L'Asie accélère aussi son rythme de croissance depuis un demi-siècle ; une accélération aidée par le fait que nous savons maintenant comment atteindre la prospérité. Les niveaux de vie d'aujourd'hui, comparés à ceux de 1950, sont huit fois plus élevés au Japon et six fois plus élevés en Chine.

La hausse des investissements et la course au développement de solutions plus appropriées et efficaces à de vieux problèmes nous permettent de produire plus, ce qui entraîne une accélération de la croissance. Les nouvelles idées et les nouvelles machines rendent la main-d'œuvre plus productive. Le PIB mesure la valeur de tous les biens et services produits dans un pays. Lorsqu'on divise cette valeur par le nombre d'habitants d'un pays – c'est-à-dire lorsqu'on mesure la valeur *per capita* –, cela nous donne une bonne idée de la richesse d'un pays. La croissance (l'augmentation de la quantité de biens et services produits) peut ne pas apparaître comme la chose la plus excitante aux yeux de tous ; certains milieux radicaux en sont même venus à la dénigrer, étiquetant ceux qui s'en

1 Angus Maddison, 1995.

préoccupent de partisans de l'« économisme » ou de « fanatiques de la croissance ». On peut considérer cela comme une saine réaction envers la tendance à considérer un PIB élevé comme une fin en soi, mais il faut comprendre que, fondamentalement, la notion de croissance signifie que la production augmente, et avec elle la prospérité et les perspectives d'épanouissement personnel. Même dans nos sociétés riches, c'est un préalable pour que des gens puissent se mettre à épargner, qu'ils consomment plus, qu'ils puissent investir davantage pour leur bien-être ou, plus simplement, qu'ils puissent travailler moins et garder le même niveau de vie. Dans les pays en développement, cela peut vouloir dire la différence entre la vie et la mort, le développement et la stagnation, puisque c'est la croissance qui procure les moyens de s'approvisionner en nourriture adéquate et en eau potable[1].

Pour les Indiens, la croissance qui a eu lieu depuis 1980 a permis le remplacement des huttes en boue séchée par des maisons en brique et la construction de routes pavées par-dessus les vieux chemins cahoteux. La possession d'une radio est devenue chose courante et plus de 40 % de la population a accès à la télévision. L'électricité fait partie de la vie de tous les jours et les ruelles sombres sont éclairées. Elles n'empestent plus l'odeur des rebus, et les foyers d'infection ont été éliminés grâce à un système d'égouts adéquat. Même les plus pauvres peuvent s'acheter des vêtements et des souliers. Le fait qu'on ne voie plus d'Indiennes laver la moitié de leur sari à la fois est un exemple des effets positifs de la croissance : auparavant, elles devaient le laver tout en continuant à le porter parce qu'elles n'en possédaient qu'un seul.

1. Considérer la croissance comme une fin en soi est absurde. Cela voudrait dire qu'on produit le plus possible sans se préoccuper du reste. On peut facilement engendrer ce type de croissance en permettant à l'État de confisquer les ressources de tout le monde et en le laissant produire des produits dont les citoyens ne veulent pas. C'est ce qui se passait en Union soviétique avec l'acier et les munitions. Pour avoir un sens, la croissance doit se faire selon la volonté de la population, c'est-à-dire par la production de plus de biens et de services pour lesquels il y a une demande. C'est pourquoi il n'y a que dans une économie de marché, là où la demande influe directement sur les prix et la production, que la croissance peut vraiment avoir lieu dans les domaines qui profiteront à la population.

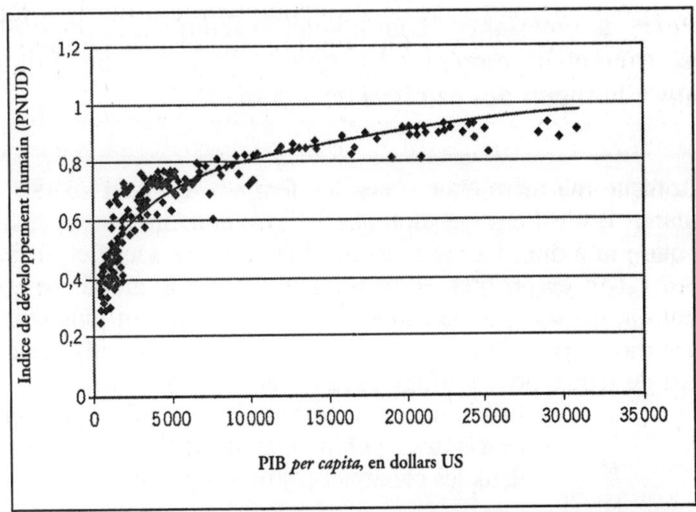


**Les revenus et les conditions de vie suivent la même courbe**
Source : Arne Melchior, Kjetil Telle et Henrik Wiig, 2000, p. 96

La croissance économique signifie également que les individus ont plus d'occasions et de pouvoir pour agir dans leur propre intérêt. Au lieu de recourir aux services de l'usurier local et de s'endetter pour la vie, l'Indien ordinaire peut se tourner vers une banque. Les occasions d'emploi chez différents entrepreneurs sont multipliées, ce qui permet au pauvre de se libérer du pouvoir de vie et de mort que le grand propriétaire terrien du village avait sur lui avant. Même s'il y avait des élections démocratiques en Inde, cela ne faisait pas une grande différence pour les pauvres car ils étaient à la merci d'une élite locale qui les forçait à voter selon ses intérêts. Les parents qui envoient leurs enfants travailler dans les régions pauvres du monde ne le font pas parce qu'ils le veulent, mais parce qu'ils ont besoin de ce revenu pour nourrir leur famille. La croissance leur apporte des revenus supplémentaires et accroît les avantages de l'éducation, ce qui les pousse à envoyer leurs enfants à l'école. Ainsi, chaque individu a plus d'autonomie au sein de la famille. Une loi qui interdit à l'homme de battre son épouse aura peu d'effet si la femme est totalement dépendante de son mari pour survivre, puisqu'il y a peu de chance qu'elle le dénonce ou le quitte. Dans un contexte de croissance économique, la femme a la possibilité de se trouver un emploi à l'extérieur de la maison. Elle est moins à la merci des caprices de son mari.

> « Lorsque ma mère était jeune, les femmes devaient sourire et endurer. Il n'est pas question que je fasse la même chose. Je dis ce que j'ai à dire. La vie n'est pas faite pour se sacrifier, il faut aussi savoir en profiter. Je pense que c'est ça le grand changement qui est survenu au Japon. Les gens ne veulent plus seulement travailler et travailler encore plus. Aujourd'hui, ils veulent aussi du temps pour profiter de la vie et avoir du plaisir. »
>
> — Eriko, une Japonaise de 29 ans qui est devenue dessinatrice publicitaire au lieu de travailler dans les champs comme ses parents[1]

Certains prétendent que la croissance ne profite qu'aux riches alors que les pauvres tirent de l'arrière. C'est une curieuse façon de concevoir les choses. Pourquoi les pauvres profiteraient-ils moins que les autres de l'enrichissement de la société entière ? Deux économistes de la Banque mondiale, David Dollar et Aart Kraay, ont étudié les statistiques de 80 pays sur une période de quarante ans pour voir ce qu'il en était. Ils démontrent, dans leur étude, que la croissance profite autant aux pauvres qu'aux riches. Lorsque la croissance économique est de 1 %, le revenu des pauvres augmente en moyenne de 1 %, et lorsqu'elle atteint 10 %, ils s'enrichissent aussi au rythme moyen de 10 %. Cela n'arrive évidemment pas partout et tout le temps – il y a des exceptions et des divergences –, mais c'est le cas en moyenne. Ces données concordent avec une longue liste d'études similaires, alors que celles qui suggèrent le contraire sont très difficiles à trouver[2].

1. Lasse Berg et Stig T. Karlsson, 2000, p. 245.
2. David Dollar et Aart Kraay, 2000a. Pour une analyse impartiale des débats sur cette étude, voir Jonas Vlachos, 2000. Parmi les autres études qui corroborent leurs conclusions, voir celle de John Luke Gallup, Steven Radelet et Andrew Warner, 1998, qui démontre que les pauvres bénéficient plus que les autres groupes, proportionnellement parlant, de la croissance.

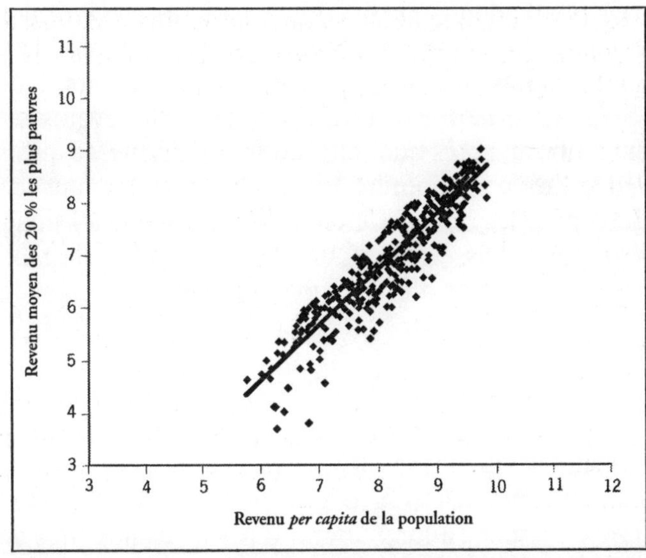


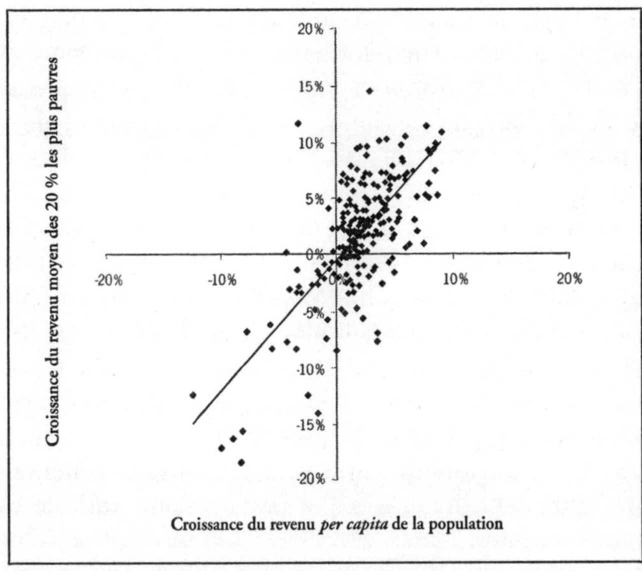


**La croissance profite aux pauvres**
Source : David Dollar et Aart Kraay, 2000a

Il n'y a pas de doute que la croissance est le meilleur remède contre la pauvreté. Quelques économistes ont proposé la théorie de l'enrichissement « au goutte-à-goutte », selon laquelle un petit nombre parmi ceux qui ont pris les devants s'enrichissent d'abord, après quoi une partie de la richesse qu'ils ont accumulée finit par rejoindre les plus pauvres lorsque ceux-ci travaillent pour les riches. Cette thèse s'apparente à l'image du miséreux qui ramasse les miettes qui tombent de la table du richard, mais il s'agit d'une vision complètement erronée des effets réels de la croissance. Ce qui arrive, c'est que la croissance procure autant d'avantages aux pauvres, et au même rythme, qu'aux riches. Ils en profitent immédiatement du fait de la valeur accrue de leur travail et parce que les biens qu'ils achètent sont meilleur marché par rapport à leurs revenus.

Aucun pays n'a réussi à réduire son taux de pauvreté sans avoir une croissance à long terme. Il n'y a pas non plus de cas inverses, c'est-à-dire de pays qui ont eu une croissance durable sans que leur population pauvre en bénéficie. De façon plus significative, nous ne connaissons aucun exemple de pays qui ont connu une croissance soutenue à long terme sans ouvrir leurs marchés. Le *Rapport sur le développement dans le monde 2000-2001* de la Banque mondiale contient de nombreux passages superficiels où l'on affirme – sans doute sous l'influence du mouvement antimondialisation – que la croissance n'est pas tout, qu'elle n'est pas suffisante pour favoriser le développement. Et pourtant, les tableaux que contient le rapport illustrent que plus la croissance d'un pays a été forte au cours des vingt dernières années, plus la pauvreté, la mortalité infantile et l'analphabétisme ont diminué. Dans les pays au bas de la liste sur le plan de la croissance, l'analphabétisme a augmenté. Il est possible que la croissance en elle-même ne soit pas suffisante pour que tous profitent des effets bénéfiques du développement, mais il n'y a pas de doute qu'elle est un élément nécessaire.

Si nous avons une croissance réelle de 3 % par année, cela signifie que l'économie, notre capital et notre revenu doublent tous les vingt-trois ans. Si la croissance est deux fois plus rapide, ils doublent tous les douze ans. Une augmentation de la prospérité d'une telle rapidité a beaucoup d'effets. En comparaison, même des mesures vigoureuses de redistribution de la richesse par les gouvernements ont des effets dérisoires, et même carrément dangereux, puisque les hauts taux d'imposition nécessaires pour financer ces mesures mettent la croissance en péril. De grands bénéfices pour tous à long terme sont ainsi sacrifiés en faveur de gains immédiats pour un petit nombre.

L'économie d'un pays s'améliore d'abord parce que ses habitants travaillent, épargnent et investissent. Des impôts élevés sur le travail, l'épargne et le capital ont donc pour effet, dans les mots de John Stuart Mill, de « pénaliser les gens pour avoir travaillé plus fort et mis plus d'argent de côté que leurs voisins ». Cela décourage les gens de faire les activités qui sont les plus bénéfiques pour la société. Ou encore, comme quelqu'un l'a déjà dit : « Les amendes sont une sorte de taxe pour avoir fait quelque chose de mal, alors que les taxes sont une sorte d'amende pour avoir fait quelque chose de bien. » Nous avons des taxes sur l'alcool qui visent à réduire sa consommation, des taxes sur les cigarettes qui incitent à réduire le tabagisme et des taxes environnementales qui visent à réduire la pollution. Où s'imagine-t-on que taxer l'esprit d'entreprise, le travail et l'épargne va nous mener ? Le résultat est que beaucoup de travailleurs et d'entrepreneurs ne font pas leur maximum au travail ou d'efforts supplémentaires pour investir ou pour trouver de nouvelles idées parce qu'ils savent que les gains obtenus iront dans les coffres du gouvernement. Des compagnies consacrent de plus en plus de temps – qu'elles auraient pu mettre à profit autrement – à essayer de trouver des échappatoires fiscales. Des individus gaspillent du temps à faire des choses pour lesquelles ils ne sont pas compétents. Par exemple, un chirurgien reste plus longtemps à la maison et décore son salon au lieu de faire ce pour quoi il a été formé – sauver des vies – parce qu'il évite ainsi de payer plus d'impôts pour son propre travail, et de payer les taxes pour les services d'un peintre[1].

1. Voir la thèse de doctorat d'Asa Hansson, *Limits of Tax Policy*, qui démontre que lorsque la pression fiscale augmente de 1 % dans un pays industrialisé, le taux de croissance annuelle de l'économie diminue d'environ 0,23 %. La compilation de recherches présentée par Sofia Leufstedt et Fredrik Voltaire (1998) indique qu'une augmentation de 10 % de la taille du secteur public se traduit par une réduction de 1,5 % de la croissance économique.

Dans une économie de marché dynamique, on retrouve aussi beaucoup de mobilité sociale. Quelqu'un qui est pauvre aujourd'hui ne sera pas nécessairement pauvre demain. En l'absence de barrières telles que des privilèges accordés à des groupes particuliers ou des impôts très élevés, il est tout à fait possible de monter dans l'échelle socio-économique par ses propres efforts, par l'éducation et par un mode de vie frugal. Quatre-vingts pour cent des millionnaires américains ne sont pas nés dans une famille riche ; ils ont fait leur fortune grâce à leur travail.

Les 20 % les plus pauvres dans une économie capitaliste comme celle des États-Unis ne recueillent, il est vrai, que 3,6 % de la richesse du pays, une proportion qui semble stable. En examinant les écarts de revenus dans une perspective aussi statique, on oublie cependant qu'il existe une mobilité entre les différents groupes, une mobilité ascendante. Cela est dû en partie au fait que les salaires augmentent avec le niveau d'éducation et l'expérience de travail. Seulement 5,1 % des Américains qui se trouvaient parmi les 20 % de la population avec les revenus les plus bas en 1975 y étaient toujours en 1991. Entre-temps, près de 30 % d'entre eux avaient rejoint les 20 % les plus riches, et un autre 30 %, le groupe des moyennement riches.

La meilleure façon de lutter contre la pauvreté est d'avoir les moyens d'en sortir. Ceux qui tombent sous le seuil de pauvreté aux États-Unis y restent en moyenne 4,2 mois. Quatre pour cent seulement de la population américaine est constituée de gens qui restent pauvres à plus long terme, c'est-à-dire plus de deux ans. Quant au groupe qui compose les 20 % les plus pauvres, il est constamment réapprovisionné par l'arrivée de jeunes travailleurs, d'étudiants et d'immigrants qui entreprennent à leur tour de monter dans l'échelle de la prospérité[1].

---

1. W. Michael Cox et Richard Alm, 1999, chap. IV. Selon certains analystes, cette mobilité sociale serait plus grande dans des pays plus égalitaires comme la Suède, malgré la pression fiscale plus lourde, mais cette affirmation découle sans doute d'une confusion dans les concepts. Il est plus facile de monter dans l'échelle socio-économique en Suède parce que les différences de revenus sont minimes ; il est toutefois plus difficile de vraiment gagner davantage en argent comptant.

*Pourquoi choisir entre la liberté et l'égalité ?*

Beaucoup de gens croient que la libéralisation et la croissance de l'économie ont pour effet d'élargir les inégalités au sein d'une société. Encore une fois, la question n'est pas là. Ce qui importe d'abord est de savoir dans quelles conditions vous vivez, et non dans quelles conditions par rapport aux autres. Ce qui importe est que le plus de gens possible vivent mieux, et cela reste valable même si certains améliorent leur sort plus rapidement que d'autres. Il y a cependant plusieurs raisons pour lesquelles plus d'égalité reste un but pertinent à atteindre. D'abord, la perspective de voir tout le monde partir avec des chances à peu près égales dans la vie a quelque chose d'attirant. Il est important que tous puissent jouir des mêmes perspectives d'avancement – pas suffisamment important pour qu'on réduise les chances de tout le monde dans le but de les rendre les plus égales possible, mais assez important pour qu'on considère l'existence d'énormes inégalités sociales comme un problème.

Un autre élément à considérer est que, contrairement à ce qu'on a souvent prétendu, l'égalité sociale est un stimulant à la croissance. Il est vrai que dans une société très pauvre, une certaine dose d'inégalité est nécessaire afin que quelques-uns possèdent assez de richesses pour épargner et investir. De nombreuses études ont toutefois montré que les sociétés égalitaires atteignent un niveau de croissance économique en moyenne plus élevé que les sociétés où existent de grandes inégalités, surtout lorsque ces inégalités ont trait à la propriété des terres. Cette relation s'explique notamment par le fait que les gouvernements de pays égalitaires sont généralement plus stables et connaissent moins de crises politiques. Par contre, l'existence d'inégalités flagrantes est source de conflits ou de demandes en faveur de mesures de redistribution de la richesse (et donc d'impôts élevés), ce qui compromet la croissance.

Une raison plus importante est toutefois que les gens ont besoin d'une certaine quantité d'outils de base – la terre, par exemple, dans une économie en développement, ou l'éducation dans une économie moderne – pour pouvoir travailler efficacement au développement de leur société. Ce qui fait toute la différence est donc le niveau d'égalité en rapport avec la possession de ce capital, et non celui auquel on se réfère habituellement dans les débats politiques, c'est-à-dire l'égalité des revenus et des profits. Le type de réforme le plus crucial dans un pays en développement qui possède des structures féodales anciennes et inéquitables et où une petite élite contrôle la plupart des terres est une réforme agraire qui permettra à plus d'habitants de posséder un lopin de terre et de participer au développement de l'économie. Et ce qui importe pour la société dans son ensemble, c'est que tous puissent avoir accès à l'éducation et à du crédit s'ils ont de bons projets d'affaires. Personne ne devrait subir de discrimination ou être marginalisé, ou encore empêché de postuler certains emplois à cause d'exigences irréalistes pour l'obtention de permis, d'interdictions ou de privilèges. Ce type d'égalité renforce la dynamique de croissance alors qu'une redistribution des revenus a plutôt pour effet de l'affaiblir, parce que l'éducation, le travail et l'introduction de nouvelles idées deviennent moins profitables.

Si l'on simplifie un peu les choses, c'est l'égalité des chances qui compte avant tout, et non l'égalité des résultats. Ce qui est important, c'est que tous puissent jouir des conditions de base nécessaires à la réussite, puis soient libres d'aller de l'avant comme ils l'entendent et d'atteindre des résultats différents. Ce sont deux côtés de la même médaille : les individus ont la chance de travailler et d'entreprendre, et le droit de tirer profit de leur entreprise si celle-ci connaît le succès. Cela crée un environnement social qui encourage la mobilité et récompense l'initiative et l'effort, et crée plus de prospérité. Finalement, ce ne sont pas les inégalités de revenus elles-mêmes qui nuisent au développement, mais plutôt les privilèges et les discriminations qui provoquent les inégalités de revenus dans les pays non démocratiques. Cela est corroboré par le fait que la relation entre l'égalité et le taux de croissance est clairement identifiée dans le cas des pays non démocratiques, mais impossible à démontrer pour les démocraties libérales[1].

1. Pour la question de l'égalité de capital versus l'égalité de revenus, voir Klaus Deininger et P. Olinto, 2000 ; pour le lien avec la démocratie, voir Klaus Deininger et Lyn Squire, 1998.

Est-il malgré tout possible d'imaginer le contraire, c'est-à-dire qu'une croissance accélérée mène à des inégalités plus marquées, comme on le prétend souvent ? Les économistes se réfèrent parfois à la « courbe en U inverti de Kuznets », sur la base d'un article publié en 1955 par Simon Kuznets, lui-même économiste. Il y défendait l'idée que la croissance économique dans une société donnée provoque d'abord une augmentation des inégalités, puis, plus tard, une réduction. Plusieurs ont pris cette hypothèse très au sérieux et elle est souvent utilisée pour discréditer la notion de croissance ou pour exiger des politiques nationales de redistribution de la richesse. Kuznets n'a pourtant tiré aucune conclusion aussi radicale de ses travaux. Au contraire, il a déclaré que son article était basé sur « peut-être 5 % de données empiriques et 95 % de spéculation », ajoutant que « tant qu'on le considère comme un ensemble d'intuitions qui demandent une recherche plus approfondie plutôt qu'une série de conclusions bien appuyées, ça ne peut pas faire de tort et peut faire beaucoup de bien[1] ».

Si l'on suit les recommandations de Kuznets et qu'on cherche à comprendre ce qui s'est passé depuis les années 1950, on constate que ses conclusions préliminaires ne prévalent pas partout. Il est vrai que la croissance peut mener à plus d'inégalités, mais il ne s'agit pas d'une relation universelle. Il existe des pays qui ont connu une forte croissance ayant mené à une réduction des écarts de revenus, comme la Corée du Sud, l'Indonésie, la Malaisie, l'île Maurice, Taiwan ; et d'autres, tels le Brésil, la Chine, le Pakistan et la Thaïlande, où le contraire est vrai. De la même façon, les écarts de revenu ont évolué de diverses façons dans les pays qui ont connu une croissance faible ou négative. L'égalité s'est accrue en Colombie, à Cuba et au Maroc, mais a diminué en Éthiopie, au Kenya et au Mexique au cours des années 1980, ainsi qu'en Russie dans les années 1990. La performance des pays dépend d'autres facteurs tels que leur position initiale et leurs politiques domestiques. La Banque mondiale résume ainsi la situation : « Les statistiques disponibles n'indiquent aucune

1. Simon Kuznets, 1955, p. 26.

relation stable entre la croissance et le niveau d'inégalité. En moyenne, les inégalités à l'intérieur des pays n'ont ni augmenté ni diminué au cours des trente dernières années[1]. »

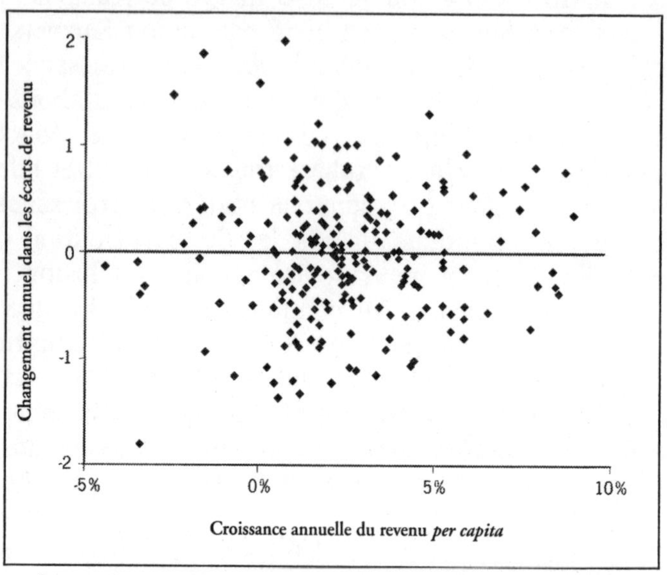


**La croissance économique n'accroît pas les inégalités**
Source : David Dollar et Aart Kraay, 2000a

Après avoir passé en revue des données provenant de 70 pays, l'économiste G. W. Scully a constaté que les revenus étaient *répartis plus également* dans les pays caractérisés par une économie libérale, des marchés ouverts et la protection des droits de propriété. La différence vient du fait que, comparativement aux pays où l'économie est réprimée, une plus grande part de la richesse allait à la classe moyenne et une plus petite à la classe supérieure dans les pays ayant une économie libre. La part du revenu national qui va aux 20 % les plus riches est 25 % plus petite dans les économies les plus libres que dans celles qui sont les moins libres. La proportion qui va aux 20 % les plus pauvres ne change pas, quel que soit

1. Banque mondiale, 2000c. Les données réfutant la thèse de Kuznets sont présentées dans Klaus Deininger et Lyn Squire, 1998, p. 259-287. Pour un tour d'horizon de la recherche à ce sujet, voir Arne Bigsten et Jörgen Levin, 2000.

le degré de libéralisation économique, mais les revenus réels dont ils disposent sont beaucoup plus élevés dans les économies libérales[1].

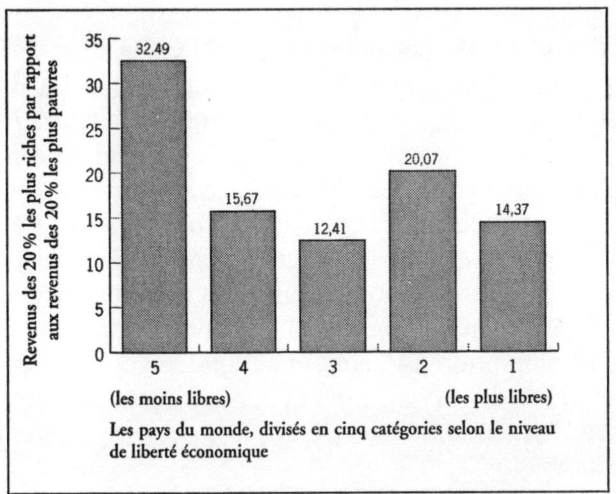


**La liberté économique réduit les inégalités**
Source : James Gwartney, Robert Lawson *et al.*, 2001

On voit qu'à l'opposé des croyances populaires, un plus haut degré de libéralisme économique semble mener vers plus d'égalité économique. Mais cela ne nous dit rien sur l'effet spécifique des changements. Peut-être un programme accéléré de libéralisation et un changement brusque de système ont-ils des effets négatifs sur le niveau d'égalité ? Même cette proposition ne tient pas. L'économiste suédois Niclas Berggren a étudié l'impact d'une augmentation de la liberté économique sur les écarts de revenus. Dans les pays qui ont libéralisé leur économie depuis 1985, ceux-ci ont *diminué*, alors qu'ils ont augmenté ou sont restés stables dans les pays qui se sont abstenus d'enclencher des réformes. C'est dans les pays pauvres qui ont vite réformé leur économie que les inégalités ont diminué le plus rapidement. Les résultats obtenus par M. Berggren indiquent que deux facteurs sont

1. G. W. Scully, 1992.

responsables de la baisse des inégalités : la libéralisation du commerce international et la libéralisation des mouvements de capitaux avec l'étranger, soit les deux réformes qui cadrent le plus avec le mouvement vers la mondialisation des échanges[1].

Cette tendance se confirme par une classification différente des pays selon leur degré de « mondialisation ». La firme de consultants en management A. T. Kearney et la revue *Foreign Policy* ont mis au point un « indice de l'intégration à l'économie mondiale » qui classe les pays en estimant à quel point leurs habitants achètent, investissent, communiquent et voyagent à l'étranger. On observe que la richesse dans les pays les plus intégrés n'est pas moins également répartie. Au contraire, « la tendance générale indiquant une corrélation entre un haut niveau d'intégration à l'économie mondiale et une répartition plus égalitaire des revenus tient pour la plupart des pays, aussi bien pour les économies modernes que pour les économies en émergence[2] ».

Libéraux comme socialistes semblent croire que la liberté individuelle et l'égalité économique s'opposent l'une à l'autre, ce qui explique pourquoi ils ont tendance à dénigrer l'une ou l'autre de ces valeurs, qui sont pourtant largement partagées. Ils ont peut-être raison dans le sens où ils doivent choisir laquelle des deux doit être au centre de leurs préoccupations politiques, mais il est faux de croire que ces deux valeurs sont contradictoires. Il y a au contraire de bonnes raisons de croire qu'une liberté égale pour tous entraîne une répartition plus égalitaire des richesses. Les droits de propriété, la liberté d'entreprise, le libre-échange et une inflation maîtrisée sont à la fois source de croissance et d'égalité.

---

1. Niclas Berggren, 1999.
2. «Measuring Globalization», *Foreign Policy*, janvier-février 2001. Le pays le mieux intégré à l'économie mondiale, selon cet indice, est Singapour, juste devant les Pays-Bas et la Suède. Les États-Unis viennent au douzième rang, mais la réalité est un peu faussée parce qu'il s'agit d'un très grand pays à l'intérieur duquel il y a infiniment plus de déplacements sur de longs trajets, de relations commerciales et de communications que dans n'importe quel petit pays.

*Les droits de propriété profitent aux pauvres*

Que la liberté économique ne soit pas incompatible avec l'égalité provoque l'étonnement chez ceux qui se sont fait dire que le capitalisme est l'idéologie des riches et des privilégiés. En fait, c'est l'inverse qui est vrai. Le libre marché est l'antithèse d'une société fondée sur les privilèges. Dans une économie de marché, la seule façon de maintenir une position économique avantageuse est d'améliorer sa production et d'offrir aux gens de bons produits et services. C'est plutôt dans les économies dirigées, où les groupes près du pouvoir reçoivent des avantages particuliers et des droits de monopole, que les conditions qui prévalent sont impossibles à modifier. Ceux qui ont les bons contacts, qui peuvent se permettre de payer les pots-de-vin et qui ont le temps et les connaissances nécessaires pour s'y retrouver dans les volumineux recueils de réglementations ont la possibilité de lancer une entreprise et de commercer. Les pauvres n'ont jamais cette chance, même celle de lancer une entreprise aussi rudimentaire qu'une boulangerie. Dans une société capitaliste, quiconque a un bon projet et la volonté de le mener à terme est libre de tenter sa chance, même s'il ne compte pas parmi les favoris du régime.

La mondialisation est particulièrement cruciale de ce point de vue, puisqu'elle perturbe les relations de pouvoir et libère les gens des potentats locaux. Le libre-échange permet aux consommateurs de se procurer des biens et d'avoir accès à des solutions qui viennent d'ailleurs au lieu d'être à la merci des détenteurs de monopoles locaux, car les mouvements de capitaux au-delà des frontières facilitent le financement des projets d'affaires de ceux qui n'ont pas leurs entrées dans les réseaux financiers locaux. La liberté de mouvement force l'employeur local à offrir de meilleurs salaires et de meilleures conditions de travail pour attirer et garder des travailleurs parce qu'il sait que, autrement, ceux-ci trouveront un emploi ailleurs.

La gauche dépeint habituellement le libéralisme comme l'idéologie représentant les intérêts des riches parce qu'elle défend les droits de propriété. Mais défendre la propriété privée ne signifie pas vouloir maintenir la répartition actuelle de la propriété. L'expérience nous montre que ce ne sont pas les riches qui bénéficient d'abord de la protection des droits de propriété. Au contraire, ce sont les citoyens les plus vulnérables qui peuvent avoir le plus à perdre dans une société sans droits de propriété clairement établis, parce que ce sont alors ceux qui ont le plus de pouvoir politique et de contacts qui réussissent plus facilement à s'emparer des ressources. Là où la propriété privée existe, les ressources et les revenus sont affectés en priorité à ceux qui sont productifs, qui offrent des biens et services ou leur main-d'œuvre. Les groupes défavorisés ont alors une bien meilleure chance de prendre leur place que dans un système dominé par le pouvoir et la corruption. Ce sont d'ailleurs eux qui ont le plus à gagner lorsque les biens de consommation deviennent progressivement meilleur marché par rapport à leurs revenus, ce qui survient lorsqu'un contexte compétitif fondé sur les droits de propriété l'encourage. Par-dessus tout, les droits de propriété procurent un environnement où la prévoyance et l'initiative personnelle peuvent se déployer, ce qui suscite une forte croissance dont les fruits seront également distribués, en moyenne, entre riches et pauvres. La mise en place de mesures pour mieux protéger la propriété a donc un effet de redistribution aussi favorable aux pauvres que des ressources supplémentaires allouées à l'éducation. Le fait que la protection de la propriété soit l'une des réformes qui conduisent le plus assurément à la croissance est un autre élément qui joue en sa faveur[1].

L'économiste péruvien Hernando de Soto a fait plus que quiconque pour expliquer comment les pauvres sont les grands perdants lorsque les droits de propriété ne sont pas protégés. Dans son révolutionnaire essai *The Mystery of Capital*, il bouleverse complètement la vision habituelle que l'on a des pauvres. Selon lui, le problème n'est pas qu'ils sont démunis et sans avoirs, mais plutôt qu'ils n'ont pas de droits de propriété clairement définis sur ce qu'ils possèdent. En fait, ce sont souvent des individus avec un grand sens de l'initiative

---

1. Voir David Dollar et Aart Kraay, 2000a et 2000b. Sur la question de l'importance des droits de propriété pour le développement économique, voir Nathan Rosenberg et L. E. Birdzell Jr, 1991.

qui mettent de côté une portion importante de leurs revenus pour bonifier leur terre et rénover leur maison. Après plusieurs années de voyages et de recherches, de Soto estime que les pauvres du tiers-monde et des ex-pays communistes ont des propriétés immobilières (édifices et terrains) valant environ 9,3 billions (un billion = mille milliards) de dollars de plus que ce qui est officiellement enregistré. Il s'agit là d'une somme énorme, pratiquement équivalente à la valeur combinée de toutes les compagnies listées sur les marchés boursiers des pays riches – New York, Nasdaq, Toronto, Tokyo, Londres, Francfort, Paris, Milan – et une douzaine d'autres. Toutefois, les gouvernements ne reconnaissent pas le droit effectif des occupants de ces propriétés, à moins de passer à travers un long et fastidieux processus bureaucratique. Les habitants du tiers-monde occupent souvent des terres communales, construisent des habitations modestes – qu'ils sont constamment en train d'améliorer – dans des bidonvilles, et mettent sur pied des petits commerces de quartier, tout comme les pauvres des pays occidentaux le faisaient il y a quelques centaines d'années. Il est malheureusement presque impossible aujourd'hui dans un pays en développement d'officialiser son droit de propriété sur ses biens. De Soto a illustré ce problème au moyen d'une expérience assez ambitieuse. Lui et quelques-uns de ses collègues ont fait le tour du monde et tenté d'enregistrer une propriété ou une entreprise. Les résultats sont scandaleux.

Obtenir un titre légal pour une maison construite sur un terrain appartenant à l'État au Pérou nécessite 207 étapes administratives distinctes dans 52 bureaux différents. Quiconque souhaite faire légalement quelque chose d'aussi simple que conduire un taxi ou lancer un service privé d'autobus peut s'attendre à d'abord passer vingt-six mois dans les méandres de la bureaucratie. En Haïti, les gens ne peuvent s'installer sur un terrain communal que s'ils le louent d'abord pour cinq ans et l'achètent ensuite. Juste pour obtenir le bail, il faut remplir des papiers pendant deux ans, en 65 étapes. Acheter la propriété prend ensuite beaucoup plus de temps. Aux Philippines, ce processus peut prendre plus de treize ans. Enregistrer légalement un lopin de terre dans le désert égyptien requiert l'obtention de permis de la part de 31 entités administratives différentes, ce qui peut prendre de cinq à quatorze ans ; le même processus pour enregistrer une terre agricole prend de six à onze ans.

Pour obtenir une licence légale dans le but de mettre sur pied une petite manufacture avec deux machines à coudre dans un bidonville de Lima, il a fallu consacrer 289 journées de six heures à se déplacer pour rencontrer les autorités, à attendre en file pour voir la bonne personne, à remplir des formulaires et à attendre des réponses. Il faut aussi spécifier que le processus a entraîné des coûts de 1 231 $, soit plus de trente fois le salaire minimum mensuel au Pérou. Pour ceux qui n'ont ni les ressources ni les bons contacts, il s'agit de barrières insurmontables. Les pauvres sont donc obligés de gérer leurs microentreprises dans l'économie souterraine, à l'extérieur du cadre légal. Ils ne jouissent d'aucune protection légale et n'osent pas investir à long terme, même s'ils le peuvent. Leurs avoirs ne sont inclus dans aucun registre uniforme qui répertorie les transactions et indique à qui appartient chaque propriété. Sans des règles clairement établies permettant de savoir à qui appartient quoi, comment les transactions doivent se dérouler, qui doit effectuer les paiements et à quelle adresse, la propriété reste un capital inutilisable. Elle ne peut pas être hypothéquée, ce qui permettrait d'obtenir des fonds pour financer l'éducation des enfants ou pour agrandir son entreprise. La source de capital la plus commune pour les petits entrepreneurs des pays riches est donc inaccessible pour ceux des pays en développement. Lorsqu'on n'a pas d'adresse officielle et qu'on ne peut pas prouver sa solvabilité, il est souvent impossible d'obtenir le téléphone, l'eau ou l'électricité, et la propriété ne peut même pas être vendue.

Les entrepreneurs ne peuvent pas non plus développer leurs compagnies en vendant des actions. Obligés d'opérer dans l'économie souterraine, les propriétaires de microentreprises doivent se tenir aux aguets contre les agissements des bureaucrates et de la police, ou être prêts à payer des pots-de-vin considérables. Il est préférable pour eux de maintenir leur entreprise dans l'ombre et de petite taille, ce qui les empêche de profiter de possibles économies d'échelle. Faire de la publicité ou tenter d'élargir la clientèle trop rapidement peut aussi poser un risque. Le plus sûr est de vendre dans les environs immédiats et de s'en tenir là. Des transactions majeures ne peuvent être conclues qu'avec des membres de la famille ou des personnes en qui l'on a entièrement confiance.

De Soto soutient qu'entre 50 et 75 % des citoyens des pays en développement travaillent à l'extérieur du cadre de la loi et qu'à peu près 80 % des maisons et des terrains ne sont pas enregistrés au nom de leur propriétaire actuel. Dans l'un des pays qu'il a visités, l'administration municipale elle-même a décidé de construire illégalement des habitations sur un terrain public pour loger ses employés. La grande majorité de la population a donc des avoirs dont elle ne peut disposer comme elle le veut. En l'absence de droits de propriété, ces avoirs ne peuvent servir à financer une expansion, comme le monde occidental l'a fait pour être prospère. Seule l'élite des pays en développement a les ressources et les contacts nécessaires pour se permettre de prendre part aux activités qui caractérisent une économie moderne. Des millions de personnes compétentes et possédant un sens de l'initiative qui pourraient faire d'elles les entrepreneurs du futur sont ainsi condamnées à la pauvreté[1].

Cette situation explique pourquoi l'économie de la Russie ne s'est pas développée au cours des années 1990. Même si le communisme s'est effondré, le gouvernement russe n'a toujours pas mis en place un système uniforme pour reconnaître et protéger le droit à la propriété privée. La terre est généralement considérée comme appartenant toujours au gouvernement et est prêtée ou louée aux fermiers, avec pour résultat qu'il est inutile d'investir et que la vente et la prise d'hypothèque ne sont pas envisageables. Moins de 300 000 fermiers russes, sur un total de 10 millions, ont un titre de propriété sur leur terre ou quelque chose d'équivalent. Le gouvernement impose par ailleurs de sévères restrictions sur ce que les gens peuvent faire avec les terres qui leur appartiennent. Le socialisme agraire non seulement entrave toute forme d'investissement, mais il freine le développement d'un système moderne de prêts. Les transactions se font alors sur le marché noir.

1. Hernando de Soto, 2000.

L'économie russe est souvent qualifiée d'« hypercapitaliste ». Quelle que soit la définition que l'on donne au mot capitalisme, cette affirmation est complètement absurde. Le socialisme agraire de la Russie, auquel s'ajoute un gigantesque fatras de réglementations et de contrôles, fait en sorte que la Russie se retrouve au 127e rang sur 155 dans l'Indice des libertés économiques de la Fondation Heritage, et au 117e rang sur 123 dans celui de l'Institut Fraser, derrière des pays comme la Syrie et le Rwanda[1].

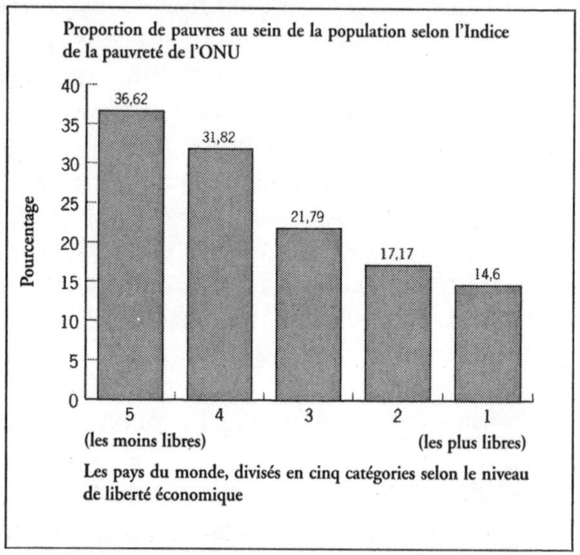


**La liberté économique réduit la pauvreté**
Source : James Gwartney, Robert Lawson *et al.*, 2001

Les réglementations agricoles sont une autre importante source d'inégalités. Plusieurs pays en développement ont tenté d'avantager leur population urbaine aux dépens de la population rurale, notamment en contrôlant les prix des denrées agricoles et en imposant des conditions à leur production et à leur distribution. Ces mesures visent à forcer un développement plus rapide de l'industrie en y transférant les surplus dégagés dans le secteur agricole au moyen d'impôts et de réglementations.

1. Gerald P. O'Driscoll Jr, Kim R. Holmes et Melanie Kirkpatrick, 2001 ; James Gwartney, Robert Lawson, Walter Park et Charles Skipton, 2001.

Le problème est que, en procédant ainsi, on prive le secteur agricole des ressources nécessaires à une rationalisation de la production. Ruinés par ces mesures, les fermiers sont alors incapables de produire le surplus qu'on attend d'eux. Dans de nombreux pays africains et latino-américains, cela a entraîné un cercle vicieux et suscité une émigration importante des régions rurales appauvries vers les villes. La demande pour les produits industriels continue toutefois de stagner puisque les campagnes restent pauvres, le chômage et la misère augmentent dans les villes, et avec eux le nombre de sans-abri, la criminalité et la prostitution. Les propriétés que les pauvres ont réussi à acquérir ne sont pas reconnues et ne peuvent être enregistrées. En conséquence, la demande pour les produits agricoles stagne et l'urbanisation désordonnée se poursuit. On ne peut pas compter sur la demande étrangère, puisque les pays riches maintiennent des tarifs très élevés sur les produits agricoles[1].

Il existe plusieurs types de politiques antilibérales qui affectent particulièrement les pauvres. L'une d'entre elles est l'inflation, qui déprécie la valeur de la monnaie. En augmentant rapidement la masse monétaire, le gouvernement détruit les épargnes modestes détenues par les pauvres, alors que les riches qui possèdent des terres, des propriétés et des entreprises sont moins touchés. Réduire le taux d'inflation et éviter les phases d'hyperinflation qui ont affligé de nombreux pays du tiers-monde compte parmi les principales mesures qui peuvent être prises pour aider les pauvres, selon le rapport de la Banque mondiale par Dollar et Kraay cité plus haut. Un cas classique d'hyperinflation est celui de l'Allemagne dans les années 1920, qui a entraîné la ruine de la classe moyenne et rendu les Allemands ouverts aux idées hitlériennes. À l'opposé, l'Argentine a très rapidement maté l'inflation en 1989 et, en un peu plus d'un an, la proportion de pauvres dans la région de Buenos Aires est passée de 35 à 23 %.

Une autre conclusion tirée des résultats de Dollar et Kraay est que les dépenses publiques non seulement semblent ralentir la croissance économique, mais elles nuisent aussi aux personnes pauvres. Cela paraîtra sans doute étrange à ceux qui

1. Christer Gunnarsson et Mauricio Rojas, 1997, p. 50 et suiv.

croient que les dépenses publiques sont une façon d'enlever aux riches pour donner aux pauvres. En fait, c'est le contraire qui est vrai. Dans les pays en développement, surtout ceux qui ne sont pas gouvernés de façon démocratique, c'est une élite composée des dirigeants, de leurs familles et amis et des compagnies les plus puissantes qui pigent dans le trésor public, pendant que ceux qui n'ont pas de contacts dans les palais de la capitale paient la facture. Un establishment militaire démesuré accapare souvent la part du lion des ressources de l'État. Les dirigeants préfèrent investir dans des aéroports internationaux prestigieux, des universités et des hôpitaux dans la capitale plutôt que dans des routes, des écoles et des dispensaires de soins de santé locaux qui pourraient réellement venir en aide à la population. Ce sont souvent les amis du régime et les plus riches qui bénéficient d'abord des systèmes publics de santé et d'éducation dans les pays non démocratiques. Cela montre à quel point de nombreux intellectuels de gauche se trompaient dans les années 1960 et 1970 lorsqu'ils prétendaient que la démocratie et les droits et libertés n'étaient pas si importants pour les pays en développement, parce que l'investissement dans les programmes sociaux était prioritaire. Sans démocratie, même les programmes sociaux qui existent déjà n'apportent rien à la majorité de la population.

Les systèmes politiques inefficaces sont incapables d'utiliser les ressources disponibles à bon escient. « J'ai entendu dire qu'il existait un programme d'aide pour les pauvres, mais personne ne semble savoir où il est », constatait un Indonésien pauvre. L'argent s'est vraisemblablement retrouvé dans les poches du gros bonnet du coin. Le même problème existe en Inde, où la corruption et la bureaucratie ont transformé l'assistance sociale en véritable trou noir. Le gouvernement indien doit payer 4,30 $ pour qu'un pauvre reçoive l'équivalent de 1 $ de nourriture subventionnée. Il s'agit d'une perte nette pour les pauvres, puisqu'on impose fortement leur production pour financer un programme gigantesque qui ne leur retourne en aide réelle qu'une petite partie de ce dont ils ont contribué[1].

---

1. Lasse Berg et Stig T. Karlsson, 2000, p. 93 et suiv. ; citation de la Banque mondiale, 2000a, p. 85.

Le capitalisme n'est pas un système parfait et ne profite pas à tout le monde tout le temps. Les critiques de la mondialisation sont très habiles à signaler les cas individuels où les choses ne vont pas si bien – la fermeture d'une usine, par exemple, ou des salaires réduits. On ne peut pas nier que de tels cas existent. Mais si on se concentre uniquement sur les cas individuels, on risque de perdre complètement de vue comment un système politique ou économique fonctionne en général et quels avantages il procure à la grande majorité en comparaison avec d'autres systèmes. On trouve des aspects louches et des imperfections dans tous les systèmes, mais cela n'est pas une raison pour rejeter toute forme de solution. Il est relativement facile de citer des exemples négatifs de ce qui peut arriver dans une économie de marché. En suivant cette logique, on peut aussi démontrer que l'eau et le feu sont des entités maléfiques, parce que certaines personnes se noient et d'autres se brûlent, mais la réalité ne s'arrête pas là. En mettant l'accent uniquement sur ses aspects négatifs, on ne voit pas la liberté et l'indépendance que le capitalisme apporte à des gens qui n'ont jamais connu autre chose que l'oppression. On ferme également les yeux sur les progrès constants et mesurés qui caractérisent les sociétés qui ont une économie de marché. On peut bien sûr identifier des problèmes et des lacunes dans un système qui réussit généralement bien, si c'est dans le but constructif de les rectifier ou de les atténuer. Mais lorsqu'on se sert de ces exemples pour condamner le système lui-même, il faut pouvoir répondre à ces questions : quel autre système politique et économique pourrait mieux réussir à gérer ces problèmes ? Quels sont les faits qui nous indiquent, dans l'histoire et dans notre monde, que nous pourrions avoir mieux ?

## *Le miracle est-asiatique*

Pour mesurer l'impact des décisions politiques sur le développement, il est utile de comparer les deux continents qui offrent le contraste le plus frappant dans l'histoire de l'après-guerre : l'Asie de l'Est avec son miracle économique et l'Afrique avec ses résultats désastreux. En 1960, la Zambie était presque aussi riche que la Corée du Sud. Aujourd'hui, la Corée du Sud a un niveau de vie comparable à celui du Portugal et est vingt fois plus prospère que la Zambie. Il y a plusieurs années, les Taiwanais étaient aussi pauvres que la population du Congo. Ils sont maintenant aussi riches que les Espagnols, alors que le Congo est resté embourbé dans ses problèmes. Comment les choses ont-elles pu aller si bien pour l'Asie et si mal pour l'Afrique ?

L'exemple de réussite le plus éclatant parmi les économies en voie de développement depuis la Seconde Guerre mondiale est celui de l'Asie de l'Est, en particulier du Sud-Est. À la fin de la guerre, le Japon n'était plus qu'un amas de ruines, et les pays qui avaient subi son occupation se retrouvaient complètement démunis et au bord de la famine. On s'attendait à ce que ces pays sombrent dans la corruption, le crime et la guérilla. Ils ont connu depuis les années 1960 un « miracle économique », avec des taux de croissance annuelle de 5 à 7 % qui ont permis de doubler les revenus tous les dix ans. Les taux d'épargne, les investissements et les exportations sont demeurés très élevés et l'industrialisation a rapidement été accomplie. Des anciennes colonies comme Hong-Kong et Singapour ont même dépassé leur ancien maître britannique sur le plan de la prospérité.

Dans presque tous ces pays, le développement économique s'est accompagné d'un maintien, et parfois même d'une diminution, des écarts entre les revenus ; et cela, malgré l'absence de politiques de redistribution de la richesse. La pauvreté a rapidement diminué. En Indonésie, la proportion de ceux qui vivent dans la pauvreté absolue est tombée de 58 à 15 %, et en Malaisie, de 37 à 5 %. Entre 1960 et 1990, l'espérance de vie moyenne dans les pays est-asiatiques est passée de 56 à 71 ans. À plus long terme, ce processus a enclenché un mouvement vers la démocratisation à Taiwan, en Corée du Sud, en Thaïlande et, plus récemment, en Indonésie.

Ces sociétés ont démontré qu'il est tout à fait possible pour un pays en développement de se développer et de s'industrialiser. Elles prouvent que cela ne peut se produire que dans une économie ouverte et foncièrement capitaliste, et non dans une économie dirigée et fermée. Des économistes ont récemment attiré l'attention sur le fait qu'elles étaient caractérisées par un interventionnisme assez important de l'État dans l'économie, en laissant entendre que cela contredisait l'idée que seul le libéralisme pouvait susciter le développement. La première affirmation est vraie. Les pays qui ont été les premiers à se développer – le Japon, la Corée du Sud et Taiwan – avaient des gouvernements particulièrement activistes (l'Indonésie, la Malaisie et la Thaïlande, qui se sont développés plus tard, l'ont fait en suivant une politique plus libérale). Ceux-ci contrôlaient les investissements, réglementaient les banques, protégeaient certaines industries et avaient tout un arsenal de mesures interventionnistes qu'ils pouvaient utiliser. Il n'y a toutefois rien d'unique dans ce phénomène : les pays en développement ont fait la même chose sur tous les continents. La Banque mondiale, dans un document qui analyse le phénomène des tigres est-asiatiques, observe que « d'autres pays ont tenté les mêmes types d'interventions sans succès, et l'ont généralement fait avec encore plus de zèle[1] ».

Ce qui distingue les pays est-asiatiques des autres est que leurs gouvernements ont entrepris d'établir et de protéger les droits de propriété, d'encadrer légalement les activités des entreprises et de poursuivre une politique de stabilité monétaire et d'inflation modérée. Ils ont mis en place un système universel d'éducation et leur population a pu acquérir les compétences nécessaires pour développer le pays. En misant d'abord sur l'éducation primaire et en confiant l'éducation supérieure au secteur privé, cette politique a d'abord bénéficié aux plus pauvres, et a fait en sorte que les études avancées répondent plus directement aux besoins de l'économie.

Les pays est-asiatiques ont introduit des réformes agraires qui ont dépossédé les vieilles élites de la terre des privilèges qu'elles avaient usurpés. Cela a permis à toute la population de jouer un rôle dans l'économie. Les fermiers ont pu disposer de leurs surplus, épargner et investir comme ils l'entendaient, ce qui les a encouragés à améliorer leurs méthodes de production. Le rendement accru qui en a résulté a permis à ces

---

1. Banque mondiale, 1993, p. 6 ; voir aussi Christer Gunnarsson et Mauricio Rojas, 1997.

pays d'augmenter leur approvisionnement local en nourriture tout en dégageant un surplus de main-d'œuvre pour le secteur industriel, lui-même plus dynamique grâce à la plus forte demande venant des campagnes plus riches. Les gouvernements ont préféré mettre en place les conditions nécessaires à la création d'emplois au lieu de réglementer le marché du travail et d'imposer des salaires minimums. Presque tout le monde a ainsi pu se trouver un emploi, et les salaires ont pu augmenter en suivant le rythme de croissance de la productivité. Plusieurs de ces pays ont pu traverser les crises plus facilement et en gardant un taux de chômage relativement bas parce que les salaires y étaient suffisamment flexibles pour être réduits en période de récession (parallèlement avec les prix des produits que les gens achètent).

Dans d'autres pays en développement, l'initiative individuelle est ralentie par la réglementation et il est impossible de lancer son entreprise sans permis et licences. Par contraste, les pays est-asiatiques ont accordé une très grande liberté d'entreprise. Un citoyen ordinaire qui avait un projet en tête pouvait mettre sa firme sur pied en remplissant un minimum de paperasse administrative, et ensuite mener son projet à terme sans avoir à se conformer à de multiples contrôles. Hong-Kong est allé le plus loin dans cette direction. On pouvait simplement lancer son entreprise et en informer les autorités plus tard pour obtenir son permis. Une telle absence de contrôle a un effet extrêmement important, non seulement parce qu'elle permet de libérer l'initiative, mais parce qu'elle est un antidote à la corruption, qui s'épanouit souvent à l'ombre des bureaucraties qui émettent des permis.

Même si plusieurs pays est-asiatiques ont eux aussi engouffré des millions en prêts et en subventions dans certaines entreprises, les procédures d'attribution de ces fonds ont été moins influencées que dans d'autres pays en développement par les liens de copinage, la protection des droits acquis ou l'attrait de projets grandioses. Ces procédures étaient relativement à l'abri des pressions de l'establishment d'affaires et se concentraient sur les résultats et les demandes du marché. La structure de prix était davantage déterminée par le marché dans ces pays que dans d'autres pays en développement. Leurs gouvernements n'ont pas contrôlé les prix locaux et n'ont pas tenté de fausser les prix du marché international, permettant ainsi aux investissements de se faire là où ils avaient le plus de chances de réussir. Le but était d'investir dans les secteurs qui présentaient le plus d'avantages et un niveau de compétitivité plus élevé par rapport à d'autres pays. La plupart de ceux qui demandent au gouvernement d'intervenir dans l'économie et de cibler les investissements croient qu'il faut ralentir la cadence, maintenir les solutions éprouvées et protéger les industries déjà en place. Les gouvernements est-asiatiques ont fait exactement l'inverse, eux qui croyaient qu'il était crucial pour les entreprises d'être capables de faire face à la concurrence internationale. Le gouvernement japonais a acculé certaines compagnies à la faillite parce qu'elles n'avaient pas un potentiel de rendement suffisamment élevé, et l'on n'a pas hésité à fermer des firmes improductives dans un marché ouvert en Corée du Sud. La même approche froidement comptable a été appliquée aux finances de l'État. Lorsque les subventions et les dépenses ont semblé en voie d'exploser et de menacer la stabilité économique, les gouvernements ont rapidement diminué leurs engagements, évitant ainsi les crises budgétaires et l'inflation.

Avant tout, ces pays étaient farouchement déterminés à s'intégrer à l'économie mondiale. Ils comptent parmi ceux qui exportent le plus, proportionnellement à leur économie, et qui ont toujours été ouverts aux investissements étrangers. Ceux dont l'économie a été parmi les plus dépendantes des échanges commerciaux ont connu la croissance la plus rapide. La plupart ont instauré des barrières tarifaires contre les importations, mais cela est vrai aussi du reste de l'Asie, de l'Afrique et de l'Amérique latine. La différence est que les tigres est-asiatiques ont utilisé ces tarifs dans une moindre mesure qu'ailleurs et les ont éliminés beaucoup plus rapidement. Alors que les autres étaient occupés à éviter les échanges commerciaux et à développer des modèles d'autosuffisance, les pays est-asiatiques cherchaient à s'intégrer davantage au marché international. Dès les années 1960, ils ont commencé à encourager les exportations, notamment en abolissant les exigences de permis et en exemptant complètement les exportateurs et leurs fournisseurs de droits de douanes sur les importations. Les tarifs sur l'importation de biens d'équipement sont restés minimes. Deux économistes de Harvard, Jeffrey Sachs et Andrew Warner, ont mis au point un indice mesurant le niveau d'ouverture des économies. Selon eux, les pays est-asiatiques ont été parmi les premiers pays en développement à ouvrir leur économie en réduisant les barrières tarifaires, en éliminant les quotas, en libéralisant les exportations et en rendant leur monnaie convertible. Les économies de la Malaisie, de Taiwan et de la Thaïlande sont considérées comme « ouvertes » depuis 1963, celle du Japon depuis 1964, celle de la Corée du Sud depuis 1968 et celle de l'Indonésie depuis 1970. Hong-Kong a instauré une politique commerciale plus libérale qu'aucun autre pays[1]. Cette révolution ne s'est pas produite en Amérique latine avant les années 1990 et reste toujours à faire en Afrique.

Loin d'être la preuve que la réglementation et les contrôles bureaucratiques constituent la recette du succès, les tigres est-asiatiques montrent qu'une économie de marché qui s'appuie sur l'esprit d'entreprise et l'ouverture vers l'extérieur est la voie vers le développement.

### *Le bourbier africain*

Le continent qui présente le contraste le plus pénible avec ce développement extraordinaire est l'Afrique, particulièrement au sud du Sahara. C'est là que se trouvent la plupart des pays dont le PIB a diminué depuis les années 1960. C'est là qu'on observe la plus importante concentration de pauvreté, de santé précaire, de sous-alimentation, d'analphabétisme et d'enfants qui travaillent. À l'encontre du reste du monde, ce continent s'est habitué, depuis trente ans, à voir son niveau de vie diminuer et sa misère augmenter. Certains facteurs qui dépendent de l'environnement aident à expliquer cette réalité. Le climat tropical est propice à la dissémination de maladies parasitaires, le sol est moins fertile et les désastres naturels sont plus courants que dans nos pays riches. Le tiers de la population vit dans des pays sans accès à la mer, ce qui rend beaucoup plus

1. Jeffrey Sachs et Andrew Warner, 1995, p. 26-32, 72-95.

difficile l'établissement de liens avec les marchés mondiaux. Les frontières laissées par les puissances coloniales et leurs pratiques discriminatoires ont contribué au morcellement ethnique et linguistique de ces États. Une bonne partie du continent est d'ailleurs déchirée par des conflits et des guerres civiles.

D'autres régions défavorisées par la nature et par la culture ont pourtant réussi à bien mieux gérer leurs affaires que l'Afrique. Même des facteurs tels que la guerre et la famine ont des causes politiques – aucune démocratie n'a jamais souffert de famine et aucune guerre n'a eu lieu entre deux pays démocratiques, ce qui montre à quel point ce sont les institutions et les structures politiques d'un pays qui déterminent ses possibilités de développement. Dans cette perspective, l'Afrique se démarque des autres continents par son haut degré d'oppression politique, de corruption, de dirigisme économique et de protectionnisme. Les gouvernements africains ont hérité des puissances coloniales d'une structure politique hiérarchique et répressive qu'ils ont utilisées à leur tour pour opprimer certains groupes ethniques et les habitants de certaines régions, au détriment des droits fondamentaux.

En voulant se démarquer des politiques de leurs anciens maîtres coloniaux et éviter de dépendre d'eux sur le plan commercial, les dirigeants africains ont cherché à construire des économies autosuffisantes par l'imposition de tarifs très élevés, la nationalisation et la réglementation des industries, le contrôle des prix et des échanges, et des dépenses publiques excessives. Les élites urbaines ont systématiquement exploité les régions rurales. Au lieu de chercher à développer de nouveaux marchés pour les produits nationaux, les gouvernements ont mis en place des monopoles sectoriels offrant des prix dérisoires aux producteurs et pris en charge la distribution de la nourriture. Ils ont pu s'approprier tout le surplus du secteur agricole, entraînant l'appauvrissement des fermiers et la disparition des commerçants. La production s'est effondrée et les fermiers ont été poussés vers le marché noir, tandis que les projets d'industrialisation étaient mis en péril. L'ordre social s'est vu menacé dans les années 1970 lorsque la récession s'est installée à demeure. Après avoir tenté de se sortir de la crise en empruntant à l'étranger, plusieurs pays africains se sont retrouvés en plein marasme dans les années

1980. Les infrastructures se sont effondrées, la population s'est mise à souffrir de la faim, les médicaments se sont mis à manquer, et la machinerie industrielle a simplement arrêté de fonctionner parce que les piles épuisées et les pièces de rechanges brisées n'ont pu être remplacées. L'effondrement a été stoppé mais il n'a pas été suivi d'une véritable reprise. De 1990 à 1998, le PIB combiné de l'Afrique méridionale a diminué de 0,6 %.

Ce n'est pas le désert ou la sécheresse qui causent la faim et la souffrance en Afrique mais l'oppression politique, qui a systématiquement ruiné le potentiel des pays du continent et les perspectives d'avancement de leur population.

Au lieu de « dépendre » du commerce, ces États dépendent de l'aide étrangère. L'Afrique subsaharienne a reçu plus d'assistance au développement que n'importe quelle autre région du monde. Pour certains États, cela représente le double de leurs revenus propres. Au lieu de servir à aider les populations en détresse, ces fonds ont souvent été utilisés pour soutenir des régimes corrompus qui exploitent la population. De nombreux donateurs occidentaux ont prétendu que ces pays n'étaient pas mûrs pour la démocratie et les droits individuels, et qu'ils devraient appuyer leur développement sur la planification économique et une réduction de leur dépendance aux échanges avec l'étranger. Les résultats ne se sont pas fait attendre. Les secteurs d'affaires prometteurs ont été annihilés. L'Afrique, qui comptait pour 5 % du commerce mondial en 1960, ne compte plus que pour 1 % aujourd'hui.

L'Afrique a été affligée par la présence prolongée de chefs tels que Mugabe au Zimbabwe, Arap Moi au Kenya et Mobutu au Zaïre, qui se sont maintenus au pouvoir avec l'aide de fonds de développement en provenance d'Occident. On a même parlé d'« États vampires » pour désigner ces appareillages étatiques plus intéressés à siphonner les ressources productives de la société qu'à stimuler la créativité et la croissance – une sorte d'armée d'occupation en fait. Ces dirigeants et les cliques qui les entourent se sont souvent emparés des propriétés d'autrui au moyen d'expropriations directes et par le détournement massif de fonds publics. On soupçonne Mobutu d'avoir amassé une fortune d'environ quatre milliards de dollars pendant que ses concitoyens sombraient dans la misère.

Quiconque s'imagine que la hiérarchie engendre nécessairement l'efficacité devrait se pencher sur l'expérience de quelques-uns de ces pays. C'est plutôt le chaos qui règne dans leurs administrations publiques. La bureaucratie laisse souvent traîner les requêtes les plus simples et les plus courantes, les fonctionnaires ne tiennent pas compte des ordres de leurs supérieurs et font parfois le contraire de ce qu'on leur dit de faire. Les tribunaux sont rarement impartiaux et ne font rien pour protéger les droits de propriété et faire respecter les contrats. La corruption est très répandue et paralyse des pays entiers. Les fonctionnaires exigent des pots-de-vin pour permettre à des gens de travailler et de commercer, ce qui aggrave les difficultés des entreprises et paralyse les plus pauvres. Ce sont souvent les liens familiaux ou amicaux qui servent de base aux décisions dans l'administration ou l'économie, et non le mérite. Les décisions arbitraires et la corruption ont fait fuir les entreprises, et plusieurs de ces pays ne reçoivent aucun investissement étranger. L'Afrique a bel et bien été marginalisée – là-dessus, le mouvement antimondialisation a raison –, mais c'est parce que les pays africains ne se sont pas engagés dans le processus de mondialisation. Ils ont plutôt été assujettis au socialisme, au protectionnisme et au banditisme. La mondialisation n'apporte pas grand-chose d'autre aux Africains que voir leurs dirigeants s'envoler périodiquement pour participer à des conférences dans d'autres pays[1].

Quelques gouvernements ont réussi ces dernières années à équilibrer leur budget mais aucun changement spectaculaire n'a eu lieu. Il est difficile de déranger les pouvoirs en place, de prendre des mesures vigoureuses contre la corruption, de réduire la machine gouvernementale et d'ouvrir le pays à la compétition étrangère. À peine une majorité de pays au sud du Sahara ont des gouvernements plus ou moins démocra-

1. Jeffrey Sachs et Andrew Warner, 1997, p. 335-376 ; Arthur Goldsmith, 1998. Selon une interprétation confuse, l'Afrique serait plus intégrée que d'autres continents à l'économie mondiale parce que les exportations en provenance de pays africains tiennent une place disproportionnée dans l'économie de ces pays. Toutefois, cette observation prouve simplement que l'économie locale est remarquablement faible et minuscule, et non qu'elle est particulièrement ouverte au monde.

tiques, et ces pays comptent parmi ceux qui ont les économies les moins libérales du monde. Dans son évaluation de la liberté économique dans cette région, la Fondation Heritage a dû exclure 6 pays pour cause de guerre et de troubles domestiques. Parmi les 42 pays restants, aucun ne peut figurer dans la catégorie « libre », seulement 12 sont « plutôt libres », 29 sont « assez peu libres » et 2 sont économiquement « réprimés » [1].

Le Zimbabwe est l'un des pays africains qui sont allés à contre-courant de la tendance mondiale des dernières décennies vers plus de mondialisation et de libéralisation de l'économie. Sous le régime de Mugabe, le pays a fermé ses portes aux biens et services en provenance de l'étranger et a appliqué une politique inflationniste. La situation a récemment pris des allures catastrophiques à cause de l'expropriation massive de propriétés, de la suppression de la liberté d'expression et des représailles violentes contre des membres de l'opposition. La pauvreté absolue au Zimbabwe a grimpé de 10 %, soit l'équivalent de 3 millions d'habitants. Le Nigeria est un autre bon exemple. Malgré un excellent potentiel sur le plan des ressources naturelles et agricoles, cet immense pays est resté extrêmement pauvre à cause d'une économie étouffée par la réglementation et la corruption. Suivant les recommandations du Fonds monétaire international et d'autres agences, le gouvernement a mis en place certaines réformes structurelles vers la fin des années 1980, mais l'impopularité de ces mesures l'a forcé à les abandonner quelques années plus tard. Les réglementations ont été réinstaurées, les marchés de change et de crédit ont été abolis et les taux d'intérêt sont de nouveau tombés sous l'emprise des bureaucrates. L'inflation et le chômage sont réapparus. Entre 1992 et 1996, la proportion de Nigérians vivant dans la pauvreté absolue est passée de 43 % à 66 %. Aujourd'hui, le Nigeria abrite le quart de ceux qui vivent dans la pauvreté absolue en Afrique subsaharienne. Le revenu *per capita* est plus bas qu'il y a trente ans et la qualité des soins de santé et de l'éducation s'est détériorée.

---

1. Gerald P. O'Driscoll Jr, Kim R. Holmes et Melanie Kirkpatrick, 2001.

Les économistes Jeffrey Sachs et Andrew Warner ont étudié l'effet des réformes politiques sur la croissance dans divers pays africains. Ils ont cherché à mesurer ce qui serait arrivé si le continent avait opté pour une politique de marchés ouverts, de liberté d'entreprise, de protection de la propriété privée et d'encouragement à l'épargne, comme dans les pays est-asiatiques. Leur conclusion est que, nonobstant ses attraits naturels limités, l'Afrique aurait pu maintenir un taux de croissance annuel *per capita* de 4,3 %, en moyenne, de 1965 à 1990. Cela aurait permis de tripler le revenu de chaque citoyen. Il faut utiliser avec précaution les calculs fondés, comme celui-ci, sur des situations hypothétiques, mais, quelle que soit la marge d'erreur, le contraste est choquant lorsqu'on constate le niveau de croissance que l'Afrique a réussi à atteindre pendant la même période – à peine 0,8 % par année.

Il est facile de conclure qu'une politique libérale aurait pu connaître le succès en voyant ce qui est arrivé aux rares pays africains qui ont opté pour le libre-échange et la libéralisation de leur économie. Par exemple, les éleveurs de bestiaux du Botswana ont vite compris qu'il était dans leur intérêt d'appuyer une ouverture des marchés. En conséquence, de larges pans de l'économie étaient déjà exposés à la concurrence dès la fin des années 1970. À la suite d'une entente avec l'Union européenne, les exportations du Botswana vers l'Europe sont exemptes de tarifs et de quotas. Depuis son accession à l'indépendance en 1966, ce pays est l'une des exceptions positives sur un continent depuis toujours dominé par les dictatures. Cela en a fait l'un des pays les moins corrompus d'Afrique, et le place à un niveau égal à celui des pays européens. La croissance économique du Botswana s'apparente également à celle des pays est-asiatiques, atteignant 10 % annuellement entre 1970 et 1990. Un autre État qui s'est converti assez tôt aux vertus du libre-échange est la petite île Maurice. Après avoir réduit ses dépenses militaires, assuré la protection des droits de propriété, réduit les charges fiscales, libéralisé la circulation des devises et ouvert le marché local à la concurrence étrangère, le pays a réussi à atteindre des taux de croissance de l'ordre de 5 % par année. Aujourd'hui, pratiquement tous ses habitants ont accès à une eau propre, et les services de santé et d'éducation sont en expansion. Si des pays comme le Botswana et l'île Maurice peuvent le faire, pourquoi le reste de l'Afrique ne le pourrait-il pas ? Ces pays ne sont pas différents sur le plan des capacités humaines. Les habitants d'autres pays africains ont autant le sens de l'invention et de l'initiative, mais ils sont forcés d'utiliser ces habiletés pour contourner la corruption et les réglementations et pour se débrouiller dans l'économie souterraine.

Le Ghana, qui a libéralisé ses marchés et réduit ses impôts au cours des années 1990, est un autre exemple intéressant. L'agriculture a été déréglementée et les tarifs, les contrôles de prix et les subsides ont été abolis. La production a connu une hausse rapide, au profit surtout des producteurs de cacao. Mais parce que ces derniers peuvent maintenant investir et se permettre de dépenser plus pour des biens et des services, ou pour l'entretien des machines sur la ferme, tous ceux qui pouvaient contribuer à ces besoins ont pu profiter de l'essor de l'agriculture. La pauvreté absolue au Ghana a diminué de 36 à 29 % de la population totale au cours des années 1990, et un processus de transition démocratique a récemment été mis en place. L'Ouganda connaît un développement similaire, et il est l'un des pays qui a libéralisé son économie avec le plus de vigueur au cours des dernières années. Le commerce a rapidement été libéré de ses chaînes, les contrôles de prix ont été abolis, les impôts et l'inflation réduits, pendant qu'on faisait les premiers pas vers une meilleure protection des droits de propriété et qu'on déréglementait les marchés financiers. Avec l'apport de l'aide internationale, cela s'est traduit par une croissance annuelle de plus de 5 % et par une diminution des inégalités. Au cours de la décennie 1990, la pauvreté absolue en Ouganda est passée de 56 à 35 %. Par ailleurs, le travail d'information sur le terrain fait par des organisations indépendantes et la relative ouverture d'esprit des institutions et des médias ont fait de l'Ouganda le premier pays africain qui a réussi à mettre un frein à la propagation rapide du VIH/sida dans les villes.

Ces exemples de « lions économiques » africains (le pendant des tigres et dragons asiatiques) montrent bien que malgré les revers, la pauvreté n'est pas inévitable. Lentement, très lentement, certains États au sud du Sahara ont entrepris d'utiliser leurs ressources plus efficacement et d'accorder à leurs citoyens plus de liberté économique. La démocratie s'étend, et l'urbanisation a pour effet de dissoudre les vieilles loyautés tribales qui avaient jusque-là fait obstacle à l'égalité devant la loi. La concurrence accrue atténue l'emprise de la corruption parce que les dirigeants n'ont plus le pouvoir de conférer ou de restreindre l'accès aux permis et aux privilèges. Le désir d'attirer des investisseurs étrangers procure un autre motif de réforme, puisque ceux-ci évitent les pays où la corruption sévit. Le pouvoir des dirigeants commence à s'effriter dans les économies dirigées. La proportion des budgets nationaux allouée à la santé en Afrique subsaharienne a légèrement augmenté au cours des années 1990.

L'Afrique a un chemin incroyablement long à parcourir avant de se sortir de la misère, mais, contrairement à ce que plusieurs prétendent, cela est possible. Plusieurs pays africains, loin d'avoir des économies en chute libre, se sont plutôt stabilisés, à un niveau extrêmement bas il est vrai. Il faudra mettre en place des réformes démocratiques et libérales vigoureuses pour que le développement aille de l'avant, et la mise en place de ces réformes exigera des dirigeants démocratiques qu'ils aient le courage de placer les intérêts de la population avant ceux de leurs amis et de la bureaucratie. Le XXIe siècle pourrait bien être le siècle de l'Afrique. Considérant le triste état dans lequel le continent se trouve aujourd'hui, ce n'est pas très probable, mais ce n'est pas impossible.

## 3

# LE LIBRE-ÉCHANGE, C'EST ÉQUITABLE

*Les deux parties y gagnent*

Depuis les manifestations de dizaines de milliers de personnes à la conférence de l'Organisation mondiale du commerce à Seattle à la fin de 1999, les avantages du libre-échange sont de nouveau contestés dans les débats publics. Des voix se lèvent pour demander que les pays pratiquent l'autosuffisance, ou pour dire que les pays en développement devraient se « protéger » par des tarifs jusqu'à ce que leurs industries atteignent la maturité, ou pour exiger qu'on applique de « nouvelles règles » au commerce. Ces critiques se résument souvent à l'affirmation selon laquelle le commerce devrait être « équitable » plutôt que libre. Il nous semble toutefois que le libre-échange est, pas sa nature, équitable, puisqu'il repose sur la coopération et l'échange volontaire. La liberté de commercer signifie que c'est vous, et non le gouvernement, qui décidez où vous achetez vos biens, sans avoir à défrayer des coûts additionnels parce que ces biens ont traversé une frontière avant que vous les achetiez. Les tarifs, qui ajoutent une taxe sur le prix d'un produit lorsqu'il traverse une frontière, et les quotas, qui limitent la quantité de biens d'un type particulier qui peuvent traverser cette frontière, sont des restrictions directes à la liberté des citoyens de décider eux-mêmes ce qu'ils veulent consommer. Le fait d'être libéré de ces restrictions grâce au libre-échange nous permet de choisir ce que nous voulons tout en nous permettant d'améliorer nos conditions de vie.

Il peut sembler étrange d'affirmer que les gens deviennent plus prospères lorsqu'ils échangent certaines choses pour d'autres, mais chaque fois que vous allez faire les courses, vous comprenez inconsciemment que l'échange accroît votre richesse. Lorsque vous payez un dollar pour un litre de lait, vous le faites parce que vous préférez avoir le lait plutôt que le dollar. Le magasin le vend à ce prix parce que son propriétaire préfère avoir votre dollar et se départir du lait. Après la transaction, vous sentez tous les deux que vous avez fait une bonne affaire, que vous avez mieux comblé vos besoins.

Le commerce fait en sorte que la personne qui est très habile pour fabriquer des bicyclettes se concentre sur cette activité ; celle qui est la meilleure pour produire du lait le fait ; et celle qui est la plus productive pour assembler des téléviseurs se consacre à cette tâche. Ensuite, ils s'échangent ce qu'ils ont produit et chacun obtient ce qu'il veut. Grâce à la liberté d'échanger, nous pouvons consommer des biens et des services que nous n'aurions jamais pu produire nous-mêmes. Cela signifie que nous pouvons choisir les biens qui nous apportent le plus de satisfaction au meilleur prix. Dans un magasin suédois, nous pouvons acheter des bananes et des ananas, même s'ils ne poussent pas en Suède. On trouve des légumes frais tout l'hiver dans les latitudes les plus au nord, et même les habitants de pays sans accès à la mer peuvent acheter du saumon de Norvège. Le libre-échange signifie que les biens et les services sont produits par ceux qui sont les plus habiles à les produire, et qu'ils sont vendus à quiconque veut les acheter.

Il y a des raisons encore plus solides pour appuyer le libre-échange. La plupart des gens sont sans doute conscients qu'on peut faire de l'argent en offrant un produit meilleur que celui des autres, mais une bonne partie de la critique envers le libre-échange vient justement du fait que tous ne jouissent pas des mêmes conditions. Certains pays et entreprises sont plus développés que d'autres et peuvent tout faire de façon plus efficace que leurs partenaires commerciaux plus faibles. Mais vous pouvez tirer profit d'un échange commercial même si vous fabriquez tout moins bien que les autres. L'important est de vous concentrer sur ce que vous faites le mieux, et non d'être plus efficace que tous les autres.

Imaginons deux personnes. L'une, Julie, est une chirurgienne hautement qualifiée et compétente, en plus d'être très habile pour faire le ménage et la cuisine. L'autre, Jean, n'a aucune formation particulière et n'est pas aussi bon que Julie pour accomplir les tâches domestiques. Jean voudrait faire quelque chose de simple qu'il pourrait apprendre facilement à la maison, et s'en servir pour échanger quelque chose de plus difficile à produire, une chirurgie et des soins médicaux, par exemple. Mais pourquoi Julie accepterait-elle cet échange si elle peut faire le ménage et la cuisine mieux que Jean ? Tout simplement parce qu'elle retire plus de bénéfices si elle se concentre sur ce en quoi elle excelle. Même si elle est deux fois plus efficace que Jean dans les tâches domestiques, elle est mille fois plus efficace que lui pour ce qui est de la chirurgie. C'est en consacrant le temps dont elle dispose à la chirurgie et en utilisant une partie de ses revenus pour acheter de la nourriture et payer quelqu'un pour faire le ménage qu'elle peut être le plus efficace dans son travail. En canalisant ses efforts sur ce qu'elle fait le mieux, elle dispose de beaucoup plus de revenus, et elle peut se permettre d'acheter les biens et services dont elle a besoin.

Tous ceux qui rejettent le libre-échange parce qu'il réunit des acteurs qui ne jouissent pas de conditions égales devraient logiquement dire à Jean de rester chez lui et de ne pas faire affaire avec Julie. Pourtant, il lui serait possible de tirer un grand profit d'un tel échange, puisqu'il pourrait alors se concentrer sur ce qu'il fait relativement bien (même s'il le fait moins bien que d'autres) et en échanger le fruit pour des choses dont il a besoin mais qu'il serait encore moins capable de produire ; une bicyclette ou des soins médicaux, par exemple. Les économistes ont l'habitude d'appeler cela un « avantage comparatif ». Jean n'a pas besoin d'être le meilleur dans ce qu'il fait, il n'a qu'à se concentrer sur ce qu'il fait le mieux en termes relatifs – ce qu'il peut produire plus efficacement que les autres choses dont il a besoin – pour qu'il soit rentable pour lui de se limiter à faire cela au lieu d'essayer de tout produire. On dit alors qu'il se concentre sur le domaine où il possède un avantage comparatif.

Imaginons que Julie et Jean se retrouvent sur une île déserte où ils doivent se procurer au moins un poisson et un pain par jour pour survivre. Pour y arriver, Julie doit passer deux heures à cuisiner et une heure à pêcher. Jean, de son côté, a besoin de deux heures et demie pour faire le pain et de cinq heures pour attraper le poisson. Julie est donc plus habile dans l'accomplissement des deux tâches. Elle gagne toutefois à s'entendre avec lui parce qu'elle peut alors consacrer tout son temps à faire ce en quoi elle excelle, c'est-à-dire pêcher. Elle peut attraper trois poissons en trois heures, alors que Jean peut faire cuire trois pains pendant sept heures et demie de travail. Ils échangent ensuite leurs surplus et se retrouvent avec une unité et demie de chaque produit. Ainsi, sans avoir à travailler plus longtemps que si chacun tentait de produire un pain et un poisson (trois heures pour Julie et sept heures et demie pour Jean), ils peuvent obtenir 50 % de plus à manger en pratiquant l'échange. Leur production quotidienne totale passe de deux poissons et deux pains à trois poissons et trois pains. Ils peuvent décider de garder ce niveau de production et manger plus, ou encore se contenter d'une unité de chaque produit et travailler moins. S'ils pouvaient commercer avec les habitants des îles avoisinantes, ils pourraient se départir de leurs surplus en échange de vêtements ou d'outils que leurs voisins produisent sans doute plus efficacement.

Il s'agit d'un exemple simplifié à l'extrême, mais qui montre comment la spécialisation fonctionne même dans des cas plus compliqués. Les avantages comparatifs ont autant d'importance lorsqu'on parle de pays que lorsqu'on parle d'individus. Dans ces exemples, Julie et Jean peuvent être remplacés par la Suède et la Norvège, et les poissons et les pains par des téléphones portables, des meubles, des vêtements ou des médicaments. Le principe selon lequel il est préférable de ne faire que ce qu'on peut accomplir avec le plus d'efficacité tient toujours. Il n'est pas nécessaire que les avantages comparatifs découlent de facteurs naturels, comme la présence de fer en Suède ou de pétrole dans les pays autour du golfe Persique. Un pays peut acquérir des avantages comparatifs par l'effet du hasard. Les compagnies informatiques de Silicon Valley, en Californie, et les designers de mode dans le nord de l'Italie ont choisi de s'y établir non pas parce que l'environnement naturel est bien adapté à leur industrie, mais parce qu'ils peuvent se servir des contacts, des connaissances techniques, de la main-d'œuvre spécialisée et d'autres facteurs qui, pour une raison ou pour une autre, ont investi ces régions.

Ces exemples montrent à quel point il est insensé de réclamer que les pays deviennent autosuffisants. Dans un contexte de libre-échange, produire pour les autres est l'équivalent de produire pour soi-même. C'est en produisant et en exportant ce que l'on fait le mieux qu'on acquiert les ressources pour importer ce dont on a besoin. De nombreux pays d'Amérique latine, d'Afrique et d'autres continents ont cru, après la Seconde Guerre mondiale, que la voie privilégiée vers le développement passait par l'autosuffisance. Encouragés par plusieurs en Occident, ils allaient produire « pour combler les besoins et non pour le profit ». En pratique, cela voulait dire qu'ils essayaient de tout produire eux-mêmes à des coûts faramineux. Les pays est-asiatiques ont fait l'inverse. Ils ont concentré leurs efforts sur certains secteurs où ils excellaient et en ont exporté la production, ce qui leur a permis d'importer, à moindres coûts, ce dont ils avaient besoin. Parmi les premiers produits exportés par la Corée du Sud se trouvaient des perruques et des panneaux utilisés dans la construction. Hong-Kong s'en est bien sorti en commençant par des fleurs en plastique et des jouets bon marché. Un despote éclairé n'aurait sans doute pas pensé qu'il s'agissait là d'une production pertinente, mais c'est en exportant ces produits que ces deux pays ont acquis l'envergure économique qui leur a permis de répondre à leurs besoins[1].

---

1. La critique la plus courante concernant le libre-échange est que certains tarifs et quotas sont nécessaires pour la protection d'industries spécifiques. Moins de gens croient aujourd'hui aux vertus d'une politique d'autosuffisance, mais cette croyance subsiste chez certains groupes qui portent un regard critique sur la civilisation moderne, les partis verts, par exemple. Le groupe antimondialisation ATTAC fait partie de ceux-là. Son président, Bernard Cassen, utilise l'argument de l'autosuffisance pour s'opposer à une réduction des tarifs sur les produits en provenance de pays en voie de développement : « Je trouve étrange la proposition selon laquelle les pays pauvres, les pays sous-développés devraient avoir un meilleur accès aux marchés des pays riches. Qu'est-ce que cela veut dire en réalité ? Cela signifie qu'on s'attend à ce que ces pays exportent. Exporter quoi, au juste ? Des produits dont ils ont besoin pour leur marché intérieur… Nous devons retourner à une situation d'autarcie, et non à des économies très dépendantes des exportations, qui se sont avérées un véritable échec » (Bernard Cassen, 2000).

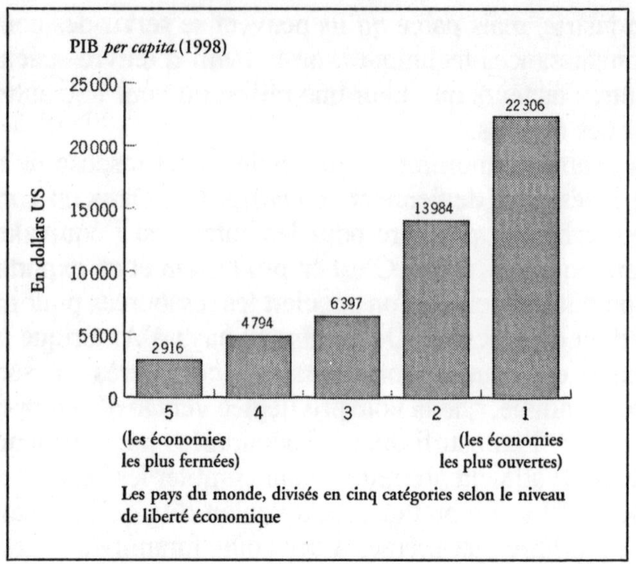


**Le libre-échange entraîne la prospérité**
Source : James Gwartney, Robert Lawson *et al.*, 2001

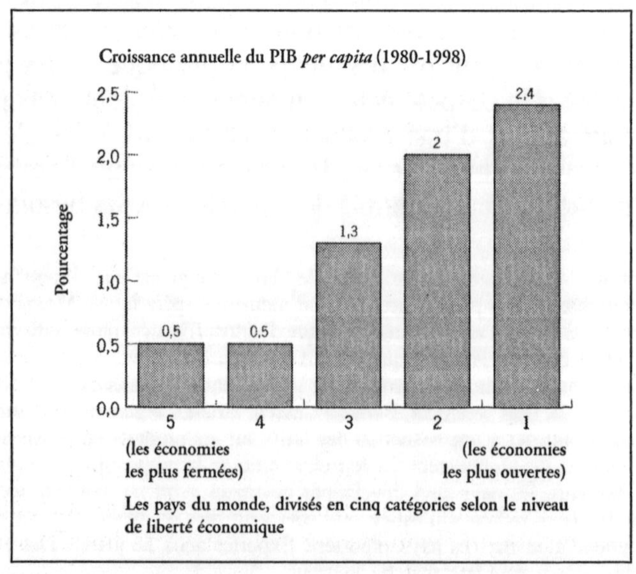


**Le libre-échange entraîne la croissance**
Source : James Gwartney, Robert Lawson *et al.*, 2001

*L'importance des importations*

Ces exemples nous conduisent à un autre mythe concernant le commerce, qui est que les exportations sont positives, alors que les importations sont nuisibles. Beaucoup de gens croient encore, comme les économistes mercantilistes du XVIIIe siècle, qu'un pays peut devenir riche et puissant en vendant beaucoup à l'étranger et en achetant peu. L'expérience nous démontre qu'une telle situation est instable. Des barrières contre les importations font augmenter les prix dans un pays. Les firmes nationales préfèrent alors vendre aux prix locaux plus élevés plutôt qu'exporter à des prix plus bas. Ces barrières contre les importations ont donc aussi pour effet d'affaiblir les exportations.

Comme nous l'avons vu précédemment, la seule façon de s'enrichir est d'exporter les produits que nous pouvons fabriquer le mieux et d'importer ceux que l'on peut faire moins efficacement. Sinon, nous devrons tout faire nous-mêmes et la spécialisation sera impossible. L'importation est nécessaire à l'exportation. On peut bien faire beaucoup d'argent en vendant nos produits à l'étranger, mais notre niveau de vie n'augmentera que si l'on se sert de cet argent pour acheter ce qu'on ne pourrait se procurer sans cela. L'un des premiers théoriciens du commerce, James Mill, expliquait avec justesse en 1821 que « le bénéfice que l'on obtient en échangeant un produit contre un autre vient, dans tous les cas, du produit *reçu* et non du produit donné ».

On se rend compte de l'absurdité de vouloir restreindre l'importation de produits bon marché lorsqu'on applique cette idée à des frontières régionales plutôt que nationales – par exemple, si la ville de Göteborg essayait d'empêcher l'importation de biens en provenance d'autres villes et régions de Suède sous prétexte qu'elle doit protéger son marché. Si les importations étaient quelque chose de vraiment nuisible, il serait logique qu'une province empêche ses habitants d'acheter les produits d'une autre. De plus, les habitants de Göteborg ne verraient aucun avantage à acheter des produits et services en provenance de Stockholm, et même les gens d'un quartier de Göteborg gagneraient à refuser d'acheter des choses qui sont fabriquées ailleurs que dans leur quartier. Si on pousse cette logique plus loin, il serait préférable que chaque famille produise tout ce dont elle a besoin et cesse d'acheter des produits faits à l'extérieur de la maison. On voit que cela mènerait à une immense diminution de bien-être. Chaque famille serait à peine capable de produire le nécessaire pour survivre. Lorsque vous achetez de la nourriture au supermarché, vous « importez » des aliments et la possibilité de les payer moins cher est un bienfait, pas une perte. Vous « exportez » lorsque vous travaillez et produisez des biens et des services qui seront consommés par d'autres. On peut supposer que la plupart des gens préféreraient payer leurs « importations » moins cher pour pouvoir « exporter » un peu moins.

Le commerce n'est pas un jeu à somme nulle dans lequel un joueur perd ce que l'autre gagne. Il n'y aurait tout simplement pas d'échange si les deux joueurs n'avaient pas le sentiment qu'ils y gagnent quelque chose. L'indicateur le plus important n'est pas la balance commerciale (un « surplus » signifiant qu'on exporte plus qu'on importe), mais bien la quantité totale d'échanges, puisque tant les importations que les exportations sont un gain.

> Rien n'est plus absurde que cette doctrine concernant la balance commerciale de laquelle non seulement ces restrictions, mais pratiquement toutes les autres réglementations du commerce tirent leur justification. Selon cette doctrine, si deux régions s'échangent des biens de même valeur, aucune ne perd ni ne gagne ; si toutefois la balance commerciale penche un peu plus d'un côté, l'une gagne et l'autre perd en proportion de l'écart avec la situation d'équilibre. Les deux hypothèses sont fausses. Un commerce exercé sous la pression de primes et de contraintes monopolistiques peut être (et est généralement) désavantageux pour le pays qui est censé en profiter, comme je tenterai de le démontrer ci-après. Mais un commerce qui se fait naturellement et régulièrement entre deux endroits, sans force ni contrainte, est toujours avantageux, quoique pas toujours également, pour les deux parties.
>
> — Adam Smith, 1776[1]

1. Adam Smith, 1981, p. 488.

On craint souvent les importations comme source de chômage. Si on importe, par exemple, des jouets et des vêtements de Chine, cela entraîne une diminution des affaires pour les manufacturiers de jouets et de vêtements d'ici. Dans une perspective plus internationaliste, on pourrait se demander pourquoi il faudrait que les emplois et les investissements restent au même endroit au lieu d'aller dans les pays en développement. Ces pays n'en ont-ils pas plus besoin que nous, puisqu'ils sont trop pauvres pour assurer un revenu à ceux qui sont en chômage ? C'est une façon erronée de voir les choses. En ayant accès à des produits moins chers de l'étranger, nous économisons des ressources qui peuvent être investies dans d'autres industries. De leur côté, les Chinois ont plus d'argent pour se payer des produits en provenance de chez nous. D'ailleurs, la plupart des compagnies dépendent des matières premières et de sous-traitants d'autres pays. Pour produire des systèmes téléphoniques, par exemple, la compagnie suédoise Ericsson a besoin de pièces électroniques produites en Asie. Les barrières tarifaires que l'Union européenne impose aux produits en provenance d'Asie sous prétexte de protéger des emplois en Europe provoquent des coûts supplémentaires pour des compagnies comme Ericsson, ce qui implique que celles-ci font moins de ventes et créent moins d'emplois chez elles.

Les politiciens agissent stupidement lorsqu'ils se rassemblent à Seattle ou au Qatar pour négocier l'abolition de tarifs dans le cadre de l'Organisation mondiale du commerce. Ils disent qu'ils vont consentir à réduire un tarif seulement à condition que les autres fassent la même chose. Il s'agit d'une position tout à fait irrationnelle, puisqu'il est avantageux pour nous de réduire nos propres tarifs et de pouvoir acheter des produits importés moins coûteux même si les autres ne le font pas. La politique la plus avantageuse est le libre-échange unilatéral, c'est-à-dire éliminer ses tarifs et ses quotas même si les autres pays maintiennent ou accroissent les leurs. Pourquoi devrions-nous soumettre notre population à des tarifs et à des prohibitions, même si d'autres gouvernements les imposent à leur population ? Comme l'a expliqué Frédéric Bastiat au XIXe siècle, il n'y a rien de bien intelligent à empiler de grosses roches dans nos ports pour que ceux-ci ressemblent à la côte rocheuse et difficile d'accès de nos voisins, où nos navires trouvent difficile de s'amarrer. Dire « je ne me permettrai pas un meilleur accès à un large éventail de produits bon marché si vous ne faites pas la même chose » n'est pas une mesure de représailles astucieuse, c'est un sacrifice inutile.

Il existe de bons arguments en faveur d'accords multilatéraux sous l'égide de l'OMC. De tels accords peuvent rendre plus facile l'acceptation de réformes commerciales par les groupes d'intérêts qui se sentent menacés. Si la Suède réduit unilatéralement ses tarifs, il est probable que les compagnies et les syndicats qui ne veulent pas de cette concurrence s'y opposent férocement. Si d'autres pays réduisent leurs tarifs en même temps, les compagnies et les syndicats des industries exportatrices vont appuyer la réforme parce que c'est à leur avantage. Des négociations peuvent faciliter la réduction simultanée des tarifs dans plusieurs pays et faire passer la pilule plus facilement, mais elles peuvent aussi rendre le processus plus difficile. Si les politiciens répètent sans cesse que les tarifs sont un élément crucial de la politique commerciale dont ils se départiront seulement s'ils obtiennent quelque chose en retour, les électeurs finiront par les croire. Ils auront ainsi l'impression que les tarifs sont quelque chose d'utile et que les politiciens sont prêts à les négocier, alors qu'en fait ils sont nuisibles. Les pourparlers sur les ententes commerciales devraient être conjugués avec une forte mobilisation de l'opinion en faveur d'une abolition des tarifs et des quotas, sans quoi une réaction protectionniste risque d'avoir lieu, comme on l'a vu avec l'effondrement des négociations à la suite du sommet de l'OMC à Seattle[1].

L'OMC offre un autre avantage : établir un ensemble de règles impartiales qui assurent que tous les pays respecteront leurs engagements. Il fut un temps où les pays les plus puissants pouvaient se comporter comme bon leur semblait à l'égard des plus faibles. C'est pourquoi plusieurs pays ont souhaité la mise sur pied d'un organisme responsable du commerce mondial, capable d'imposer des règles uniformes,

1. C'est pour cette raison que Tomas Larsson prédisait l'échec des pourparlers de Seattle dans son excellent essai *The Race to the Top*, publié en 1999.

pour empêcher des actions unilatérales des États-Unis contre ses partenaires commerciaux. Les Américains, de leur côté, préféraient une entente moins contraignante plutôt qu'une organisation dédiée à la résolution de conflits. Les États membres de l'OMC se sont engagés à ne pas discriminer entre les entreprises étrangères et à ne pas mettre en place des barrières arbitraires. C'est pour tirer profit de telles règles que les pays les plus pauvres ont rapidement ratifié l'accord de 1995 sur la création de l'OMC, alors que les États-Unis, l'Union européenne et le Japon – habitués de faire à leur guise – ont traîné les pieds. Cela a mené à des défaites pour de puissants pays comme les États-Unis dans des différends arbitrés par l'OMC, une situation qui ne pourrait pas se produire à l'ONU, où les États-Unis disposent d'un veto.

Un autre avantage de l'OMC est que tous les États membres se sont engagés à accorder aux autres le traitement de la nation la plus favorisée, c'est-à-dire l'octroi automatique à tous des avantages d'une réduction de tarifs accordée à n'importe quel autre pays. Auparavant, les États-Unis et l'Union européenne avaient, par exemple, l'habitude de réduire les tarifs de l'un envers l'autre sans se soucier d'accroître la liberté de commerce. Les réductions de tarifs doivent maintenant s'appliquer aux pays pauvres (sauf pour ce qui est de la malheureuse exception qui concerne les accords régionaux, comme l'Union européenne).

Les obstacles à l'imposition de tarifs injustes restent plutôt minces. L'Organisation mondiale du commerce n'a pas le pouvoir d'empêcher qui que ce soit de les imposer, elle peut seulement permettre à la partie lésée de mettre en place des mesures de représailles compensatoires. Ce n'est pas une solution idéale, puisque les pays devraient se débarrasser de leurs tarifs, quoi que fassent les autres. Il serait préférable que le pays qui a été trouvé fautif ait à verser des compensations ou qu'il réduise d'autres tarifs pour compenser la perte. Mais cette procédure est une amélioration par rapport à la situation précédente, alors qu'une dispute insignifiante pouvait dégénérer en véritable guerre commerciale. Au moins, les États évitent maintenant de revenir sur leurs engagements pour sauvegarder leur honneur, même si l'Union européenne a tenté à quelques reprises de maintenir des barrières commerciales condamnées par l'OMC, notamment dans le cas des bananes d'Amérique latine, et celui de la viande traitée aux hormones. Les gouvernements européens agissent comme si un critère de référence devrait s'appliquer aux pays industrialisés et un autre aux pays en développement, ce qui risque d'endommager sévèrement, à long terme, la crédibilité de l'OMC.

Si les importations sont bénéfiques, il s'ensuit logiquement que les mesures antidumping ont des effets néfastes. Les politiciens disent souvent qu'ils doivent protéger la population des pratiques de dumping d'autres pays. Lorsque la Malaisie nous vend des chaussures à des prix extrêmement bas, moins cher que celles qui sont vendues sur le marché malais, ils disent que cela entraîne une « concurrence déloyale ». Les producteurs malais pratiqueraient alors le dumping sur notre marché et il faudrait se protéger de cela. Mais comme l'a expliqué l'économiste américain Murray Rothbard, vous avez intérêt à garder un œil sur votre portefeuille lorsque quelqu'un vous dit qu'il souhaite une « concurrence honnête », parce que cela signifie qu'il s'apprête à fouiller dedans. C'est ce qui se passe avec les mesures antidumping. Elles nous « protègent » des chaussures, des téléviseurs ou des produits agricoles bon marché. Pourquoi avons-nous besoin de protection contre ces produits ? Il n'y a rien de nécessairement malhonnête dans le fait que des producteurs étrangers pratiquent le dumping. Il est possible qu'ils doivent le faire afin de pénétrer un nouveau marché, ce qui est légitime. Des compagnies locales qui cherchent à s'établir peuvent le faire dans notre propre marché, alors pourquoi pas des compagnies étrangères ? Instaurer des règles différentes pour les compagnies locales et les compagnies étrangères constitue une injustice plus grande que le dumping. Il est possible que les manufacturiers de chaussures malais vendent leurs produits plus cher sur leur propre marché parce qu'ils disposent d'avantages qu'ils n'ont pas ailleurs, de tarifs protecteurs, par exemple.

Les États-Unis, malgré leur profession de foi envers le libre-échange, sont les principaux transgresseurs lorsque vient le temps d'imposer des mesures antidumping. Ces tarifs non seulement font du tort aux entreprises d'autres pays, mais l'économie américaine perd des milliards de dollars chaque année à cause de prix plus élevés et de pertes d'efficacité. Le recours à ces tarifs est plus fréquent depuis une dizaine d'années. Lorsque l'OMC et d'autres accords internationaux rendent le protectionnisme plus difficile à introduire par la grande porte, les États-Unis et l'Union européenne l'introduisent par la porte de côté, avec des tarifs antidumping.

Si des producteurs d'un autre pays nous vendent des chaussures bon marché parce qu'ils reçoivent des subventions de leur gouvernement, cela ne change-t-il pas la règle ? Ces producteurs peuvent alors maintenir des prix réduits et battre la concurrence locale non pas en étant plus efficaces, mais parce qu'ils reçoivent une aide indue. Certaines personnes croient qu'il est justifié de se protéger contre ces pratiques. Mais pourquoi donc ? Une telle politique signifie que le gouvernement de ce pays subventionne indirectement nos consommateurs qui achètent des chaussures en leur permettant de les payer moins cher. Notre réaction devrait en être une de gratitude, mêlée de perplexité devant l'étrangeté d'une telle pratique.

## *Le libre-échange entraîne la croissance*

Le libre-échange est bénéfique parce qu'il procure plus de liberté : la liberté d'acheter ce que l'on veut à qui l'on veut, mais aussi la liberté de vendre à qui veut bien acheter. D'un point de vue économique, cela mène à une utilisation plus efficace des ressources et du capital. Une compagnie, une région ou un pays se spécialisent dans le domaine dans lequel ils ont des avantages comparatifs, et peuvent ainsi produire des biens d'une valeur plus élevée. Le capital et la main-d'œuvre de secteurs plus vieux et moins compétitifs sont transférés vers des secteurs plus dynamiques. Un pays qui adopte des politiques commerciales plus libérales entraîne son économie vers des niveaux de production et de prospérité supérieurs, et peut s'attendre à une accélération importante de sa croissance dans les années suivantes. Cela mène également à des efforts constants pour améliorer la production, parce que la concurrence étrangère force les compagnies à produire de la façon la plus efficace et la moins coûteuse possible. En bout de ligne, les consommateurs sont libres de choisir les biens et services des marchands qui leur font les meilleures offres. Plus de ressources sont ainsi épargnées et consacrées à la production, ce qui entraîne une hausse des investissements et l'introduction de technologies plus avancées, de nouvelles méthodes et de nouveaux produits. L'argument est essentiellement le même que celui pour la concurrence en général. Il s'agit simplement d'étendre la concurrence à un champ plus vaste, ce qui la rend encore plus intense.

L'un des principaux avantages du libre-échange est difficile à mesurer. Lorsqu'un pays fait beaucoup de commerce avec le reste du monde, il importe simultanément de nouvelles idées et de nouvelles techniques. Si la Suède instaure un libre-échange complet, ses compagnies seront exposées aux meilleures méthodes de production de partout dans le monde dans leurs secteurs respectifs. Elles seront forcées d'être elles-mêmes aussi dynamiques et pourront emprunter les idées d'autres compagnies, acheter leur technologie et embaucher de la main-d'œuvre étrangère qui la maîtrise bien et qui pourra transmettre ses connaissances. L'ouverture aux idées étrangères et aux gens d'autres cultures a toujours été la voie royale vers le développement, alors que le repli sur soi mène à la stagnation. Ce n'est pas une coïncidence si les régions les plus dynamiques sont souvent situées près des cours d'eau et des villes, alors que celles qui tirent de l'arrière sont généralement des régions montagneuses et inaccessibles.

La production mondiale est aujourd'hui six fois plus élevée qu'elle l'était il y a un demi-siècle, et le commerce à l'échelle mondiale est seize fois plus important. Nous avons de bonnes raisons de croire que la production a été entraînée par le commerce. Il est difficile d'identifier les changements qui surviennent avec l'ouverture des marchés, mais pratiquement aucun économiste n'affirme que l'effet est négatif. Nous possédons une énorme quantité de données empiriques qui démontrent que le libre-échange entraîne le développement économique.

L'une des études les plus complètes qui est souvent citée est celle des économistes de Harvard Jeffrey Sachs et Andrew Warner[1]. Ils ont examiné les politiques commerciales de 117 pays de 1970 à 1989. Après avoir filtré l'effet d'autres facteurs, les auteurs ont trouvé une corrélation statistiquement signifiante entre le libre-échange et la croissance, corrélation qu'ils n'ont pu établir entre, par exemple, l'éducation et la croissance. La croissance observée dans les pays pratiquant le libéralisme commercial était de trois à six fois plus élevée que dans les pays protectionnistes. Les pays en développement ayant une économie ouverte ont connu une croissance annuelle moyenne de 4,49 % au cours de ces deux décennies, alors que les économies fermées devaient se contenter d'un maigre 0,69 %. Le rythme de croissance pour les pays industrialisés ayant une économie ouverte était de 2,29 %, alors que celui des économies fermées était de seulement 0,74 %.

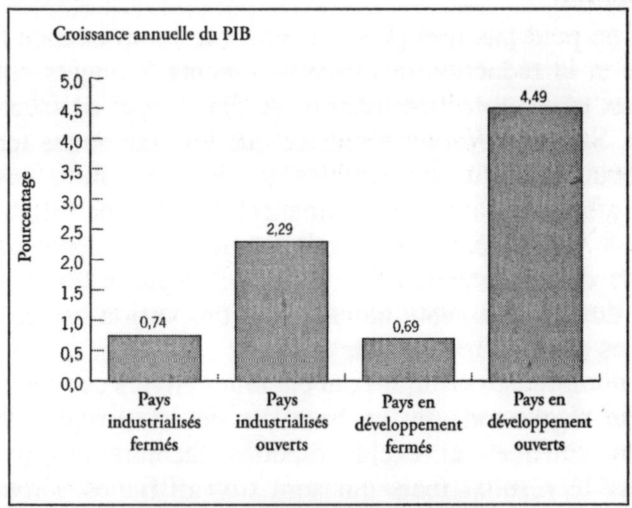


**Le libre-échange et la croissance dans les années 1970 et 1980**
Source : Jeffrey Sachs et Andrew Warner, 1995

1. Jeffrey Sachs et Andrew Warner, 1995.

Il faut bien préciser qu'il n'est pas question ici de calculer les bienfaits économiques que reçoit un pays lorsque les autres sont ouverts à ses exportations, mais plutôt combien il bénéficie de l'ouverture de ses propres marchés. Les résultats montrent que les économies ouvertes ont connu une croissance plus rapide que les économies fermées *chaque année* pendant la période examinée. Aucun pays pratiquant le libre-échange répertorié dans l'étude n'a connu une croissance annuelle moyenne inférieure à 1,2 %, et aucun pays en développement parmi ceux-ci n'a connu une croissance inférieure à 2,3 % ! Dans toutes les régions du monde, y compris l'Afrique, l'adoption de politiques libre-échangistes a entraîné une accélération de la croissance peu de temps après. Les effets positifs du libre-échange étaient également observables sur une courte période. Les pays qui ont ouvert leur économie à la concurrence internationale et qui l'ont refermée de nouveau ont connu une croissance plus rapide durant cette période d'ouverture.

On ne peut pas non plus soutenir que la croissance moins rapide et la réduction des investissements étrangers ont permis aux pays protectionnistes de se développer de façon plus stable. Sachs et Warner montrent que les économies fermées sont beaucoup plus susceptibles que les économies ouvertes d'être affectées par les crises financières et l'hyperinflation. À peine 8 % des pays en développement considérés comme ouverts dès les années 1970 ont souffert de telles crises au cours des années 1980, alors que la proportion est de 80 % pour les pays protectionnistes.

De nombreuses critiques ont été faites envers ce type d'analyse de régression, qui se base sur des statistiques économiques chiffrées et exclut d'autres facteurs qui peuvent affecter le résultat mais qui sont trop difficiles à mesurer. Brasser d'énormes quantités de données pose toujours certains problèmes. Comment distinguer clairement les économies ouvertes de celles qui sont fermées, ou la cause de l'effet ? Il est courant que des pays qui pratiquent le libre-échange mettent en place d'autres réformes d'inspiration libérale, comme la protection des droits de propriété, une politique monétaire anti-inflationniste ou un budget équilibré, ce qui rend encore plus difficile l'examen de chacune de ces causes[1]. Ces problèmes d'évaluation sont bien réels et il faut toujours faire attention à ne pas faire dire aux chiffres ce qu'ils ne disent pas, mais il reste que pratiquement toutes les études sur ce sujet s'accordent sur les avantages considérables du libre-échange. Il faut tout de même y ajouter d'autres études théoriques et des études de cas consacrées à certains pays pour comparer la situation avant et après les mesures de libéralisation du commerce. Ces études font clairement ressortir les avantages du libre-échange.

Selon l'économiste Sebastian Edwards, l'important n'est pas de mettre au point des mesures exactes et objectives, mais plutôt de tester différentes variables et de voir si une tendance émerge. À l'aide de huit critères différents qui caractérisent le degré d'ouverture d'une économie, il a fait dix-huit calculs en utilisant du matériel partiellement différent et des méthodes de calcul différentes. Tous les calculs, sauf un, ont indiqué une corrélation positive entre le libre-échange et la croissance. Edwards estime que la croissance a été deux fois plus élevée dans les pays en développement qui sont libre-échangistes que dans ceux qui pratiquent le protectionnisme. Dans un rapport

---

1. Ces critiques incluent T. N. Srinivasan et Jagdish Bhagwati (1999), qui sont des partisans du libre-échange. Francisco Rodriguez et Dani Rodrik (1999) comptent parmi les auteurs les plus sceptiques envers les bienfaits du libre-échange, mais même eux précisent: «Nous ne voulons pas donner au lecteur l'impression que nous croyons que le protectionnisme commercial est bon pour la croissance économique. Nous ne connaissons aucune donnée crédible – du moins pour la période suivant 1945 – qui indique que les restrictions du commerce s'accompagnent systématiquement de taux de croissance plus élevés… Les effets de la libéralisation du commerce pourraient s'avérer bénéfiques sur la base des avantages comparatifs ; si l'on se fie aux données, il n'existe aucune raison majeure de contester cela.» L'un des arguments de Dani Rodrik contre le libre-échange est que les pays qui imposent des tarifs élevés, comme la Chine et l'Inde, connaissent une croissance plus élevée que l'Union européenne et les États-Unis, dont les tarifs sont bas. Toutefois, il oublie que la Chine et l'Inde ont réussi à atteindre ces niveaux de croissance en libéralisant leur économie. C'est lorsque les pays commencent à réduire leurs tarifs, selon des niveaux initiaux très élevés, qu'ils gagnent le plus sur le plan de la croissance, parce que la main-d'œuvre est alors transférée dans les secteurs qui présentent les meilleurs avantages. Les États-Unis et l'Union européenne ont connu le même élan lorsque leur commerce a été libéralisé. L'Inde et la Chine ont des populations tellement énormes qu'une libéralisation du commerce *à l'intérieur* de chacun de ces pays signifie l'instauration du libre-échange à une échelle bien plus large que pour beaucoup d'accords régionaux.

présenté devant une commission parlementaire en Suède, l'économiste Håkan Nordström a recensé 20 études sur la question du libre-échange. Toutes démontrent clairement que des marchés ouverts conduisent à un développement économique plus soutenu[1].

Les économistes Jeffrey Frankel et David Romer ont eux aussi tenté de quantifier les bienfaits du libre-échange. Dans leur analyse, ils concluent que si un pays accroît ses échanges commerciaux de 1 % en proportion de son PIB, on peut s'attendre à ce que son revenu *per capita* augmente entre 0,5 et 2 %. Cela signifie que si le commerce augmente de 10 %, cela entraîne une augmentation du revenu des pauvres de 5 à 20 %. Il s'agit bien sûr de moyennes, mais on peut tout de même s'en servir pour faire des calculs hypothétiques et voir ce que ça signifierait pour les pauvres. Si par exemple le commerce du Nigeria croissait de 10 % proportionnellement à son PIB, 25 millions de Nigérians pourraient espérer échapper rapidement à la pauvreté. En Inde, dix fois plus de gens pourraient se sortir de la pauvreté absolue. Il s'agit là d'hypothèses, et non de prédictions, mais elles donnent une idée du potentiel extraordinaire que représentent les échanges commerciaux[2].

Il existe une relation non équivoque entre la libéralisation du commerce et la croissance, d'un côté, et la réduction de la pauvreté, de l'autre. On peut observer la différence en comparant des pays qui connaissent des situations similaires mais dont certains ont ouvert leurs marchés, et d'autres pas. On voit la différence entre le Viêtnam, qui a libéralisé son commerce, et le Myanmar, qui ne l'a pas fait ; entre le Bangladesh et le Pakistan ; entre le Costa Rica et le Honduras ; entre l'Ouganda et le Kenya ; entre le Chili et ses voisins, etc.

Il ne semble cependant exister aucune relation forte et explicite entre une augmentation du commerce et un changement dans l'égalité des revenus, sauf peut-être une relation légèrement positive. La libéralisation des échanges fait des perdants, mais ceux-ci se retrouvent autant parmi les riches que parmi

1. Sebastian Edwards, 1997 ; Håkan Nordström, 2000.
2. Jeffrey Frankel et David Romer, 1999.

les pauvres. Ce sont surtout les politiques économiques en général qui affectent la répartition des revenus. On a observé des résultats contradictoires au cours des années 1990 dans les pays qui ont libéralisé leur commerce : en Chine, les inégalités ont augmenté ; au Costa Rica et au Viêtnam, elles sont restées constantes ; et dans des pays comme le Ghana et la Thaïlande, elles ont diminué.

Après plusieurs années caractérisées par la planification économique communiste et une pauvreté généralisée, le Viêtnam a, depuis la fin des années 1980, introduit des mesures de libéralisation de son commerce et de son marché domestique. Cela a permis une forte augmentation des exportations dans des secteurs à forte utilisation de main-d'œuvre comme les chaussures ou le riz, qui est cultivé par des paysans pauvres. Cela a été suivi d'une croissance rapide de l'économie et d'une réduction singulièrement rapide du taux de pauvreté. Alors que 75 % de la population vivait dans la pauvreté absolue en 1988, cette proportion était tombée à 58 % en 1993, et à 37 % dix ans après l'introduction des réformes. On estime que 98 % des ménages vietnamiens les plus pauvres ont vu leurs revenus augmenter durant les années 1990[1].

L'une des conclusions souvent ignorées de Sachs et de Warner est que parmi les économies ouvertes, celles des pays pauvres ont connu une croissance plus rapide que celles des pays riches. Il peut sembler naturel que les pays pauvres croissent plus vite que les pays riches : ils ont plus de ressources latentes à exploiter et ils profitent de l'existence des nations riches où ils peuvent exporter leurs produits et de qui ils peuvent importer du capital et des technologies plus avancés. Les pays riches n'ont pas ces avantages. Les économistes n'avaient jamais constaté un tel phénomène auparavant. La raison est simple : les pays protectionnistes ne peuvent se prévaloir de ces possibilités internationales et croissent donc moins rapidement que les pays riches. Mais lorsque Sachs et Warner ont étudié les pays en développement ouverts au

1. David Dollar et Aart Kraay, 2001.

commerce et aux investissements étrangers, c'est-à-dire ceux qui sont les plus susceptibles d'être touchés par l'influence des nations industrialisées, ils ont observé une croissance plus rapide que celle des pays riches. Plus ils étaient pauvres au départ, plus leur économie croissait rapidement à partir du moment où les réformes étaient mises en œuvre. Aucune relation de ce type n'existe pour les pays fermés, ce qui semble indiquer que le libre-échange est non seulement la meilleure politique pour soutenir la croissance, mais aussi la meilleure politique pour les pays en développement qui souhaitent rattraper les pays industrialisés. Les pays pauvres croissent plus vite que les pays riches dans la mesure où ils sont unis par des liens commerciaux et financiers.

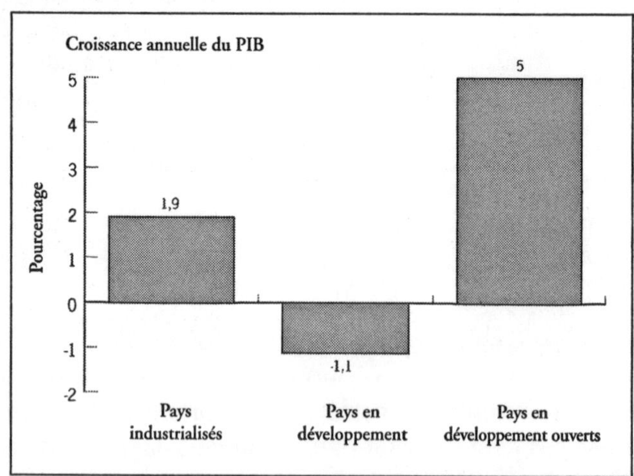


**Le libre-échange et la croissance dans les années 1990**
Source : David Dollar et Aart Kraay, 2001

On obtient les mêmes résultats pour les années 1990. Durant cette décennie, le PIB *per capita* a diminué en moyenne de 1,1 % dans les pays en développement dont l'économie était fermée. Dans les pays industrialisés, il a augmenté de 1,9 %, mais la plus forte croissance – 5 % annuellement, en moyenne – a été observée dans les pays en développement qui avaient ouvert leurs marchés et leurs frontières. Ce sont les pays en développement libre-échangistes qui s'enrichissent le plus vite, plus encore que les pays déjà riches. Deux chercheurs ont ainsi résumé les conclusions de leurs recherches : « Ceux qui participent au mouvement de mondialisation sont en train de rattraper les pays riches, alors que ceux qui y résistent prennent de plus en plus de retard[1]. »

L'histoire montre bien que les économies peuvent croître plus vite si elles tirent parti de la richesse et des technologies étrangères. À partir de 1780, l'Angleterre a mis cinquante-huit ans pour doubler sa richesse. Un siècle plus tard, le Japon l'a fait en seulement trente-quatre ans, et un autre siècle plus tard, la Corée du Sud l'a fait en onze ans[2]. La convergence, en termes de richesse, des pays qui transigent et échangent les uns avec les autres se confirme lorsqu'on observe plusieurs autres époques et groupes de pays. Ainsi, durant la période de mondialisation de la fin du XIX^e^ siècle, des économies sous-développées comme celles de l'Irlande ou de la Scandinavie se sont rapprochées des économies plus développées. Les divergences se sont amenuisées entre les pays des zones de libre-échange que sont l'Union européenne et l'Association européenne de libre-échange. On trouve les mêmes résultats dans les différentes parties d'entités économiques de grande taille, comme les États-Unis et le Japon. Pour conclure, le libre-échange enrichit les pauvres et les riches, mais les derniers pas aussi vite que les premiers[3].

---

1. David Dollar et Aart Kraay, 2001, p. 26.
2. Percy Barnevik, 1997.
3. Ce résultat est confirmé de façon générale par Dan Ben-David et Alan L. Winters, 2000 ; et par Alberto F. Ades et Edward L. Glaeser, 1999. L'un des arguments contre le libre-échange, en tant que source de croissance, est que la croissance était plus élevée durant la période immédiate d'après-guerre qu'aujourd'hui, à l'ère de la mondialisation. Cette objection ne tient pas compte du fait que la croissance est plus rapide lorsque des tarifs très élevés commencent à baisser et lorsque le point de départ est une situation de pauvreté. C'est dans ce contexte qu'on trouve un nombre inégalé d'occasions d'affaires présentant un fort potentiel de rentabilité, à cause du manque de capital et de la situation désastreuse qui prévalait auparavant, à la suite d'une guerre, par exemple. À mesure qu'un pays se développe et accumule du capital, l'économie reprend un rythme de croissance plus normal. De plus, cet argument n'explique pas pourquoi ce sont les pays qui adoptent le libre-échange qui présentent les plus hauts taux de croissance aujourd'hui, alors que les pays protectionnistes perdent de plus en plus de terrain.

### *Il y a toujours du travail à faire*

Si le libre-échange fait en sorte de rendre la production toujours plus efficace, ne devrait-on pas s'attendre à ce qu'il y ait de moins en moins d'offres d'emplois ? Lorsque des travailleurs d'Asie produisent nos voitures et que des travailleurs d'Amérique latine produisent notre viande, ce sont des travailleurs d'ici qui perdent leurs emplois et se retrouvent en chômage ; c'est du moins ce que plusieurs prétendent. Les étrangers, les pays en développement et les machines vont se faire concurrence pour produire les choses dont nous avons besoin jusqu'à ce qu'il ne reste plus aucun emploi pour nous. Si tout ce que nous consommons aujourd'hui peut être produit par la moitié de la main-d'œuvre dans vingt ans, cela veut certainement dire que l'autre moitié se retrouvera sans travail. Voilà le scénario d'horreur décrit dans plusieurs textes contemporains qui s'attaquent à la mondialisation. Dans un essai intitulé *Le Piège de la mondialisation*, deux journalistes allemands soutiennent que, dans l'avenir, 80 % de la population n'aura plus rien à faire dans la production. L'écrivaine française Viviane Forrester va plus loin dans son livre *L'Horreur économique*. Selon elle, la grande majorité de la population se retrouvera sans emploi et, à plus long terme, sera même menacée de disparition. Ces prédictions apocalyptiques sont basées sur une vision plutôt négative de la nature humaine selon laquelle seulement un petit nombre de gens ont les qualités qui font que la société a besoin d'eux. Il me fait plaisir d'annoncer que ceux qui partagent ce point de vue se trompent tout à fait.

Cette théorie est devenue populaire dans les années 1970, et depuis la production n'a jamais été aussi rationalisée et mondialisée. Pourtant, partout dans le monde, il s'est créé beaucoup plus d'emplois qu'il n'en est disparu. Le nombre de gens qui ont un emploi rémunéré a augmenté d'environ 800 millions durant ces dernières décennies, et la production est plus efficace que jamais. Entre 1975 et 1998, l'emploi a augmenté de 50 % dans des pays comme les États-Unis, le Canada et l'Australie, et de 25 % au Japon. Au sein de l'Union européenne, où le chômage continue d'affliger plus de gens qu'ailleurs, *plus* de gens dans presque chacun des pays ont tout de même trouvé un emploi pendant cette période. La Suède, la Finlande et l'Espagne sont les seules exceptions, mais le taux de participation à l'emploi a cependant augmenté dans ces pays depuis 1998.

Il est intéressant de noter que ce sont les économies les plus ouvertes au monde, et dans lesquelles la technologie moderne joue le rôle le plus important, qui ont connu la plus forte croissance d'emploi. Les États-Unis sont le cas type. De 1983 à 1995, il s'est créé 24 millions de plus d'emplois dans ce pays qu'il n'en est disparu. Ces emplois ne sont pas des « McJobs » mal payés et ne demandant aucune compétence avancée, comme on l'entend régulièrement dans ce débat. Au contraire, 70 % des nouveaux emplois procuraient un salaire supérieur au salaire médian américain. Près de 50 % demanderaient des compétences avancées, un chiffre qui a encore augmenté depuis 1995[1].

Cette peur de voir que de moins en moins de gens seront requis pour la production n'a donc aucun fondement empirique. Et ce n'est pas surprenant puisque l'idée n'est pas logique sur le plan théorique. Ce n'est tout simplement pas vrai qu'il existe une quantité fixe de travail et que lorsque ce travail peut être fait par moins de personnel, un plus grand nombre de gens sont en chômage. Imaginons une économie préindustrielle où les gens dépensent la presque totalité de leurs revenus pour de la nourriture. Puis, la production agricole est restructurée ; des machines commencent à faire le travail qui était fait par plusieurs paysans et la concurrence étrangère pousse les entreprises agricoles à devenir plus efficaces. En conséquence, de nombreux travailleurs doivent quitter le secteur de l'agriculture. Cela signifie-t-il qu'ils n'ont plus rien à faire et que la consommation reste constante ? Non, puisqu'il y a alors d'autres possibilités de consommation qui s'offrent à tous. L'argent qui servait à payer cette main-d'œuvre agricole moins productive peut maintenant être utilisé pour acheter d'autres produits, par exemple de meilleurs vêtements, des livres ou des biens industriels. Quant aux

1. Mauricio Rojas, 1999.

travailleurs qui n'ont plus à œuvrer dans le secteur de l'agriculture, ils peuvent se trouver un emploi dans ces nouveaux secteurs.

Il ne s'agit pas simplement de conjectures : cette transformation économique est précisément ce qui s'est produit en Suède et dans d'autres pays aujourd'hui industrialisés à partir du XIXe siècle. Avant, plus de 80 % de la population suédoise travaillait sur la terre. Aujourd'hui, cette proportion est descendue à moins de 3 %. A-t-on vu 77 % des Suédois se retrouver sans emploi ? Non, parce que les gens ont commencé à exiger d'autres biens et services et le surplus de main-d'œuvre a été orienté dans ces secteurs pour répondre à la demande.

La croyance selon laquelle la quantité de travail dans une économie est toujours constante (un emploi obtenu par l'un l'est toujours aux dépens d'un autre) a poussé bien des gens à demander que l'emploi soit partagé, d'autres à vouloir briser les machines, et plusieurs autres à appuyer les tarifs protectionnistes et l'exclusion des immigrants « voleurs d'emplois ». Il faut comprendre que cette notion est absolument sans fondement. Si nous travaillons de façon plus efficace, nous augmentons la quantité de ressources disponibles pour répondre à nos besoins. La main-d'œuvre qui était auparavant nécessaire pour produire assez pour nous nourrir peut maintenant être employée à nous vêtir, à construire des maisons plus confortables, à nous procurer des activités touristiques, des journaux, des téléphones et des ordinateurs. Tout cela a pour effet d'améliorer notre qualité de vie.

En entrevue au journal suédois *Ordfront*, la vice-présidente de l'organisation antimondialisation française ATTAC, Susan George, déclarait que la mondialisation et les investissements internationaux ne créaient absolument aucun nouvel emploi : « Tout ce qu'on appelle investissement ne mène pas nécessairement à la création de nouveaux emplois. Huit investissements sur dix au cours des cinq dernières années avaient pour buts des fusions ou des acquisitions, et ces dernières ont presque toujours pour résultats des pertes d'emplois[1]. » C'est pourtant ce processus même – investir pour accroître l'effica-

1. «Dom kallar oss huliganer», *Ordfront*, n° 12/2000.

cité de la production, permettant ainsi de réduire le nombre d'employés – qui permet à des nouvelles industries de grandir, fournissant ainsi de nouveaux et de meilleurs emplois.

Mais, demandera sans doute quelqu'un, cela s'arrêtera-t-il jamais ? Que se passera-t-il lorsque *tous* nos besoins seront satisfaits grâce au travail d'une minorité de la main-d'œuvre ? Il est difficile d'imaginer que cela puisse jamais arriver. Par exemple, les gens voudront toujours plus de sécurité, de confort et de loisirs. Nous ne croyons pas que nous déciderons un jour que nos enfants ont juste assez d'éducation, que nous savons tout ce qu'il y a à savoir, que nous faisons assez de recherches scientifiques ou que nous avons trouvé tous les remèdes à toutes les maladies. On peut difficilement imaginer une limite à la qualité des maisons que nous voudrions, ou à l'intensité des expériences culturelles et des loisirs dont nous voudrions faire l'expérience. Plus nos perspectives économiques s'agrandissent, plus nous avons de nouveaux besoins et désirs à satisfaire. Si nous pensons que nous avons tout ce dont nous avons besoin et qu'il n'est pas nécessaire de travailler plus pour avoir du superflu, nous pouvons toujours décider d'avoir plus de temps libre. Essayez d'imaginer que vous avez deux personnes travaillant à plein temps à votre disposition pour produire les biens et les services que vous désirez. Je soupçonne qu'il sera plus difficile pour vous de trouver l'argent pour les payer que de trouver des choses à leur faire faire. Si nous pouvons imaginer le travail que nous aimerions que deux personnes fassent pour nous, cela veut dire que nous avons un déficit de main-d'œuvre permanent, avec 6 milliards de personnes qui voudraient en employer 12 milliards. Voilà pourquoi nous n'aurons jamais trop de main-d'œuvre, quels que soient les niveaux de prospérité et de productivité que nous réussirons à atteindre.

Une plus grande efficacité a évidemment un revers. L'action du marché est parfois décrite comme une « destruction créatrice » parce qu'elle vise la destruction des vieilles méthodes et industries, mais avec un objectif créateur en vue : celui de transférer la main-d'œuvre et le capital vers des occupations plus productives. Cela entraîne un plus haut niveau de vie, mais le mot « destruction » indique que le processus ne profite pas à tout le monde. Il est certainement pénible pour ceux qui ont investi dans les vieilles méthodes ou ceux qui perdent leur emploi dans les vieilles industries. Les conducteurs de calèches ont dû céder leur place lorsque les voitures motorisées sont arrivées, tout comme les producteurs de lampes à huile lorsque l'électricité est devenue accessible à tous. Plus récemment, les machines à écrire ont été éliminées à cause de l'arrivée de l'ordinateur, et les disques en vinyle l'ont été à cause de celle des disques compacts.

Des changements difficiles comme ceux-ci arrivent souvent après l'introduction de nouvelles inventions et méthodes de production. Certains partisans du libre-échange tentent de minimiser ses effets en disant que les pertes d'emplois sont surtout causées par des changements techniques et pas par la concurrence étrangère. C'est vrai, mais l'argument n'est pas très convaincant, puisque la compétition stimulée par le libre-échange permet d'accélérer l'introduction de nouvelles techniques. Il est incontestable que ces changements peuvent causer d'énormes problèmes et traumatismes à ceux qui les subissent, surtout s'il est difficile pour eux de trouver un nouvel emploi. Certains idéologues conservateurs rejettent carrément le système capitaliste à cause de la peur que ces changements provoquent. Vivre dans une société moderne fonctionnant avec une économie de marché présente, il est vrai, certains risques, et il est stressant d'être menacé de perdre son emploi et d'avoir recours à l'assurance emploi, avec la réduction du niveau de vie et l'atteinte à l'estime de soi que cela implique. Mais cela ne se compare pas avec le stress qui dominait les époques précédentes, quand on ne savait pas si on allait pouvoir se nourrir chaque jour, et quand une sécheresse ou une inondation pouvaient détruire le moyen de subsistance de toute une communauté. Cela ne se compare pas avec l'anxiété que vit le fermier en Éthiopie dont la survie dépend de l'arrivée de la pluie ou de l'état de son troupeau.

Par-dessus tout, il est stupide de s'attaquer aux problèmes qui découlent de l'ajustement aux changements en tentant d'empêcher ou de ralentir ceux-ci, parce qu'en bout de ligne nous en sortirons perdants et avec un niveau de vie diminué. La logique du commerce est qu'il réoriente les ressources aux endroits où elles sont utilisées le plus efficacement. Un proverbe chinois dit : « Lorsque les vents du changement se mettent à souffler, certains construisent des murs coupe-vent, alors que d'autres construisent des moulins à vent. » Il est aussi insensé de vouloir freiner le changement aujourd'hui que ce l'aurait été d'entraver les avancées agricoles il y a deux siècles pour protéger les quatre cinquièmes de la population qui travaillaient sur la terre. Il serait de toute façon difficile de ralentir ces transformations, puisque les changements structurels dans les différents secteurs de l'économie découlent principalement des goûts fluctuants des consommateurs. Il est nettement préférable de se servir des gains économiques pour en atténuer les effets chez ceux qui sont directement touchés.

Un certain nombre de choses peuvent être faites pour s'assurer que les changements se fassent le plus doucement possible. Nous ne devrions pas essayer de soutenir les vieilles industries à l'aide de subventions et de barrières tarifaires. Les entreprises et les marchés financiers devraient être suffisamment libres pour que les gens puissent investir dans de nouvelles industries. Les salaires devraient être flexibles et les impôts légers, de façon à ce que les travailleurs soient attirés vers les secteurs en croissance dans un marché du travail en constante transformation. Le système scolaire et les programmes de formation devraient permettre aux gens d'acquérir les compétences nécessaires pour occuper les nouvelles fonctions. Les programmes de sécurité sociale devraient offrir une aide temporaire, sans désinciter les gens à trouver de nouveaux emplois.

L'ampleur des bouleversements est rarement aussi importante que l'impression qu'on peut en avoir en lisant les journaux. Il est facile d'annoncer que 300 travailleurs dans une usine de fabrication d'automobiles ont perdu leur emploi à cause de la concurrence japonaise. Il est moins facile et moins accrocheur de faire de nombreux reportages sur les milliers d'emplois qui ont été créés parce que nous pouvons utiliser des ressources plus efficacement, ou sur le plus grand choix de produits de meilleure qualité et à meilleurs prix auxquels les consommateurs ont accès dans ce marché compétitif. Très peu, parmi les consommateurs du monde, sont conscients qu'ils ont gagné de 100 à 200 milliards de dollars annuellement grâce aux mesures de libéralisation du commerce résultant du Cycle d'Uruguay, mais la différence se perçoit dans nos réfrigérateurs, nos appareils électroniques et notre portefeuille. On peut facilement observer les répercussions négatives qui affectent un petit groupe de gens dans un cas isolé, alors que les répercussions positives touchent tout le monde mais de façon invisible. Une recension de plus de cinquante études sur les périodes d'adaptation qui ont suivi une libéralisation du commerce dans différents pays montre clairement que les bouleversements ont été moins intenses que ce que l'on pourrait croire en suivant les débats sur cette question. Pour chaque dollar perdu à cause des ajustements nécessaires, environ 20 $ sont gagnés en bien-être accru. Une étude de treize cas de libéralisation du commerce indique que dans tous les pays sauf un, l'emploi industriel avait déjà *augmenté* une année seulement après les réformes. L'une des raisons qui expliquent pourquoi les changements sont moins pénibles dans les pays pauvres est que les anciens emplois offraient des salaires et des conditions de travail lamentables. Ceux qui sont habituellement les plus vulnérables – les travailleurs sans formation particulière – se trouvent un nouvel emploi plus rapidement que ceux qui ont une compétence spécifique. Parce que ces pays ont un avantage comparatif dans les industries à forte concentration de main-d'œuvre, les salaires de ceux qui travaillent dans les secteurs en croissance augmentent en général rapidement.

Les coûts, si on les compare aux bénéfices des pays riches qui adoptent des mesures libre-échangistes, sont tout aussi faibles. Les secteurs fortement touchés par la concurrence et les nouveautés technologiques traversent une période d'ajustement qui ressemble à une récession ordinaire. Le nombre de gens qui prennent leur retraite ou quittent de leur plein gré est souvent aussi élevé que les réductions d'emplois nécessitées par les réformes. De cette façon, une portion importante de l'économie peut accroître son efficacité par le simple fait que ceux qui intègrent le marché du travail optent pour des secteurs industriels plus modernes que ceux qui le quittent. Si les transformations qui suivent la libéralisation conduisent à un niveau de croissance élevé et stable, les coûts de la restructuration, qui sont toujours pires en période de ralentissement économique, peuvent même passer inaperçus. D'ailleurs, le chômage ne dure généralement qu'une courte période de temps, alors que les effets positifs sur l'économie s'accroissent sans cesse. Le processus s'avère bien plus créateur que destructeur[1].

On pourrait croire que c'est aux États-Unis, dont l'économie est en constante transformation, que les problèmes de restructuration et de mises en chômage sont les plus visibles. Mais, en fait, le marché du travail dans ce pays ressemble plus à l'hydre dans la légende d'Hercule. Chaque fois que ce dernier coupe l'une de ses têtes, deux autres poussent. Pour chaque emploi qui a été éliminé aux États-Unis pendant les années 1990, trois nouveaux ont été créés. Les perspectives d'emploi de chacun sont augmentées : il n'y a pas de meilleure protection contre le chômage qu'un marché du travail dynamique. Il est exagéré de croire qu'il faudra constamment changer d'emploi tout au long de sa vie active, surtout lorsqu'on constate que les compagnies font de plus en plus d'efforts pour former leurs employés pour de nouvelles tâches. La durée moyenne pendant laquelle un Américain garde le même emploi a *augmenté* de 1983 à 1995 : il est passé de 3,5 à 3,8 années. Il n'est pas non plus exact d'affirmer que plus d'emplois ont été créés aux États-Unis parce que les salaires ont diminué depuis les années 1970. Une proportion grandissante du salaire est payée sous une forme non monétaire dans le but d'éviter les impôts, par exemple en assurance maladie, en actions, en contribution à l'épargne, en offre de services de garderie, etc. Si on inclut ces bénéfices dans les salaires, on voit que ceux-ci ont augmenté parallèlement à la productivité. La proportion du salaire des Américains considérés comme pauvres qui est consacrée à la nourriture, aux vêtements et au logement est passée de 52 % dans les années 1970 à 37 % aujourd'hui, ce qui prouve qu'ils ont les moyens de s'acheter plus que le nécessaire pour vivre[2].

---

1. Steven J. Mausz et David Tarr, 1999.
2. Michael W. Cox et Richard Alm, 1999, p. 65 et suiv., chap. I.

L'Estonie se distingue comme l'un des pays qui ont instauré les mesures de libéralisation du commerce les plus radicales dans l'histoire moderne. Peu de temps après le retrait du pays de l'Union soviétique et son accession à l'indépendance en 1992, son gouvernement a décidé d'abolir tous les tarifs d'un seul coup. Le niveau moyen des tarifs est maintenant de 0. La mesure s'est avérée un succès sans précédent. L'économie estonienne a rapidement été restructurée sur une base plus concurrentielle, sans toutefois entraîner une hausse importante du chômage grâce à un marché du travail déréglementé. Le commerce avec l'Europe de l'Ouest, qui comptait seulement pour 1 % du commerce international de l'Estonie en 1990, compte aujourd'hui pour les deux tiers. Le pays attire d'importants investissements étrangers et a atteint un rythme de croissance annuel d'environ 5 %. L'espérance de vie a augmenté pendant que la mortalité infantile diminuait, en contraste avec les ex-pays communistes qui tardent à enclencher des réformes. Cette transition vers une économie de marché a fait de l'Estonie l'un des candidats les plus prometteurs pour accéder à l'Union européenne. Malheureusement, l'Estonie devra, si elle joint le club européen, adopter ses pratiques protectionnistes. Au lieu de ne pas avoir de tarifs du tout, le pays devra adopter 10 794 tarifs de différents types, ce qui aura pour effet d'augmenter les prix des aliments de façon appréciable. De plus, l'Estonie devra mettre en place des politiques de quotas, des subventions et des mesures antidumping[1].

## *La liberté de mouvement pour les individus aussi*

Même si nous sommes loin de vivre dans un monde où tous sont libres de vendre et d'acheter au-delà des frontières nationales, cet objectif reste à l'ordre du jour. Les politiciens du monde entier se rencontrent régulièrement pour s'entendre sur des mesures de libéralisation, même si ce processus demeure très lent. Quant à la libre circulation des individus, malheureusement, les politiciens font plutôt tout ce qui est en leur pouvoir pour la réduire. C'est ce qu'ont visiblement tenté de faire les riches pays européens depuis les années 1970. Alors

1. Anders Åslund, 2000 ; Razeen Sally, 2000.

que l'Accord de Schengen vise à réduire les barrières à l'intérieur de l'Union européenne, les gouvernements en érigent à l'extérieur pour empêcher les étrangers d'y pénétrer, ce qui se traduit aussi par plus de contrôle sur le mouvement des personnes à l'intérieur de l'Europe.

Les citoyens de plus de 120 pays doivent obtenir un visa pour visiter un pays de l'Union européenne. Il est parfois difficile de l'obtenir, surtout si la personne est persécutée dans son pays. L'Union européenne exige également des compagnies aériennes, sous peine d'amendes très sévères, qu'elles jouent le rôle de douaniers et qu'elles démasquent les passagers qui pourraient avoir de faux passeports ou de faux visas. Des employés qui n'ont pas les moyens d'enquêter sur ces cas sont obligés d'évaluer et de décider. En conséquence, une bonne partie des passagers ne peuvent même pas se rendre en Europe pour y demander asile – en présumant qu'ils réussiraient à l'obtenir si on les laissait passer. Plus des deux tiers des passagers qui sont arrivés à l'aéroport de Stockholm-Arlanda sans passeport ou visa valide en 1999-2000 ont reçu la permission de s'établir en Suède, soit comme réfugiés, soit pour des raisons humanitaires. Cette sortie de secours est maintenant bloquée[1].

Ces politiques restrictives poussent les réfugiés à des gestes qui ont parfois des conséquences tragiques. Un inspecteur du port de Douvres, en Angleterre, a ainsi découvert dans un conteneur 58 réfugiés chinois qui étaient morts de chaleur et de suffocation en tentant d'échapper au contrôle des douanes. Des Africains ont été retrouvés noyés sur les côtes espagnoles après avoir tenté de traverser la Méditerranée à la nage ou sur des embarcations de fortune. Ces tragédies attirent l'attention mais d'autres, moins spectaculaires, se produisent tous les jours. L'organisation non gouvernementale suédoise United estime qu'une personne meurt chaque jour en essayant de traverser les frontières européennes. Pour nombre de femmes, la seule porte d'entrée en Europe est celle de la prostitution par l'entremise de bandes criminelles, qui menacent de les dénoncer aux autorités si elles n'obéissent pas. Si, par des barrières

1. Ingrid Hedström et Ewa Stenberg, 2001.

administratives, on empêche les réfugiés de se rendre légalement en Europe, ceux-ci seront forcés d'utiliser des moyens dangereux pour le faire illégalement. Ils tombent alors souvent dans les filets de passeurs sans scrupule qui leur soutirent des montants exorbitants et n'hésitent pas à mettre leur vie en danger. Si des gens sont prêts à prendre ces risques pour venir en Europe, les politiciens devraient sérieusement se demander s'ils ont correctement évalué le besoin de sécurité de ces réfugiés. Il est évident qu'il revient à chacun de décider s'il est opportun d'émigrer ou nécessaire de fuir vers un autre pays, sans se heurter à des barrières frontalières et à des interdictions.

La même logique s'applique aux réfugiés dits « économiques », c'est-à-dire ceux qui veulent laisser derrière eux la misère pour se rendre dans un pays où ils pourront refaire leur vie. Il ne pourra y avoir de véritable mondialisation tant que les individus ne pourront traverser les frontières pour travailler. Environ un million de Suédois l'ont fait il y a un siècle lorsqu'ils émigrèrent en Amérique pour trouver de meilleures conditions de vie. Des gens qui ont le même but sont refoulés aux frontières de la Suède aujourd'hui, sauf s'il s'agit d'athlètes sportifs connus ou d'« experts étrangers ». Les Occidentaux ont, avec raison, fustigé les États communistes lorsque ceux-ci empêchaient leurs citoyens d'émigrer. Maintenant qu'ils ont acquis ce droit, c'est nous qui les empêchons de venir s'établir dans nos pays.

Ouvrir nos frontières aux réfugiés et aux immigrants ne constitue aucunement une « concession » ou de la « générosité », pas plus que lorsque nous laissons entrer les produits d'autres pays. Il sera peut-être nécessaire d'accueillir des immigrants pour maintenir une économie dynamique et assurer notre bien-être dans une génération, surtout dans des pays peu peuplés comme la Suède. Les pays européens sont grandement affectés par la dénatalité et le vieillissement de la population. Le Fonds des Nations unies pour la population estime qu'il faudrait accueillir 1,6 million d'immigrants par année pour maintenir la population de l'Union européenne à son niveau actuel jusqu'en 2050. Pour maintenir le même ratio de travailleurs, l'Union européenne devrait accueillir 13,5 millions d'immigrants *chaque année*. Le principal défi de l'avenir sera de convaincre des gens de venir s'établir en Europe, et non de les en empêcher.

Il est foncièrement erroné de considérer les immigrants comme un fardeau, car ils représentent une contribution à la main-d'œuvre et à la croissance des marchés. Plus de gens peuvent produire, consommer et proposer de nouvelles façons de faire. Voir l'arrivée d'immigrants comme un problème équivaut à voir une augmentation des naissances comme tel. Dans la mesure où leurs salaires suivent leur niveau de productivité, il n'y a aucune raison de croire que cela mènera à plus de chômage. Même ceux qui commencent au bas de l'échelle à leur arrivée auront bien souvent remis à la société – et au trésor public – plus qu'ils n'auront reçu dans l'espace d'une vie[1]. Si un grand nombre d'immigrants se retrouvent en permanence dépendants de l'aide sociale, cela devrait nous inciter non pas à changer leur mentalité mais à réviser nos programmes de sécurité sociale et la réglementation de notre marché du travail. Si vous arrivez dans un pays d'Europe avec un niveau d'éducation minimal et une méconnaissance de la langue, et qu'en plus on vous empêche d'être compétitif sur le marché du travail en acceptant un salaire plus bas et des conditions de travail différentes, vos chances de réussir en seront d'autant réduites. Il est alors facile de sombrer dans la dépendance, une situation qui brise l'estime de soi et qui peut se prolonger toute une vie. Il est bien plus avantageux d'accéder au marché du travail, même avec un salaire plus bas, et d'attendre qu'il augmente avec le temps et l'expérience. Qui plus est, dans une économie dynamique, l'existence de salaires bas ne mène pas à une réduction générale des revenus réels parce qu'ils aident à contenir les prix des produits et services que nous consommons.

L'ouverture à l'immigration permet également à des individus qui arrivent avec des points de vue et des valeurs différentes d'aborder nos problèmes de longue date et de leur trouver des solutions originales. Les immigrants peuvent

1. Torun Österberg, 2000 ; Maria Rankka, 2000 ; « A continent on the move », *The Economist*, 6 mai 2000.

combiner des aspects de notre culture avec des traditions qu'ils apportent avec eux, et nous pouvons faire la même chose. Ce n'est sûrement pas une coïncidence si les États-Unis, la société la plus dynamique dans l'histoire de l'humanité, ont été construits par des immigrants. Le président Franklin D. Roosevelt a un jour commencé un discours en déclarant : « My fellow immigrants… » Même aujourd'hui, les États-Unis accueillent beaucoup plus d'immigrants que n'importe quel autre pays, ce qui les préserve des problèmes dus au vieillissement de la population. La société américaine se renouvelle ainsi constamment et renforce les fondations de son *leadership* mondial sur les plans économique, culturel et scientifique.

# 4

# LES PROBLÈMES DES PAYS EN DÉVELOPPEMENT

*Un capitalisme... inégalement réparti*

Vingt pour cent de la population mondiale consomme plus de 80 % des ressources de la planète, alors que les 80 % restants en consomment moins de 20 %. Les critiques de la mondialisation ne se fatiguent jamais de nous rappeler cette injustice. Il arrive moins souvent qu'on entende une analyse appropriée des raisons de cette situation. Les critiques laissent entendre que les pauvres sont pauvres *parce que* les riches sont riches, comme si 20 % de la population avait volé ces ressources aux 80 % restants. C'est faux. Il est certain que des ressources naturelles ont été volées au tiers-monde pendant l'ère coloniale, mais ces vols n'ont pas eu grand-chose à voir avec la prospérité de l'Occident et la pauvreté du tiers-monde. Même si le colonialisme a fait beaucoup de tort à certains endroits et s'est traduit par une cruelle oppression, cela n'explique pas les différences entre le Nord et le Sud. Les pays riches ont connu une croissance plus rapide encore *depuis* qu'ils ont perdu leurs colonies. Et leurs colonies se sont développées plus rapidement *après* qu'elles le soient devenues. Certains des pays les plus riches du monde, comme la Suisse, n'ont jamais eu de colonies. D'autres, comme l'Australie, le Canada, les États-Unis, Hong-Kong, la Nouvelle-Zélande et

Singapour, ont eux-mêmes été des colonies. Et certains des pays les moins développés de la planète – l'Afghanistan, le Liberia et le Népal, par exemple – n'ont jamais été colonisés.

Ce ne sont pas les pays qui ont les ressources naturelles les plus abondantes qui ont connu la croissance la plus rapide ; ils sont d'ailleurs souvent parmi les retardataires, à cause des conflits internes que génère la présence de richesses naturelles. Si une minorité de 20 % de riches sur la Terre peut consommer 80 % des ressources, c'est principalement parce qu'elle *produit* 80 % des ressources. Et si les autres 80 % ne consomment que 20 % de ce qui est produit, c'est parce qu'ils ne produisent que 20 % des ressources totales. C'est cette capacité productrice déficiente des pays pauvres qui devrait nous préoccuper, pas que le fait que les pays riches produisent tant. Le problème n'est pas que certaines personnes sont riches, mais que beaucoup sont pauvres.

Les critiques du capitalisme attirent également l'attention sur le fait que le PIB par habitant dans les 20 pays les plus riches du monde est trente fois supérieur à celui des 20 pays les plus pauvres. Ils ont raison de dire que c'est le capitalisme qui est responsable de cet écart, mais pas dans le sens où ils l'entendent. La différence est due au fait que certains pays ont adopté un mode de production capitaliste et que leur population a pu atteindre des niveaux fantastiques de prospérité, alors que ceux qui ont entravé l'acquisition de la propriété privée, le commerce et la production n'ont pu offrir que la stagnation à leurs citoyens. Des facteurs comme le climat et les désastres naturels jouent bien sûr un certain rôle, mais la plus grande partie de l'écart s'explique par le degré de libéralisation économique pratiquée par chaque pays. Les 20 pays dont les économies sont les plus libres ont un PIB par habitant vingt-neuf fois plus élevé que les 20 pays les moins libéraux. Si nous voulons réduire cet écart entre le Nord et le Sud, nous devons souhaiter que les pays du Sud adhèrent eux aussi au club des économies libres. Les pays en développement qui ont libéralisé leur économie au cours des dernières décennies ont connu une croissance non seulement plus rapide que les autres pays en développement, mais plus rapide que celle des pays riches.

Oui, le capitalisme est responsable des inégalités mondiales. Pas parce qu'il a fait en sorte de rendre certains pays pauvres, mais parce qu'il a rendu riches ceux qui l'ont adopté. *La distribution inégale des richesses découle de la distribution inégale du capitalisme.*

Selon certains critiques, les investisseurs et les compagnies multinationales ne font des affaires que dans les pays riches, et les pauvres sont laissés pour compte. Selon d'autres, les investissements vont systématiquement dans les pays pauvres, où les coûts de production sont minimes, ce qui risque de déstabiliser les économies riches. La vérité est que le commerce et les investissements se retrouvent dans les deux. Au cours des dernières décennies, les flux financiers et commerciaux se sont déployés de plus en plus également entre les économies qui sont relativement ouvertes au reste du monde. Ce sont uniquement les économies vraiment fermées qui, pour des raisons évidentes, sont contournées par ces flux, et les différences entre ces pays ne cessent de s'accentuer. Il est clair que ce n'est pas la mondialisation qui a pour effet de marginaliser certaines régions du monde, mais bien certaines régions qui se marginalisent en restant à l'écart du processus de mondialisation[1].

Le quart des investissements directs étrangers de 1988 à 1998 est allé aux pays en développement. Depuis le début des années 1980, les investissements des pays industrialisés dans les pays en développement sont passés de 10 à 200 milliards de dollars annuellement. Quatre-vingt-cinq pour cent des investissements directs dans les pays en développement se retrouvent dans seulement dix pays, qui sont généralement ceux qui sont allés le plus loin dans la libéralisation de leur économie. Mais avec une croissance de 12 % par année depuis trois décennies, les investissements étrangers augmentent très rapidement, même dans les pays qui ne font pas partie des dix premiers.

Au cours des années 1990, les investisseurs privés ont transféré plus d'un billion de dollars des pays riches vers les pays

1. Patrick Low, Marcelo Olarrega et Javier Suarez, 1998. Plusieurs États ont une économie en partie ouverte. Ainsi, 131 des 161 pays en développement ont toujours une réglementation qui restreint les investissements directs étrangers.

pauvres en investissements directs. C'est dix fois plus qu'au cours de la décennie précédente, et beaucoup plus que la somme totale d'aide étrangère que tous les pays riches ont donnée à tous les pays pauvres *au cours des cinquante dernières années*. Ces investissements ne visent bien sûr pas à combattre directement la pauvreté, mais ils ont un effet positif à long terme plus important parce qu'ils permettent de développer les forces productives d'un pays au lieu de soutenir les structures et les pouvoirs hiérarchiques, comme le font les programmes d'aide traditionnels.

Les pays riches de l'OCDE comptaient pour 80 % du PIB mondial en 1975, une proportion qui est aujourd'hui de 70 %. Comme je l'ai déjà mentionné, les pays en développement qui ont opté pour le libre marché et le libre-échange ont connu une croissance *plus rapide* que les pays riches au cours des dernières décennies. Ce sont des politiques qui permettent aux pays pauvres non seulement de s'enrichir, mais de rattraper les pays riches. Comme l'a déclaré le secrétaire général des Nations unies, Kofi Annan, à la réunion de la Conférence des Nations unies sur le commerce et le développement (CNUCED) à Bangkok le 12 février 2000, soit peu de temps après les manifestations de Seattle contre l'OMC : « Les principaux perdants dans le monde très inégalitaire d'aujourd'hui ne sont pas ceux qui sont trop exposés à la mondialisation. Ce sont ceux qui en sont exclus. » Les pays pauvres qui s'isolent et réglementent excessivement leur économie restent pauvres. L'Afrique en est le cas le plus patent.

### *La honte de l'homme blanc*

Même si les pays occidentaux se disent théoriquement en faveur du libre-échange partout dans le monde, ils n'ont pas fait grand-chose pour faire avancer le processus. Leurs barrières tarifaires les plus élevées continuent à viser les pays en développement. Lors des grands cycles internationaux de négociations commerciales, les tarifs et les quotas qui affectent les produits d'exportation occidentaux ont été systématiquement réduits ; mais dans les domaines qui comptent le plus pour les pays en développement, les produits textiles et agricoles, par exemple, il n'y a toujours pas eu d'entente. Les pays en développement sont ceux qui ont le moins profité des réductions de tarifs du Cycle d'Uruguay. L'Asie et l'Amérique latine ont obtenu des gains modestes. L'Afrique n'a rien obtenu du tout.

Les droits de douane imposés par les pays occidentaux aux produits des pays en développement sont 30 % plus élevés que la moyenne. Le rideau de fer entre l'Est et l'Ouest a été remplacé par un rideau tarifaire entre le Nord et le Sud. Il n'est pas question d'un simple oubli, mais bien d'une tentative délibérée de maintenir les pays pauvres hors course. On accepte peut-être qu'ils nous vendent des choses que nous ne pouvons pas produire nous-mêmes, mais gare à eux s'ils cherchent à nous vendre quelque chose de mieux et de moins cher que ce que nous produisons déjà, et menacent ainsi des emplois locaux ! Par exemple, les pays riches conservent des tarifs minimes sur le coton, des tarifs plus élevés sur les produits textiles et des tarifs très élevés sur la machinerie. Les droits imposés sur les produits manufacturés en provenance du tiers-monde sont quatre fois plus importants que sur les produits similaires en provenance des pays industrialisés.

Ce sont justement les biens que le tiers-monde pourrait produire qui sont les plus touchés par le protectionnisme – des biens industriels et des services qui demandent beaucoup de main-d'œuvre comme les jouets, les appareils électroniques, les services de transport, le textile et le vêtement. Si des droits de douane qui comptent pour 10 à 30 % de la valeur du produit sont imposés, il faut une différence marquée dans la qualité ou le prix pour que celui-ci puisse percer sur nos marchés. Les pays occidentaux se sont engagés à éliminer leurs quotas sur les produits textiles d'ici 2005, mais même si cette promesse est tenue (ce qui n'est pas certain), les tarifs moyens sur les textiles resteront d'environ 12 %. Les pays en développement seraient donc les principaux bénéficiaires d'une libéralisation accrue du commerce de produits manufacturés. Selon une étude dans laquelle on estime à 70 milliards de dollars par année les gains totaux résultant d'une réduction de 40 % des barrières tarifaires, ce sont les pays en développement qui recevraient la majeure partie de ces gains, soit 75 %[1]. Cette somme équivaut à l'aide internationale reçue par les pays en développement chaque année, ou au revenu combiné de tous ceux qui vivent dans la pauvreté absolue pendant trois mois. L'échec des pourparlers de l'OMC constitue une tragédie pour les habitants de ces pays.

Parmi les types de protectionnisme pratiqués par les pays riches, le plus étonnant est celui qui touche les produits agricoles. Le commerce de ces produits à l'échelle mondiale croît beaucoup moins rapidement que d'autres, et ce sont les pays riches qui sont responsables de cette situation. La plupart sont déterminés à conserver à tout prix une importante industrie agroalimentaire, même s'ils n'ont pas d'avantages comparés dans ce domaine. C'est pourquoi ils subventionnent leurs producteurs et excluent ceux d'autres pays au moyen de barrières tarifaires.

> Le meilleur moyen de gaspiller des fonds est de financer une politique agricole de grande ampleur. Les pays riches inondent les fermiers d'argent par leurs politiques de protectionnisme, de subventions et de crédits à l'exportation. Les politiques agricoles des 29 pays riches de l'OCDE coûtent aux contribuables et aux consommateurs de ces pays la somme faramineuse de 360 milliards de dollars. Avec cette somme, on pourrait payer un vol autour du monde aux 56 millions de vaches élevées dans ces pays une fois par année, et ce, en classe affaires. Et chacune aurait encore 2 800 $ d'argent de poche à dépenser dans les magasins hors taxes lors des escales aux États-Unis, en Europe et en Asie[1].

La politique agricole de l'Union européenne – PAC, qui signifie bel et bien Politique agricole commune et non Politique agricole crétine – comprend des quotas et des tarifs d'environ 100 % sur certains aliments importés, comme le sucre et les produits laitiers. Ici aussi on cherche à exclure les produits transformés qui peuvent faire concurrence aux pro-

1. Thomas W. Hertel et Will Martin, 1999.
2. Ronnie Horesh, « Trade and Agriculture : The Unimportance of Being Rational », *New Zealand Orchardist*, avril 2000.

duits européens. Les tarifs sur les produits de base sont environ la moitié de ceux qui sont imposés sur les produits transformés. Le café et le cacao, qui ne sont pas produits en Europe, peuvent passer les frontières avec des droits de douane négligeables. La solidarité affichée envers le tiers-monde par des mouvements tel ATTAC en France s'avère être de l'hypocrisie lorsqu'on réalise qu'ils appuient ces tarifs[1].

Non seulement cherche-t-on à exclure les produits étrangers, mais la production et le transport des produits européens sont eux-mêmes subventionnés à une échelle fantastique, les montants dépensés à cet effet représentant environ la moitié du budget de l'Union européenne. Comme ces octrois sont accordés en fonction de la terre cultivée et du nombre de têtes de bétail, ce programme favorise essentiellement les entreprises agricoles les plus riches et de plus grande taille – son principal bénéficiaire est, semble-t-il, la famille royale britannique. Selon l'OCDE, 20 % des fermiers les plus riches accaparent environ 80 % des subventions. Cela signifie que 40 % du budget total de l'Union européenne est distribué à moins de 1 % de la population.

Ces octrois ont mené à l'accumulation d'énormes surplus de produits agricoles dont il faut se débarrasser. L'Union européenne cherche à résoudre ce problème en partie en payant les fermiers pour qu'ils *cessent* de produire. Pire encore, ces surplus sont déversés sur les marchés mondiaux avec l'aide de subventions à l'exportation, ce qui fait que les pays pauvres n'ont aucune chance de l'emporter face à cette concurrence. Ainsi, la PAC n'empêche pas seulement les fermiers du tiers-monde de nous vendre leurs produits ; elle leur coupe l'herbe

1. Le président d'ATTAC, Bernard Cassen, soutient que « chaque pays ou groupe de pays a le droit absolu de protéger son agriculture » (Cassen, 2001a). Dans le document où sont exposés les principaux points de son programme international, ATTAC annonce son intention de combattre les forces qui, dans l'Union européenne, mènent une « croisade du libre-échange » et cherchent notamment à « démanteler la Politique agricole commune ». Cette position semble si embarrassante pour la branche suédoise d'ATTAC que celle-ci fait tout pour la cacher. Dans la traduction suédoise du livre très complaisant envers l'organisme écrit par Bim Clinell, cette section devient une simple critique de ceux qui « font campagne pour déréglementer d'autres secteurs », sans mention de la PAC (*Attac : gräsrötternas revolt mot marknaden*, 2000, traduction par Margareta Kruse, p. 75-78).

sous les pieds dans leur propre pays. Il ne s'agit pas d'un simple dumping, mais d'un travail de sape systématique à l'endroit des industries où les pays en développement ont des avantages comparatifs et qui sont au premier rang dans le processus qui mène à l'industrialisation. On estime que la PAC entraîne une perte d'environ 20 milliards de dollars *chaque année* pour les pays en développement, un montant qui équivaut à deux fois le PIB du Kenya[1].

La politique commerciale de l'Union européenne est irrationnelle et honteuse. Elle protège une petite minorité d'entreprises et de fermiers efficaces lorsqu'il s'agit de faire du lobbying, mais qui n'ont pas conscience du fait que les barrières qui les avantagent condamnent des gens à la misère et à la mort sur d'autres continents. Il s'agit d'un véritable désastre moral. Le cynisme de cette politique est rendu plus évident par le fait que l'Union européenne, dans son ensemble, n'y gagne rien non plus. Selon les estimations du gouvernement suédois, un ménage moyen avec deux enfants en Suède profiterait annuellement d'un gain de 250 $ s'il n'avait pas à payer les droits de douane sur les vêtements importés, et d'un gain de 1200 $ si la politique agricole européenne était abolie[2]. Les contribuables européens déboursent des millions de dollars chaque année avec pour seul résultat que les magasins ont une moins grande variété de produits qui coûtent plus cher. Les gouvernements européens consacrent environ 90 milliards de dollars par année aux subventions à l'agriculture et à peu près le même montant à la confection de produits industriels simples. Chaque fois qu'une porte s'entrouvre pour laisser passer les produits des pays en développement, elle se referme rapidement par des tarifs antidumping ou de nouvelles réglementations spécialement conçues pour favoriser les entreprises européennes, concernant l'emballage ou l'hygiène, par exemple.

Sur la base de statistiques de la Commission européenne, l'économiste français Patrick Messerlin a cherché à estimer les coûts de toutes les barrières au commerce européennes,

1. Kym Anderson, Bernard Hoekman et Anna Strutt, 1999.
2. Joseph François, Hans H. Glismann et Dean Spinanger, 2000; Leif Pagrotsky, 1999.

incluant les tarifs, les quotas, les subventions à l'exportation, les mesures antidumping, etc. Ses données indiquent une perte annuelle équivalant à entre 5 et 7 % du PIB de l'Union européenne. En d'autres termes, l'instauration du libre-échange total signifierait l'ajout de trois fois la production suédoise totale à l'économie européenne *chaque année*. Messerlin affirme qu'environ 3 % des emplois dans les secteurs sur lesquels il a enquêté ont pu être sauvés par le protectionnisme. Chaque emploi coûte 200 000 $ par année, soit plus ou moins vingt fois le salaire annuel dans ces industries. Pour ce montant, chaque travailleur dont l'emploi est protégé par un tarif pourrait recevoir une Rolls-Royce à la place ; il ne nous en coûterait rien de plus, et cela ne se ferait pas aux dépens des pauvres de la planète[1]. Comme l'économiste suédois Eli F. Heckscher l'a déjà exprimé, « ou bien un secteur d'entreprise est profitable et il n'a pas besoin de la protection d'un tarif ; ou bien il ne l'est pas et il ne mérite pas d'être protégé par un tarif ». Ces tarifs et subventions font en sorte que la main-d'œuvre et le capital qui auraient pu contribuer au développement de nouveaux secteurs et ajouter à la compétitivité de l'économie européenne croupissent dans des secteurs où il n'y a aucun avantage comparatif. L'Union européenne contribue ainsi à maintenir des pays en développement dans la pauvreté, et ceci, même pas pour la population européenne dans son ensemble, mais uniquement pour un groupe de pression minoritaire qui sait comment se faire entendre.

Autant les États-Unis que l'Union européenne ont conclu des ententes de libre-échange symboliques avec des pays pauvres au cours des dernières années. Le seul problème est que ces ententes contiennent des clauses d'exception pour les produits où il y aurait une véritable concurrence. L'accord conclu entre les États-Unis et l'Afrique (*Africa Growth and Opportunity Act*) stipule la liberté des échanges pour tous les secteurs où l'Afrique n'a aucun avantage comparé, mais exclut des produits comme le tabac et les arachides. L'initiative « tout sauf des armes » lancée par l'Union européenne a mené à l'abolition des tarifs sur les produits en provenance des pays

1. Patrick Messerlin, 2001.

les moins développés, mais de longues périodes de transition ont été maintenues dans le cas des bananes, du sucre et du riz. Les règles très strictes sur l'origine des produits rendent ces ententes inopérantes. Haïti peut exporter du café en Europe, mais ne peut y vendre des chandails s'ils sont fabriqués avec des tissus importés d'ailleurs, par exemple de Chine. D'autres produits peuvent à tout moment être saisis aux frontières pour des raisons arbitraires concernant la protection de l'environnement, la sécurité ou le principe de précaution.

Il est difficile d'évaluer les pertes pour le tiers-monde qui résultent de ces politiques protectionnistes, mais plusieurs ont tenté de le faire. La Conférence des Nations unies sur le commerce et le développement (CNUCED) maintient que les pays en développement connaîtraient une croissance annuelle additionnelle de 700 milliards de dollars s'ils pouvaient obtenir un meilleur accès aux marchés des pays riches. C'est quatorze fois plus que ce qu'ils reçoivent en aide internationale. Le Livre blanc du gouvernement travailliste britannique sur les questions de mondialisation affirme qu'une réduction de 50 % des droits de douane dans les pays industrialisés et en développement mènerait à une augmentation de la prospérité de l'ordre de 150 milliards de dollars chez les plus pauvres. C'est trois fois plus que toute l'aide internationale[1].

## *Le cas de l'Amérique latine*

Parmi les critiques de la libéralisation des échanges entre le Nord et le Sud se trouvent ceux qui disent craindre que le tiers-monde devienne dépendant de ses exportations de matières premières vers les pays riches. Si les pays en développement pratiquent le libre-échange, disent-ils, ils ne réussiront jamais à s'industrialiser et à vendre d'autres produits. C'est pourquoi plusieurs ont fait la promotion de politiques de « substitution des importations », qui impliquent que le gouvernement appuie la création d'industries locales en érigeant des tarifs et en suscitant la production de biens qui devraient sinon être importés.

1. « White Man's Shame », *The Economist*, 25 septembre 1999, 2000.

L'objectif visé est une sorte d'autosuffisance : tout produire soi-même au lieu de se spécialiser et de dépendre des échanges avec l'étranger. Cette « théorie de la dépendance » est rapidement devenue populaire après la Seconde Guerre mondiale, y compris en Occident. C'est pourquoi des observateurs occidentaux s'attendaient, dans les années 1960, à ce que la Corée du Nord, une économie fermée, devance sa voisine du Sud qui misait sur les exportations, et à ce que la Chine de Mao se développe beaucoup plus rapidement que Taiwan. La substitution des importations était pratiquée en Inde et en Afrique, mais c'est surtout l'Amérique latine qui a servi de modèle pour cette théorie[1].

Le fait que des politiciens de l'Argentine, du Brésil et du Chili aient pu trouver convaincante la théorie de la dépendance n'est pas étonnant. Depuis le milieu du XIXe siècle, cette région a connu une certaine prospérité grâce aux exportations de quelques matières premières comme le café, les bananes, le sucre, le coton et le cuivre. Mais cela n'a pas été suffisant pour engendrer un développement soutenu à une plus grande échelle, parce que ces sociétés étaient très hiérarchisées et contrôlées par une minorité de privilégiés. Une petite classe de propriétaires terriens protégés possédait de grandes étendues de terre, alors qu'il existait un surplus de travailleurs non qualifiés et sans ressources, des travailleurs souvent payés avec des biens produits sur le domaine. Ainsi, cette petite élite accaparait tous les profits sans les réinvestir. Elle n'avait aucunement besoin de machinerie pour réduire ses coûts de main-d'œuvre puisque celle-ci était surabondante, et il n'était pas non plus nécessaire de chercher à améliorer le rendement des récoltes puisque de vastes superficies de terre se trouvaient à sa disposition. Si on voulait de nouvelles terres, on les dérobait aux Indiens. L'agriculture ne s'est pas vraiment développée et aucune demande n'a été créée pour des produits manufacturiers, puisque les revenus ne croissaient pas. Au sein de l'élite, on n'accordait aucune importance à l'utilisation des technologies et aux compétences en management. Le manque d'éducation, les barrières discriminatoires et les

---

1. Cette description de l'expérience latino-américaine s'appuie sur les travaux de Christer Gunnarsson et Mauricio Rojas, 1997.

réglementations commerciales barraient la route à la création de petites entreprises chez les travailleurs. Les économies d'Amérique latine sont restées dépendantes de l'exportation d'un petit nombre de matières premières. Lorsque l'économie internationale s'est effondrée et que les pays riches ont de nouveau institué des mesures protectionnistes vers 1930, ce fut le coup de grâce pour eux. Ce qui avait jusqu'alors soutenu leur économie disparut soudainement.

Cet exemple montre bien que le commerce en lui-même ne suffit pas à créer une dynamique de développement dans un pays qui subit l'oppression. Dans une société statique caractérisée par la discrimination et des privilèges immenses, il y a peu de chance que le commerce à lui seul permette de résoudre ce problème. Pour que cela se produise, la population doit être libre de prendre des initiatives et de saisir les opportunités économiques. Une réforme agraire aurait dû être introduite pour mettre fin à des siècles de féodalisme. Il aurait aussi fallu donner la priorité à l'éducation et à la libéralisation de l'économie. Ces conclusions ne sont pas celles auxquelles sont arrivés les dirigeants de l'Amérique latine, ni les savants professeurs qui ont développé la théorie de la dépendance. Selon eux, l'histoire a montré que le commerce est une activité pernicieuse et que les pays devraient viser l'autosuffisance et l'industrialisation en vase clos. Ils ont mis le doigt sur le mauvais problème. Les pays latino-américains ont gardé les privilèges et l'interventionnisme étatique, tout en faisant tout pour restreindre le commerce avec l'étranger.

Les politiques qu'ils ont plutôt mises en œuvre sont un modèle de protectionnisme et de suicide économique. Les gouvernements ont distribué des subventions massives à l'industrie locale, tout en la protégeant derrière des tarifs exorbitants. Pendant les années 1950, on a introduit des quotas et des barrières très strictes pour empêcher l'importation de produits étrangers, avec des tarifs de 100 à 200 %. Parce que les consommateurs n'avaient plus la possibilité d'acheter des produits importés, les industries locales ont pu augmenter leur production et générer une forte croissance. Mais comme elles ne subissaient aucune pression concurrentielle, elles n'ont pas senti l'obligation de s'améliorer sur les plans technique et opérationnel. Ce sont des industries inefficaces et désuètes qui ont pris de l'expansion. Les prix du marché local étant plus élevés que ceux du marché international, il y avait peu d'avantages à exporter. L'économie devint plus politisée à mesure que les gouvernements entreprirent de contrôler la main-d'œuvre, les prix et la production dans le sens d'une industrialisation forcée. Le pouvoir interventionniste de l'État prit une ampleur de plus en plus imposante ; en Argentine, même les cirques furent nationalisés. Les firmes mirent donc plus d'efforts à tenter de s'arroger les faveurs des personnages influents qu'à rationaliser leur production. Des groupes de pression puissants furent créés pour faire campagne en faveur de certains privilèges et obtenir des compensations pour les privilèges accordés à d'autres. La distribution des ressources est devenue de plus en plus déterminée par les pressions politiques et de moins en moins par les transactions sur le marché.

Ceux qui n'occupaient pas une position d'influence et qui ne faisaient pas partie d'une coalition d'intérêts puissants – les autochtones, les travailleurs ruraux, les petits entrepreneurs et les habitants des bidonvilles – étaient laissés pour compte. Les tarifs leur enlevaient le pain de la bouche, et quand le gouvernement eut recours à l'inflation pour financer ses dépenses, leurs maigres épargnes furent oblitérées. La dynamique d'une société de privilèges fut accentuée et les inégalités, déjà importantes, atteignirent une ampleur démesurée. Des palais luxueux furent construits pendant que les bidonvilles s'étendaient. Des enfants vivaient comme de petits princes pendant que d'autres grandissaient dans la rue. On a souvent décrit Rio de Janeiro comme une parcelle de Paris entourée d'une parcelle de l'Éthiopie. Les Brésiliens parmi les 10 % les plus riches accaparaient plus de la moitié du PIB national, contre environ le quart aux États-Unis et le cinquième en Suède. Pour contrer une vague de mécontentement, la classe dirigeante pointa du doigt les ennemis extérieurs, soutenant que rien ne clochait dans les politiques du pays et que si tout n'était pas parfait, la faute en incombait aux étrangers et aux États-Unis.

Pendant que les pauvres consommateurs étaient forcés de défrayer des coûts exorbitants pour certains produits, les dirigeants des grosses compagnies s'enrichissaient derrière les barrières tarifaires. Dans les années 1960, une voiture coûtait trois fois plus cher au Chili que sur le marché international, avec pour conséquence que seuls les riches pouvaient se permettre d'en acheter. Ces hausses de prix affectaient également les industries qui avaient, par exemple, besoin de camions pour le transport de leurs marchandises. Comme les compagnies étrangères n'avaient pas accès au marché local à moins de produire sur place, les gouvernements réussirent à en attirer quelques-unes. Les compagnies occidentales n'apportèrent aucune méthode plus efficace, mais s'ajustèrent aux conditions locales. Au lieu de se spécialiser dans certains secteurs et de tenter d'améliorer leur productivité, elles se lancèrent dans une production éclectique, offrant des types de produit que les consommateurs ne pouvaient obtenir de l'étranger. Des départements complets furent mis en place pour s'occuper des problèmes de bureaucratie, comme l'obtention de permis, de crédits subventionnés, de réglementations des prix ou de contrats du gouvernement. Pour les compagnies, entretenir de bonnes relations avec l'establishment s'avérait un élément crucial dans la recherche du profit, ce qui fit d'elles un autre joueur dans les relations de pouvoir malsaines au sommet de l'État. L'accent mis sur le marché local élimina la possibilité de profiter d'économies d'échelle, et l'absence de compétition fit en sorte que les compagnies n'eurent pas à adopter de nouvelles technologies et de nouvelles méthodes organisationnelles.

C'est ainsi que l'industrie latino-américaine est devenue une relique par rapport au reste du monde. Incapable de faire face à la concurrence étrangère, elle devint de plus en plus dépendante des tarifs et des privilèges, ce qui accentua son retard. Paradoxalement, l'exportation des matières premières traditionnelles acquit une importance de plus en plus grande comme source de financement des importations d'équipements et de produits semi-manufacturés nécessaires au fonctionnement de l'industrie. Mais comme l'État s'appropriait les ressources engendrées par l'agriculture et les exportations, ces secteurs devinrent de plus en plus entravés. Il devint impossible d'investir dans les rares industries capables de soutenir la concurrence internationale. Des millions de gens quittèrent la campagne pour les bidonvilles. Il n'était plus possible de maintenir en vie un secteur industriel désuet. Les prêts massifs de l'étranger au cours des années 1970 ne purent que repousser l'inévitable, mais la fin arriva avec encore plus de force en 1982 lorsque le Mexique dut suspendre les paiements de sa dette et qu'une crise sans précédent se manifesta. En trois ans, le revenu *per capita* subit une chute de 15 % dans la région, et les années 1980 virent se succéder une longue série de crises financières et de situations d'hyperinflation. C'est seulement après des réformes initiées vers la fin de la décennie, qui ont injecté une certaine dose de libre marché et de libre-échange, que ces pays ont pu reprendre le chemin de la croissance. Le cas du Chili (où le revenu réel a plus que doublé de 1975 à 1995, la mortalité infantile a diminué de 6 à un peu plus de 1 %, et l'espérance de vie est passée de 64 à 73 ans) est la preuve tangible que cela est possible dans cette région. Quelques autres pays ont suivi ce chemin, mais le poids de la dette qu'ils ont à rembourser les rend vulnérables. Les habitants d'Amérique latine continuent de subir les répercussions des privilèges et du protectionnisme qui ont longtemps dominé la région.

### *Sur la route du commerce*

C'est dans le libre-échange plutôt que dans le protectionnisme que se trouve la possibilité de se libérer de la dépendance des matières premières. Au lieu de servir de bouclier derrière lequel les industries peuvent grossir, les barrières tarifaires sont devenues des boucliers contre la concurrence, qui les ont rendues moins efficaces et innovatrices. Les pays en développement qui sont le plus rapidement passés de l'exportation de matières premières à l'exportation de produits transformés sont ceux qui avaient les économies les plus ouvertes, en particulier les pays d'Asie. Dans une importante étude sur les effets du commerce, Sachs et Warner montrent que les pays protectionnistes ont vu leur structure économique se transformer très lentement, alors que les pays libre-échangistes se sont rapidement convertis à la production industrielle[1]. Cette

1. Jeffrey Sachs et Andrew Warner, 1995, p. 52-55.

conclusion va tout à fait à l'encontre des affirmations des théoriciens de la dépendance. Certains, parmi eux, ont appris de leurs erreurs. Le sociologue Fernando Henrique Cardoso, qui a apporté une contribution importante au développement de la théorie de la dépendance, est devenu président du Brésil et a tenté d'introduire des mesures de libéralisation du commerce. Ce sont aujourd'hui les pays en développement qui, dans les négociations internationales, demandent aux pays riches d'ouvrir leurs marchés à leurs exportations.

Le libre-échange a un potentiel plus grand que jamais d'apporter le dynamisme aux pays en développement qui misent sur l'exportation. Il y a cent ans, la mondialisation signifiait d'abord que l'Occident achetait des matières brutes des pays en développement pour les transformer. Ce commerce contribuait peu à répandre les nouvelles technologies et à créer des occasions d'affaires dans les pays pauvres. Il était pratiquement impossible de transférer des usines dans ces pays parce que l'envoi de pièces de rechange ou le transfert de personnel clé pouvait prendre des mois. Aujourd'hui, une usine située pratiquement n'importe où dans le monde peut recevoir ou envoyer des cargaisons partout ailleurs en une semaine et demie et peut être jointe par téléphone, par télécopieur ou par courriel. Cela lui offre la possibilité d'établir ses activités dans des endroits qui étaient à la périphérie de l'économie mondiale, tout en gardant un contact permanent avec le reste du monde. Même des éléments centraux de la production peuvent être relocalisés dans un pays pauvre si celui-ci a des avantages comparatifs dans ce secteur, ce qui implique des opportunités fantastiques pour ceux qui n'ont pas eu la chance de naître dans un pays riche.

Ces observations s'appliquent non seulement au secteur manufacturier mais aussi à celui des services. Grâce aux satellites de communications et à Internet, nombreuses sont les compagnies européennes et américaines qui confient une partie de leurs opérations administratives de routine à des sous-traitants en Inde, par exemple, où des travailleurs peuvent être embauchés pour s'occuper de la gestion des paies et des factures, la réservation de billets ou le service après-vente. Comme l'Inde est de l'autre côté de la planète, la compagnie est toujours en activité, même la nuit. Un employé peut même s'occuper de la surveillance de bureaux ailleurs dans le monde grâce à la transmission d'images par satellite. Ce sont des services qui demandent beaucoup de main-d'œuvre, ce qui correspond aux avantages comparatifs des pays en développement. Leurs habitants obtiennent des emplois et des salaires plus élevés, alors que les consommateurs des pays industrialisés obtiennent des services à moindres coûts.

Les exportations de produits industriels en provenance de pays en développement ont fortement augmenté au cours des trente dernières années grâce à l'amélioration des moyens de communication et à la mise en œuvre de politiques commerciales plus libérales à l'échelle mondiale. La théorie de la dépendance a été réfutée par les faits. Aujourd'hui, les produits transformés constituent les trois quarts des exportations en provenance des pays en développement, comparativement à un quart en 1965. La proportion des matières premières dans ces exportations diminue constamment. Alors que les pays en développement fournissaient, dans les années 1970, seulement 7 % des exportations mondiales de produits manufacturiers, ils en fournissent plus de 25 % aujourd'hui.

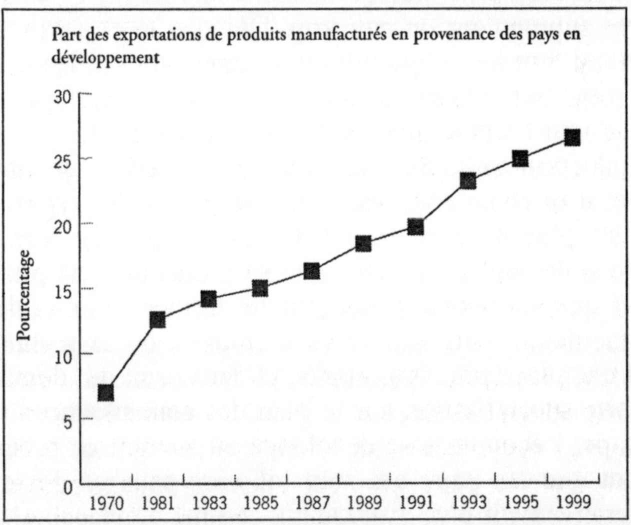


**Les pays en développement exportent plus de produits manufacturés**
Source : Ajit K. Ghose, 2000; Overseas Development Institute, 1995

Le Mexique est un bon exemple. Longtemps vue comme une économie dépendante de ses exportations rudimentaires vers les États-Unis, l'économie mexicaine a rapidement évolué depuis qu'elle s'est ouverte au commerce international. En 1980, seulement 0,7 % de ses exportations étaient des produits manufacturés. En 1990, cette proportion avait atteint 3,7 % et en 1995, après l'abolition des tarifs entre le Mexique et les États-Unis à la suite de l'adoption de l'Accord de libre-échange nord-américain, elle avait atteint 19,3 %. Le Mexique est passé, en l'espace de six ans seulement, du 26e au 8e rang sur la liste des principaux pays exportateurs dans le monde, ce qui a contribué à la croissance annuelle de 5 % qu'il a connue depuis 1996[1].

Les critiques de la mondialisation se plaignent souvent qu'après avoir d'abord migré vers le Japon, les industries à forte utilisation de main-d'œuvre se sont établies en Corée du Sud et à Taiwan lorsque les salaires sont devenus trop élevés. Puis qu'elles ont déménagé en Malaisie et en Thaïlande lorsque les coûts de production ont trop augmenté. Et qu'elles sont aujourd'hui de nouveau en voie d'être transférées en Chine et au Viêtnam. Cela montre, disent-ils, à quel point le capital est sans pitié, puisqu'il abandonne les pays dès que les salaires augmentent un peu trop. Dès que la croissance et la prospérité font leur apparition, les compagnies et les investisseurs s'en vont ailleurs. En fait, ce processus s'explique mieux si on le voit comme une façon de progresser vers des stades de production toujours plus complexes. Lorsqu'un pays est pauvre, il offre un contexte avantageux pour les types d'emplois les plus simples et qui demandent peu de formation. Lorsqu'il devient plus riche, que sa production est plus efficace et que ses habitants sont mieux formés, ceux-ci deviennent meilleurs dans des types d'emplois où la technologie prend une place plus importante, et dans ceux qui demandent une forte spécialisation sur le plan des connaissances. Étape par étape, l'économie se développe en suivant ce processus, pendant que les pays qui sont toujours pauvres deviennent comparativement plus avantageux comme emplacement pour

1. Aaron Lukas, 2000, p. 11.

produire des objets plus simples. Les Mexicains exportent moins de matières premières et plus de produits manufacturés, alors que les Américains quittent l'industrie manufacturière pour se concentrer sur des secteurs comme la programmation informatique et le service conseil. L'économie mondiale devient ainsi de plus en plus efficace tout en faisant de la place à d'autres régions et à d'autres pays dans la division internationale du travail. C'est aussi pour cette raison que les économies est-asiatiques ont été comparées à un vol d'oies. Elles ont toutes avancé vers une position plus avantageuse au sein de la volée, étape par étape.

### *« Qu'ils les gardent, leurs tarifs »*

Parmi ceux qui continuent de douter des bienfaits du libre-échange, surtout dans les églises et les organisations qui se consacrent à l'aide internationale, se trouvent des personnes dont le point de vue est à l'opposé des théories protectionnistes traditionnelles. Elles comprennent qu'il est absurde que nous, habitants des pays riches, empêchions les pays pauvres de nous vendre leurs produits au moyen de tarifs. En même temps, ils croient que les pays en développement devraient éviter d'acheter nos produits et, conséquemment, protéger leurs propres marchés avec des tarifs jusqu'à ce qu'ils deviennent suffisamment riches. Ils laissent souvent entendre que nous rendons en fait service aux habitants des pays du tiers-monde en ne nous opposant pas aux penchants protectionnistes de leurs dirigeants. Selon eux, il serait préférable de se dire : « Qu'ils les gardent, leurs tarifs. »

Cela peut sembler de prime abord raisonnable ; s'ils sont pauvres, il faut leur permettre de tirer des revenus de l'exportation, mais il ne faut pas les amener à perdre ces revenus en important des produits qui pourraient menacer leurs industries. Ces industries ont besoin de « tarifs pour les industries naissantes » et ne devraient pas être exposées à la concurrence avant d'être compétitives. Cependant, comme nous l'avons vu, ce sont les industries des pays ouverts qui se développent le plus vite. Les tarifs forcent les consommateurs à acheter localement, avec pour résultat que les compagnies locales s'enrichissent facilement. Mais parce qu'elles sont à l'abri des compétiteurs, elles n'ont aucune motivation à devenir plus efficaces, à réajuster leur production pour plaire à leurs clients ou à baisser leurs prix pour en attirer plus. Une telle politique permet à une élite de s'enrichir, mais force la plus grande partie de la population à payer plus cher pour des produits de base parce qu'ils n'ont aucune alternative. Dire que les pauvres sont avantagés lorsqu'ils peuvent exporter mais que leur pays reste fermé aux importations, c'est oublier qu'ils ne sont pas seulement des producteurs, mais aussi des consommateurs. Encourager les pays en développement à garder leurs tarifs signifie les encourager à interdire à leurs citoyens d'acheter des biens variés.

La croyance selon laquelle les politiciens savent mieux que les investisseurs quelles sont les entreprises qui peuvent devenir compétitives à long terme n'est que pure superstition. En instaurant une telle politique de protection des industries, on démantèle les mécanismes de marché qui permettent de séparer les projets qui échouent de ceux qui réussissent. On trouve peu d'exemples de projets industriels initiés par l'État qui ont réussi, mais les éléphants blancs qui ont coûté des fortunes aux contribuables sont légion : le secteur industriel en Inde, le secteur des technologies de l'information au Brésil, l'industrie automobile en Amérique latine et en Indonésie, cette dernière étant dirigée par le fils du dictateur Suharto. Le ministère japonais de l'Industrie et du Commerce, MITI, est souvent présenté comme un exemple réussi de planification économique, mais s'il est vrai qu'il a relativement bien fait, c'est surtout en répondant aux signaux du marché. Par contre, ses tentatives pour créer de nouvelles industries indépendamment de la situation du marché furent moins heureuses. MITI a, par exemple, investi des milliards de dollars dans les surgénérateurs nucléaires, un ordinateur de cinquième génération et une plate-forme pétrolière contrôlée à distance, des projets qui se sont tous avérés de coûteux échecs. Heureusement pour les Japonais, MITI a aussi échoué dans ses tentatives de tuer dans l'œuf le développement de certains secteurs, lorsqu'il a par exemple voulu dans les années 1950 supprimer les petits producteurs de voitures ou empêcher Sony d'importer la technologie des transistors[1]. En Europe, on connaît les échecs que sont le Concorde ou la télévision numérique en Suède.

Il faut se rendre à l'évidence : souvent, les chefs politiques ne cherchent même pas à évaluer objectivement ce qui peut ou non être rentable, et leurs décisions dépendent de l'influence des groupes de pression, de la corruption ou du prestige associé à un projet. Les barrières tarifaires, qui étaient censées conférer une protection temporaire à des entreprises viables, sont devenues une protection permanente pour les entreprises inefficaces. Ce qui devait être un incubateur pour les secteurs en développement s'est transformé en serre tropicale au climat étouffant, où se multiplient les magouilles politiques et les transactions financières clandestines. Même si, en théorie, on conçoit que cette politique puisse parfois s'avérer fructueuse, comment peut-on déterminer que c'est dans ce secteur-ci ou celui-là que les fruits seront récoltés ? Il faudrait se demander pourquoi des pays miséreux devraient consacrer leurs maigres ressources à des projets industriels gigantesques, alors qu'il y a tant de choses moins dispendieuses qui peuvent être faites et qui rapportent des bénéfices plus sûrs : libéraliser l'économie, alléger la réglementation, investir dans l'éducation et la santé.

L'argument en faveur des tarifs pour les pays du tiers-monde repose également sur l'ignorance d'un fait essentiel, qui est que les pays en développement font beaucoup de commerce avec des pays qui vivent dans des conditions similaires. Environ 40 % de leurs exportations vont vers d'autres pays en développement. Si on force les consommateurs pauvres à payer le prix fort pour des produits locaux et qu'on les empêche d'acheter ce qui a été produit dans les pays voisins, les producteurs aussi en souffrent. Ils jouissent sans doute d'un monopole dans leur propre marché, mais ils ne peuvent vendre dans les marchés voisins. Les tarifs des pays en développement qui visent d'autres pays en développement sont aujourd'hui plus de deux fois et demie plus élevés que ceux des pays industrialisés envers les pays en développement. La

1. Bruce Bartlett, 1997.

moyenne des tarifs des pays industrialisés est de 8 %, alors qu'elle est de 21 % dans les pays en développement. Ainsi, plus de 70 % des droits de douane que les pays du tiers-monde doivent débourser pour vendre leurs produits sont imposés par d'autres pays aussi pauvres[1].

Cela explique pourquoi les pays en développement, qui ne comptent que pour 25 % de l'économie mondiale, sont forcés de débourser 40 % de tous les droits de douane imposés dans le monde. L'un des principaux avantages du libre-échange pour ces pays est l'abolition des tarifs à l'importation, qui peuvent parfois multiplier plusieurs fois le prix d'un produit. Ceux qui croient qu'un appui aux tarifs est l'équivalent d'un appui au tiers-monde ne se rendent pas compte qu'ils aident une petite clique de compagnies et de dirigeants au détriment de leurs consommateurs et de l'efficacité économique.

Si l'on croit réellement aux bienfaits du libre-échange, il faut demander l'abolition de tous les tarifs et quotas imposés par l'Union européenne sans exiger de concessions de la part des autres. Empêcher les pauvres de se développer est immoral. De plus, nous profiterons aussi de la libéralisation des importations, même si d'autres ne veulent pas importer plus de nos produits. Cela ne veut pas dire qu'il est sage pour les pays du tiers-monde de protéger leurs propres industries avec des barrières tarifaires. Au contraire, la meilleure chose qui pourrait arriver à leur population est que ces tarifs, qui s'élèvent à plus de 30 %, soient eux aussi abolis. Ceux qui leur recommandent de les garder ont peut-être un point de vue contraire à celui des protectionnistes traditionnels, mais ce point de vue ne s'accorde pas non plus avec les exigences du développement.

### *Le piège de l'endettement*

Dans le débat sur la mondialisation, la Banque mondiale et le Fonds monétaire international (FMI) ont fait l'objet de nombreuses critiques. La première institution gère des projets

1. Thomas W. Hertel et Will Martin, 1999, p. 4 et suiv.

multilatéraux pour le développement à long terme dans les pays pauvres, alors que la seconde aide les pays qui ont des problèmes financiers, surtout en période de crise. Les critiques prétendent que ces institutions ont surtout pour mission de ramasser les fonds que les pays pauvres doivent aux pays riches, tout en exigeant qu'ils imposent des politiques libérales sévères qui mènent à plus de pauvreté. Partout dans le monde, des groupes de gauche et des églises demandent que la Banque mondiale et le FMI soient démocratisés et que les dettes du tiers-monde soient effacées.

« Démocratisé » signifie que tous les pays devraient avoir un droit de vote égal dans ces institutions, par opposition à un pouvoir qui correspond à leur contribution financière. Cela peut sembler juste, mais il faut comprendre que ces organisations fournissent de l'aide au développement et qu'il est normal que les pays qui choisissent de leur confier des fonds s'attendent à pouvoir intervenir dans la façon dont cet argent sera utilisé. On peut donner un droit de vote à tous, mais la conséquence sera que des pays comme les États-Unis se retireront et fourniront une aide d'une autre façon. Cela entraînerait certainement la fin du FMI et de la Banque mondiale, ce qui réglerait le débat mais pas nécessairement d'une façon qui plairait aux critiques.

Le FMI et la Banque mondiale ont été responsables d'un bon nombre de choses qu'un libéral ne manquera pas de critiquer. C'est le cas, par exemple, des discours tenus pendant plusieurs décennies en faveur de la planification économique dans les pays en développement ou de l'appui de la Banque mondiale à des programmes de stérilisation qui ont entraîné de sérieux abus envers les personnes concernées. On peut également critiquer les projets à grande échelle comme la construction de barrages hydroélectriques, qui ont forcé des milliers de gens à déménager. Les opposants à la mondialisation ne semblent pas être préoccupés par ce genre d'activités. Ils critiquent plutôt les recommandations visant à réduire le niveau d'inflation ou à atteindre un budget équilibré. Ces recommandations ne sont pourtant pas que des demandes abstraites. Ce sont des conditions exigées par les institutions pour prêter de l'argent à des pays affligés par des déficits importants et au bord de la faillite. Comme tout fournisseur de crédit, elles veulent se faire rembourser, et c'est pourquoi elles proposent des politiques qui aideront le pays à se sortir de la crise et à acquérir les moyens de respecter ses engagements. Il n'y a rien de mal à cela et ces recommandations (connues sous le terme de «programmes d'ajustement structurel») ont généralement été bonnes : viser l'équilibre budgétaire, combattre l'inflation, réduire les taux de change excessivement élevés, permettre la concurrence, ouvrir les marchés, combattre la corruption, déréglementer et réduire les dépenses militaires au bénéfice de l'éducation et de la santé, par exemple. Beaucoup d'efforts ont été consacrés à promouvoir la transparence des institutions étatiques et à mettre fin au népotisme et aux magouilles entre dirigeants politiques et économiques.

On peut tout de même affirmer que les recommandations de ces institutions ont été désastreuses dans un certain nombre de cas controversés (par exemple, l'inaction dont elles ont fait preuve lors de la crise financière asiatique). Il y a lieu de critiquer durement des recommandations qui entraînent une contraction de l'activité économique dans des pays qui sont déjà en train de sombrer dans une récession sévère. Ainsi, en septembre 1997, les hausses d'impôts que le FMI a forcé la Thaïlande à adopter ont aggravé la crise économique déjà en cours. Dans d'autres cas, le FMI a recommandé à des gouvernements de maintenir des taux de change excessivement élevés, ce qui a entraîné de la spéculation sur la monnaie. La multiplication des mesures pour remédier à la crise peut également inciter les gouvernements et les investisseurs à prendre de plus gros risques, parce qu'ils savent que le FMI ira à leur rescousse si les choses se dégradent, comme ce fut le cas en Russie en 1998. Dans une perspective libérale, il est étrange de constater que ce sont les contribuables ordinaires qui doivent payer les pots cassés pour les investisseurs. L'un des principes fondamentaux du système capitaliste est que ceux qui échouent dans leurs entreprises doivent en subir les coûts. Selon d'autres critiques, le FMI s'est trop mêlé des décisions des gouvernements au lieu de faire simplement des recommandations générales. Ses bureaucrates ont essayé de contrôler à distance les politiques de certains pays en faisant miroiter des paiements de millions de dollars. Ces pratiques ont été, à juste titre, comparées à celles de la période coloniale. Nous avons tout à fait raison d'insister auprès des dirigeants du tiers-monde pour qu'ils garantissent des droits démocratiques et la liberté à leur population, mais nous ne devrions pas nous mêler des détails de leurs décisions politiques.

La principale leçon que l'on peut tirer après plusieurs décennies de recommandations de la part du FMI et de la Banque mondiale est qu'elles ont un effet négligeable sur les pays qui reçoivent les fonds. Pour de nombreux gouvernements aux prises avec une crise financière majeure, ces prêts offrent une dernière chance d'éviter des réformes substantielles et difficiles. En général, il leur suffit simplement de promettre des réformes pour recevoir des sommes gigantesques. Il s'agit d'une pratique dangereuse, qui permet à des potentats locaux de se maintenir au pouvoir et de préserver leur régime corrompu avec quelques réformes mineures pour satisfaire les représentants du FMI. Avec le recul des années, l'ex-ministre russe des Finances Boris Fiodorov affirme que les octrois du FMI n'ont fait que reporter à plus tard des réformes libérales que la Russie aurait dû adopter de toute façon. Au lieu d'adopter ces politiques judicieuses, ses collègues au gouvernement ont cru qu'ils feraient preuve de plus de patriotisme en tentant d'obtenir le plus gros prêt possible, puis en amorçant des négociations sur l'annulation de la dette du pays.

> « Les 25 milliards de dollars que le FMI et la Banque mondiale ont prêtés à la Russie au cours des années 1990 ont fortement contribué à retarder l'adoption d'une stratégie économique cohérente et ont rendu les autorités moins disposées à mettre en œuvre des réformes difficiles mais nécessaires… L'élite politique russe est aujourd'hui convaincue que la Russie recevra une aide financière internationale, quelle que soit sa politique économique. »
>
> — Andrei Illarionov, économiste libéral russe, aujourd'hui conseiller du président Poutine[1]

1. Andrei Illarionov, 2000.

Il est dangereux de croire que l'on pourra subrepticement amener des gouvernements à adopter des réformes économiques à l'aide de carottes financières. Dans la majorité des cas, ces transferts de ressources ont surtout pour effet de soutenir des systèmes en faillite. Pour avoir un effet positif, l'assistance doit venir *après* l'expression d'une intention sérieuse et crédible d'imposer des réformes. Lorsque la Banque mondiale a passé en revue 26 programmes d'ajustement structurel différents en 1994, elle a constaté que seulement 6 d'entre eux avaient mené à de sérieuses réformes. Les dirigeants semblaient réticents ou incapables de réduire et de rationaliser la bureaucratie et leur propre contrôle sur l'économie. Des pays ont parfois tenté de se conformer à certaines demandes, l'atteinte de l'équilibre budgétaire, par exemple, en adoptant des politiques destructrices. Ils ont augmenté les impôts et les tarifs, imprimé du papier-monnaie ou réduit les dépenses publiques dans les domaines les plus importants, la santé et l'éducation, au lieu de réduire les budgets consacrés aux subventions, à la bureaucratie et à l'armée.

On constate aussi que les programmes sont souvent trop compliqués pour être mis en œuvre par des gouvernements incompétents. Lorsqu'un appareil étatique corrompu doit tenir compte d'une centaine de recommandations et de directives à la fois, les choses se compliquent, surtout lorsqu'il faut en même temps se préoccuper de l'application d'autres programmes d'aide administrés par divers pays. Parce que les programmes d'ajustement structurel sont souvent rédigés en termes vagues, le FMI n'a pas de mandat très clair pour négocier leur mise en œuvre. Les gouvernements peuvent facilement la retarder ou carrément la détruire. Les fonds ont parfois été coupés à des gouvernements qui ne se conformaient pas aux ententes mais, bizarrement, les vannes financières étaient rouvertes dès que les politiciens offraient une promesse verbale qu'ils allaient dorénavant suivre les recommandations. Ce petit manège peut être répété indéfiniment. Selon un analyste, quinze ans de programmes d'ajustement structurel en Afrique n'ont mené qu'à une « augmentation minimale de l'ouverture de ces pays à l'économie mondiale ».

Étant donné cette réticence à appliquer les recommandations des programmes d'ajustement structurel, il est erroné de prétendre, comme le font de nombreux mouvements de gauche, que le FMI est responsable des crises économiques de ces pays, surtout lorsqu'on voit que ceux qui suivent les recommandations obtiennent de meilleurs résultats que les autres. Ceux-ci – l'Ouganda et le Ghana, par exemple – obtiennent des taux de croissance moyens plus élevés et réussissent à diminuer la pauvreté. Les États qui ignorent les programmes ou qui y renoncent – le Nigeria et la Zambie, par exemple – n'obtiennent rien et sont embourbés dans une pauvreté et des inégalités d'une ampleur à faire dresser les cheveux sur la tête[1].

Que doit-on penser de l'annulation des dettes des pays pauvres ? Il y a de bonnes raisons de l'appuyer, mais aussi des risques si on ne procède pas correctement. Le débat fait place à beaucoup d'exagération. Des critiques du FMI et de la Banque mondiale prétendent que 20 000 personnes meurent chaque jour dans les pays en développement à cause du niveau d'endettement. On obtient ce chiffre en additionnant les montants qui sont remboursés en intérêts à ces institutions, puis en calculant combien de vies humaines auraient pu être sauvées avec le même argent. En plus de présupposer que ces fonds auraient été entièrement consacrés à la nourriture et aux médicaments et non aux armes et aux munitions, ce qui n'est pas très réaliste, on oublie un autre fait important. Ces pays endettés reçoivent chaque année *plus* d'argent en prêts, en octrois et en aide internationale des pays industrialisés et des institutions qu'ils en déboursent en paiements d'intérêts. Les 41 pays pauvres les plus endettés de la planète reçoivent du monde occidental environ le double de ce qu'ils paient chaque année. Accuser les pays occidentaux de provoquer la mort de dizaines de milliers de personnes chaque jour au tiers-monde en percevant des intérêts n'est qu'une façon répugnante et malhonnête de manipuler les statistiques[2].

---

1. Arthur Goldsmith, 1998, p. 11. Sur la question des effets de ces programmes, voir Lionel Demery et Lyn Squire, 1996, ainsi que Jeffrey Sachs, 1996.
2. Banque mondiale, 2000a, p. 202.

Le principe de l'annulation des dettes est tout de même juste. Ceux qui s'y opposent affirment que chacun devrait rembourser les dettes qu'il a contractées, ce qui est bien sûr incontestable. Toutefois, la question est de savoir qui devrait être forcé de payer pour les dettes des autres. Imaginons qu'un dictateur a emprunté beaucoup d'argent à l'étranger pour financer la modernisation de son armée et se mettre une petite fortune de côté. Après des bouleversements politiques et le remplacement de ce régime par un gouvernement démocratique, n'est-il pas raisonnable que les prêteurs acceptent une part du risque si le nouveau gouvernement est incapable de rembourser cet amas de dettes ? Les institutions financières conventionnelles ont appris de l'expérience passée et ont cessé de prêter à des pays fortement endettés, en particulier aux pays africains, alors que des institutions comme le FMI et la Banque mondiale, dont les opérations découlent d'un mandat politique, ont continué d'engloutir des fonds à chaque crise économique. En combinant générosité et gestion irrationnelle, elles ont attiré plusieurs pays en développement dans le gouffre de l'endettement au cours des années 1980. La plupart de ces pays n'ont aucune chance de rembourser ces montants, et la perpétuation de l'endettement ne sert les intérêts de personne. Un pays comme la Tanzanie a une dette étrangère équivalant à deux fois la valeur de ses exportations annuelles, et le service de la dette met en danger le financement de l'éducation et d'autres programmes. Parce qu'il est politiquement risqué de s'attaquer aux privilèges, aux subventions et à la bureaucratie, ce sont souvent les investissements à long terme qui sont les premiers touchés lorsque des coupures budgétaires s'avèrent nécessaires.

On ne doit pas nécessairement en conclure que les campagnes de certains groupes – Jubilé 2000, notamment – visant l'annulation inconditionnelle des dettes de tous les pays pauvres sont une bonne idée. Au contraire, cela aurait pour conséquence que le monde occidental financerait des régimes corrompus qui utiliseraient l'argent pour acheter des armes et consolider leur pouvoir oppressif. Aider à perpétuer ces régimes n'est pas une chose morale à faire. Afin d'éviter que cela ne se produise, il faudrait exiger des pays dont les dettes sont annulées qu'ils entreprennent des réformes et instaurent des mesures en faveur de la démocratie. L'un des effets pernicieux des programmes d'annulation de dettes est qu'ils détournent l'aide au développement au profit non pas des pays les plus pauvres ou de ceux qui sont démocratiques, mais des plus endettés. En 1997, ces derniers recevaient quatre fois plus d'aide *per capita* que les pays aussi pauvres mais sans dette. La Côte-d'Ivoire reçoit, par exemple, 1 276 fois plus d'aide au développement *per capita* que l'Inde.

Un mouvement plus ou moins régulier d'annulation de dettes est en cours depuis 1979, année où, à la suite d'une réunion de la CNUCED, les nations créancières ont annulé des dettes de 45 pays, pour un montant total de six milliards de dollars. Cela a toutefois eu pour effet d'encourager l'endettement. Des pays qui se sont débarrassés de leurs dettes de cette façon se sont empressés d'obtenir de nouveaux prêts. Une étude a montré que pour chaque portion de dette annulée à partir de 1979 équivalente à 1 % du PIB (PIB de 1997), un pays voyait le fardeau de sa dette augmenter en moyenne dans une proportion de 0,34 % de son PIB. Et encore, cet argent n'a pas été consacré à des investissements rentables, et la marge de manœuvre acquise n'a pas servi à améliorer les politiques économiques du pays. Au contraire, on constate que les pays qui s'endettent de cette façon sont moins bien gérés et moins susceptibles que d'autres pays pauvres de mener à bien des réformes à long terme. Un observateur cynique conclura que ces pays préfèrent emprunter au lieu d'établir un ordre de priorité dans leurs dépenses parce qu'ils s'attendent à ce que leurs dettes soient annulées dans l'avenir, et qu'ils attendent d'obtenir la plus grosse promesse possible d'annulation de dettes de la part du FMI et de la Banque mondiale avant d'enclencher des réformes. Lorsque les deux institutions ont lancé, en 1996, une initiative ayant pour but d'annuler complètement la dette de 41 pays classés « avec un haut niveau d'endettement », cette dynamique était en cours depuis déjà presque deux décennies[1].

1. William Easterly, 1999.

Ces déboires sont un indice de l'inefficacité de cette politique. La meilleure solution serait d'adopter une stratégie pour annuler une fois pour toutes les dettes des pays disposés à adopter des réformes, tout en leur faisant savoir sans équivoque qu'il n'y aura pas d'autres annulations de dettes dans l'avenir afin de les convaincre de ne pas recommencer ce cycle. Une façon d'accomplir ceci serait d'annuler toutes les dettes et de s'abstenir d'accorder d'autres prêts. Si ces pays souhaitent tout de même faire d'autres emprunts, ils devront les faire sur les marchés financiers internationaux et négocier avec des investisseurs privés prêts à prendre des risques et convaincus qu'ils reverront leur argent. Ce type de stratégie ne semble pas avoir motivé l'initiative lancée en 1996 par la Banque mondiale et le FMI, qui s'est soldée par une réduction jusqu'aux deux tiers des dettes de 22 pays. Il est vrai que cette mesure s'accompagne de diverses recommandations, comme des dépenses accrues en santé et en éducation et des mesures pour combattre la corruption. Il est cependant probable qu'on envisage l'octroi de nouveaux prêts après ces annulations de dettes, ce qui risque fort de relancer un autre cycle d'endettement et de rendre une initiative semblable nécessaire dans dix ans.

Les chercheurs qui se penchent sur les effets de l'aide au développement constatent que les résultats de celle-ci sont généralement très décevants. Dans de nombreux cas, cette aide a eu des effets destructeurs et s'est soldée par une réduction de la croissance économique. Pour reprendre les mots du grand expert dans les questions de développement récemment décédé, Peter T. Bauer, l'aide étrangère est souvent une façon de « distribuer l'argent des pauvres vivant dans des pays riches aux riches vivant dans des pays pauvres ». Ce qui cloche, c'est que cet argent redistribué engendre de mauvais incitatifs. Le commerce encourage les pays pauvres à accroître leur production et à développer de nouvelles idées. L'aide étrangère récompense au contraire des dirigeants qui ne réussissent pas à adopter les bonnes politiques pour développer leur pays et qui le maintiennent dans la pauvreté. Ceux qui échouent leur développement et qui présentent les plus hauts taux de pauvreté reçoivent plus d'aide. Comme les fonds sont directement envoyés aux gouvernements de ces pays, il est souvent plus profitable de prendre le contrôle de l'État que de tenter de s'enrichir en produisant et en commerçant. Ces fonds ont également permis de consolider le pouvoir central et de lui donner des moyens additionnels de continuer d'exploiter les campagnes et de détruire l'agriculture et les industries naissantes. L'aide au développement a souvent aidé des dictateurs corrompus à s'accrocher au pouvoir (Fidel Castro a amassé une fortune évaluée à un milliard de dollars pendant que le PIB de Cuba se contractait du tiers). C'est particulièrement vrai de l'aide offerte par la Suède, qui a d'abord favorisé les dictateurs socialistes. Offrir une assistance sans demander en retour la démocratie et des réformes équivaut à subventionner la dictature et la stagnation économique. L'aide au développement a toutefois aussi permis de soutenir des économies lorsque celles-ci étaient déjà propulsées par des politiques appropriées, soit la protection des droits de propriété, l'ouverture des marchés et une politique fiscale et monétaire reposant sur l'équilibre et la stabilité. Avec des politiques de ce type en place, l'aide étrangère conduit à une croissance économique plus rapide. Mais l'aide au développement est rarement offerte sous condition de l'adoption de ces politiques par le pays récipiendaire. Peut-être pour se donner bonne conscience, les donateurs se préoccupent souvent plus de la quantité d'argent donné que des effets réels produits. Au lieu de cibler les pays pauvres qui présentent les meilleures conditions de succès sur le plan institutionnel, les donateurs envoient des fonds à ceux qui ont le plus d'affinités politiques avec eux, en particulier les anciennes colonies. Cela explique pourquoi les fonds acheminés par des organismes multilatéraux comme la Banque mondiale ont plus de chance d'obtenir de meilleurs résultats que l'aide fournie par les programmes nationaux[1].

## *Le bon remède*

On critique souvent l'économie de marché en disant qu'elle entraîne les gens et les entreprises à produire uniquement pour le profit, et non pour répondre aux besoins. On observe ce

1. Banque mondiale, 1998; Craig Burnside et David Dollar, 2000.

phénomène lorsque, par exemple, l'industrie pharmaceutique investit d'énormes ressources dans la recherche et la production de médicaments pour lutter contre l'obésité, la calvitie et la dépression, des médicaments que les Occidentaux peuvent se payer, alors qu'une fraction seulement de ces ressources servent à trouver des remèdes contre les maladies comme la malaria et la tuberculose, qui affectent les plus pauvres du monde. On peut comprendre ces critiques. De telles iniquités existent en effet, mais ce n'est pas le capitalisme qui en est responsable. Sans le capitalisme et la recherche du profit, ce n'est pas tout le monde qui aurait obtenu les médicaments nécessaires pour guérir leurs maladies. En fait, beaucoup moins de gens auraient pu les obtenir. Lorsque les habitants prospères des pays occidentaux demandent des solutions à leurs problèmes de santé – qui sont loin d'être triviaux pour les personnes qui les subissent –, leur richesse peut servir à financer la recherche et à trouver des solutions. Le capitalisme fournit les motivations économiques aux entreprises pour qu'elles nous aident dans la recherche de ces solutions. Que nous, Occidentaux, choisissions de dépenser notre argent de cette façon n'enlève rien à qui que ce soit. Il ne s'agit pas d'argent qui, autrement, aurait servi à la recherche sur les maladies tropicales. Les compagnies pharmaceutiques n'auraient tout simplement pas eu accès à ces ressources. Les pays pauvres acquerront eux aussi progressivement les moyens de cibler la recherche et la production de médicaments pour mieux répondre à leurs besoins à mesure qu'ils s'enrichiront suite à l'adoption de politiques économiques libérales.

Le fait que de plus en plus de maladies peuvent être guéries en Occident n'entraîne aucune conséquence négative pour les pauvres du tiers-monde. Cela a eu pour effet de les aider, et pas seulement parce que des sociétés plus en santé peuvent consacrer plus de ressources à aider les pauvres. Dans de nombreux domaines, les pays du tiers-monde ont pu utiliser, à des coûts minimes, les résultats des recherches financées par les consommateurs des pays riches. Dans plusieurs cas, ils n'ont rien déboursé. La compagnie pharmaceutique Merck a offert gratuitement des médicaments pour un projet sanitaire visant à combattre l'onchocercose, ou «cécité des rivières», dans

11 pays africains. Ceux-ci ont ainsi pu se débarrasser presque complètement d'un parasite qui s'attaquait auparavant à un million de personnes, rendant des milliers d'entre eux aveugles chaque année[1]. Un exemple plus récent est celui de la firme de biotechnologie Monsanto, qui permet à des chercheurs et à d'autres compagnies d'utiliser gratuitement ses techniques pour développer le «riz doré», une variété de riz enrichi avec du fer et du bêta-carotène (provitamine A) qui pourrait sauver la vie d'un million de personnes qui meurent chaque année de maladies causées par une déficience en vitamine A au tiers-monde. Certaines compagnies pharmaceutiques ont réduit jusqu'à 95 % le prix de leurs inhibiteurs pour lutter contre le sida dans les pays pauvres, à la condition que leurs brevets soient respectés, ce qui leur permet de maintenir le plein prix sur les marchés des pays riches.

Les compagnies peuvent se permettre d'agir ainsi parce qu'il existe des marchés prospères comprenant des consommateurs qui peuvent défrayer ces coûts élevés pour des médicaments qu'il est très dispendieux de développer. Elles ne peuvent pas consacrer à ces projets des ressources qu'elles n'ont pas, ni dépenser sans perspective de revenus. C'est pourtant ce à quoi s'attendent beaucoup de gens qui se plaignent des efforts des compagnies pharmaceutiques pour protéger leurs brevets. Selon eux, si les brevets étaient carrément abolis, on pourrait produire ces médicaments à des coûts très bas et ils deviendraient abordables pour beaucoup plus de pauvres du tiers-monde. Cela permettrait un accès élargi aux médicaments à court terme, mais le réduirait de façon draconienne à long terme. Les compagnies dépensent en effet d'énormes sommes pour produire ces médicaments. Pour chaque nouveau produit efficace, développé à des coûts pouvant atteindre des dizaines de millions de dollars, il y a eu 20 ou 30 essais infructueux. Les prix de ces quelques médicaments qui se rendent sur le marché sont nécessairement très élevés pour financer le coût de la recherche. Si les brevets venaient à disparaître, pratiquement aucune compagnie ne pourrait se permettre d'investir dans la recherche et la production de nouveaux médicaments.

1. Banque mondiale, 2000a, p. 182 et suiv.

Ce ne sont donc pas les compagnies pharmaceutiques qu'il faut blâmer parce qu'elles ne font pas assez pour guérir les maladies qui sévissent dans les pays en développement. Les pays industrialisés pourraient, par exemple, consacrer un montant spécifique pour que chaque enfant dans le monde soit vacciné contre la malaria, ou que tous ceux qui en ont besoin obtiennent des inhibiteurs pour le sida, comme l'a proposé l'économiste Jeffrey Sachs. Si des entrepreneurs ou des ONG réussissaient à faire adopter une telle proposition, les compagnies pharmaceutiques auraient une réelle motivation économique pour s'engager à le faire. Puisqu'il s'agit d'une décision politique, il serait sûrement plus raisonnable de diviser les coûts entre tous au lieu d'accabler uniquement les compagnies pharmaceutiques avec des demandes ruineuses. Mais dans la dynamique politique des pays occidentaux, il semble que ce soit toujours les groupes de pression qui crient le plus fort qui réussissent à accaparer les ressources.

Cela n'est nulle part ailleurs plus évident qu'à l'Organisation mondiale de la santé, l'une des agences spécialisées de l'ONU. Son objectif est d'assurer la santé à l'échelle mondiale. Il existe une façon simple d'y arriver. Selon l'OMS, six maladies, dont la malaria et la tuberculose, expliquent 90 % des décès de personnes de moins de 44 ans dus à une maladie infectieuse. Onze millions de personnes meurent chaque année de ces maladies. On imagine facilement que l'OMS pourrait s'attaquer directement à ces maladies en vaccinant les enfants et en traitant les malades. Cela permettrait de résoudre l'un des plus importants problèmes de notre époque. En fait, ce n'est pas le cas, la lutte contre ces maladies est devenue encore moins prioritaire pour l'OMS au cours des dernières années. Est-ce à cause d'un manque de ressources ? Certainement pas. Selon l'organisme, il faudrait consacrer de 4 à 220 millions de dollars pour prévenir ces décès, ce qui veut dire de 0,4 à 20 % de son budget annuel d'un milliard de dollars ! Pendant que des enfants meurent de maladies qu'on pourrait facilement combattre, l'OMS utilise une portion de plus en plus importante de ses ressources pour organiser des conférences pour un auditoire sélect, pour promouvoir les ceintures de sécurité dans les voitures ou pour lutter contre le tabagisme. C'est ce genre de problème que l'on considère comme étant important dans les pays qui contribuent le plus au budget de l'OMS, et les bureaucrates savent qu'ils doivent s'y attaquer pour continuer à obtenir les fonds qui financent leurs emplois[1].

Je crois personnellement qu'on peut s'attendre à plus de résultats de la part de capitalistes qui contribuent à des œuvres philanthropiques parce que le capitalisme ne force pas les gens à maximiser le profit dans tout ce qu'ils font, il les laisse simplement libres d'utiliser leur propriété comme bon leur semble. Le propriétaire de Microsoft, Bill Gates, l'incarnation la plus parfaite du capitalisme contemporain, donne à lui seul plus d'argent à la lutte contre la maladie dans les pays en développement que le gouvernement fédéral américain. De novembre 1999 à novembre 2000, la fondation *Bill and Melinda Gates Health Fund* a donné 1,44 milliard de dollars (sur les 23 milliards de dollars qu'elle administre) pour vacciner les enfants du tiers-monde et pour la recherche sur des maladies courantes dans ces pays comme le sida, la malaria et la tuberculose. Ce montant équivaut au quart de ce que tous les pays industrialisés consacrent à la lutte contre la maladie dans les pays en développement. Les pauvres et les malades de la planète ont donc de bonnes raisons de se réjouir de ce que Bill Gates ait pu amasser une fortune de 50 milliards de dollars. Il est clair qu'ils auraient plus à gagner de l'existence de quelques Bill Gates de plus que d'une deuxième Europe ou de plusieurs autres organisations mondiales de la santé.

1. Brian Doherty, 2002.

## 5

## LA COURSE VERS LE SOMMET

*J'appuie le libre-échange, mais...*

Les pays riches maintiennent une attitude très protectionniste à l'égard des pays en développement, mais ce sont surtout les groupes qui cherchent à protéger leurs droits acquis qui défendent cette position en faisant pression sur les gouvernements. Il arrive moins souvent qu'on la voie défendue avec ardeur lors de débats publics car il n'est pas très bien vu de vouloir s'enrichir aux dépens des pays du tiers-monde. Il existe toutefois une argumentation protectionniste qui s'apparente à la position traditionnelle mais qui est considérée comme beaucoup plus acceptable : celle qui suggère d'assujettir le commerce à des conditions spécifiques. Ceux qui défendent cette position ont l'habitude de commencer leurs phrases par : « Nous sommes tout à fait d'accord avec le libre-échange », mais cette déclaration est toujours suivie de quelque chose comme : « mais pas à n'importe quelle condition », ou encore : « mais il faudrait changer les règles ». Si quelqu'un débute un discours en affirmant : « J'appuie le libre-échange, mais... », vous devriez faire bien attention aux propos qui vont suivre parce que si le « mais » a suffisamment de poids, cette personne n'appuiera pas du tout le libre-échange.

Voilà comment débutent bien des conversations sur le sujet en Suède, où le concept de libre-échange a une connotation positive[1]. Dans d'autres pays, on l'utilise souvent comme une insulte. Ne déclarez jamais à haute voix que vous êtes en faveur du libre-échange dans un endroit public à Paris, vous risquez de vous faire attaquer par une foule en colère. Certains critiques suédois de la mondialisation vont jusqu'à dire que le débat n'a rien à voir avec le fait d'être pour ou contre le libre-échange, puisque tout le monde est d'accord avec l'existence de certaines balises commerciales. Les règles qui régissent le libre-échange, qui s'ajoutent aux droits de propriété et à la liberté d'entreprise, ont pour but de faciliter les rapports commerciaux et ne peuvent d'aucune façon être mises sur le même pied que les réglementations, les interdictions et les quotas qui visent à restreindre le commerce. Le débat tourne en fait essentiellement autour d'un appui ou d'une opposition au libre-échange : vous êtes pour si vous appuyez la libéralisation des règles commerciales, et si ce n'est pas le cas, vous êtes contre.

L'un des arguments protectionnistes très répandus aujourd'hui est qu'il ne faudrait pas entretenir de relations commerciales avec les pays qui ont des conditions de travail inacceptables, qui ferment les yeux sur le travail des enfants ou qui ne protègent pas assez l'environnement. Si nous payons leurs produits moins cher à cause de conditions sociales inférieures ou de l'exploitation de l'environnement, nous permettons à d'autres pays de provoquer la fermeture de nos entreprises en pratiquant un « dumping social » ou un « dumping écologique ». Ainsi, lorsque nous négocions des ententes commerciales avec les pays pauvres, il faudrait toujours exiger des clauses visant un meilleur respect de l'environnement et une amélioration des conditions de travail, et menacer de ne pas faire affaire avec eux s'ils refusent. Ce ne sont pas uni-

1. On observe le même phénomène concernant le terme « mondialisation ». Lorsqu'une manifestation antimondialisation a été organisée à Prague, la coalition d'organismes participants s'est donné pour nom « Initiative contre la mondialisation économique ». Sachant que le mot avait une connotation positive, une coalition similaire en Suède a préféré se décrire comme un mouvement en faveur d'une « mondialisation par le bas ». Le président de la branche française d'ATTAC, Bernard Cassen, affirme qu'il a « essayé de trouver un seul avantage à la mondialisation, mais en vain » (Cassen, 2001b). La branche suédoise explique qu'elle ne s'oppose pas à la mondialisation, mais qu'elle souhaite qu'elle soit régie par de nouvelles règles.

quement des syndicats et des compagnies qui appuient ces demandes, mais aussi des mouvements qui défendent des causes humanitaires. Pourtant, du point de vue des pays en développement, cette idée ressemble plus à une forme de protectionnisme doublé d'une tentative néocolonialiste de contrôler leur processus politique.

Par exemple, Youssef Boutros-Ghali, le ministre égyptien du Commerce, se demande «pourquoi les pays industrialisés se soucient tout à coup des travailleurs du tiers-monde, maintenant que nous avons montré que nous pouvons concurrencer avec eux[1]».

C'est à la suite d'une proposition du président Bill Clinton (dans une entrevue faite par le quotidien *Seattle Post Intelligencer* le 1er décembre 1999) d'envisager ce type de boycott avec les pays qui ne se conformeraient pas à certaines obligations que les pourparlers de l'Organisation mondiale du commerce sont arrivés dans une impasse. Les pays en développement ont refusé de négocier sous une telle menace.

Quoi qu'en pensent les manifestants qui vivent dans l'aisance et les présidents des pays riches, ce n'est pas l'avarice qui explique les maigres salaires et les conditions environnementales déplorables dans les pays en développement. Il existe sans doute des exceptions, mais les pays en développement ne peuvent généralement pas se permettre des salaires élevés et de meilleures conditions de travail parce que leur productivité est trop faible. Les salaires peuvent être augmentés à mesure que la main-d'œuvre acquiert de la valeur, c'est-à-dire en parallèle avec l'augmentation de la productivité. Et cela ne peut se réaliser que par des investissements accrus, de meilleures infrastructures, un plus haut niveau d'éducation, l'utilisation de nouvelles technologies et une organisation plus efficace. Si nous forçons ces pays à augmenter les salaires

---

1. Citation tirée de l'ouvrage de Stephen Greenhouse et Joseph Khan, 1999. Les partisans de cette politique s'empressent de mentionner que la Confédération internationale des syndicats libres appuie les clauses sociales, mais elle le fait malgré l'opposition féroce de ses membres dans les pays du Sud. L'autre organisation internationale de syndicats, la Fédération syndicale mondiale, qui compte 110 millions d'adhérents dans 130 pays, s'est plutôt prononcée contre l'inclusion de clauses sociales dans les ententes sous l'égide de l'OMC.

avant d'avoir pu augmenter leur productivité, les compagnies devront débourser plus pour la main-d'œuvre qu'elle ne vaut. Leurs compétiteurs occidentaux, dont la main-d'œuvre est plus productive et mieux payée, n'auront alors aucun mal à les battre dans cette course, et le chômage connaîtra une hausse subite dans les pays pauvres. L'économiste Paul Krugman a noté qu'il s'agissait d'une politique pour la création de « bons emplois » en théorie, mais pour la création de « pas d'emplois » en pratique. L'ambassadeur mexicain aux États-Unis, Jesus Reyes-Heroles, a déclaré que « dans un pays pauvre comme le nôtre, l'alternative aux emplois à bas salaires n'est pas des emplois à salaires élevés ; c'est pas d'emplois du tout[1] ».

Les clauses sociales et environnementales envoient le message suivant aux pays en développement : « Vous êtes trop pauvres pour commercer avec nous, et nous n'accepterons de commercer avec vous que lorsque vous serez devenus riches. » Ce n'est toutefois que par le commerce que ces pays pourront s'enrichir et ainsi, étape par étape, améliorer leur niveau de vie et leurs conditions sociales. On les place donc devant un dilemme insoluble : ils ne pourront avoir un accès libre à nos marchés que lorsque les conditions de travail et les normes de protection de l'environnement qui prévalent chez eux auront atteint un niveau élevé, mais ils ne pourront pas améliorer ces conditions de travail et augmenter les ressources consacrées à la protection de l'environnement si on ne leur permet pas de commercer avec nous. Lorsqu'on réfléchit à la logique qui sous-tend ces clauses, on constate qu'elles sont aussi absurdes que si on exigeait de quelqu'un qu'il améliore sur-le-champ sa forme physique, sinon on fera tout pour l'empêcher de faire des exercices. Quelqu'un les a aussi comparées à la stratégie de l'armée américaine au Viêtnam, qui était de brûler les villages pour les délivrer de la menace communiste.

Supposons que cette idée ait prévalu à la fin du XIXe siècle. La Grande-Bretagne et la France auraient constaté que les salaires en Suède étaient beaucoup moins élevés que chez eux, que les Suédois travaillaient douze ou treize heures par jours, six jours par semaine, et qu'ils étaient chroniquement sous-

1. Aaron Lukas, 2000, p. 11.

alimentés. Le travail des enfants était largement répandu dans les filatures, les verreries et les manufactures d'allumettes et de tabac, et un travailleur sur vingt avait moins de quatorze ans. La France et la Grande-Bretagne auraient donc refusé de commercer avec la Suède et auraient fermé leurs frontières aux grains, au bois et au minerai de fer suédois. La Suède aurait-elle bénéficié d'une telle politique ? Certainement pas. Cela l'aurait privée de revenus et aurait mis un frein à son développement industriel. Des conditions de vie intolérables auraient été maintenues, les enfants auraient continué à travailler dans les manufactures et l'on mangerait peut-être encore du pain d'écorce lorsque les récoltes sont mauvaises. Toutefois, ce n'est pas ainsi que les choses se sont passées. On a permis aux Suédois de poursuivre leurs relations commerciales, le pays s'est industrialisé et l'économie a connu des changements révolutionnaires. En parallèle avec la croissance, lentement mais sûrement, les pires situations ont pu être corrigées. Les salaires ont augmenté, la journée de travail a été écourtée, et les enfants se sont mis à fréquenter l'école plutôt que l'usine.

Si nous exigeons aujourd'hui des pays en développement que l'exploitation minière se fasse chez eux dans les mêmes conditions de sécurité que chez nous pour commercer avec eux, nous leur demandons de se conformer à des standards auxquels nous-mêmes n'avons pas eu à nous conformer lorsque notre industrie minière s'est développée. C'est seulement après avoir augmenté nos revenus que nous avons pu développer la technologie et acheter l'équipement de sécurité que nous utilisons aujourd'hui. Si nous forçons les pays en développement à adopter tout de suite cet équipement, avant d'avoir les moyens de le payer, leur industrie sera éliminée de la course et seule la nôtre restera en piste. Si nous interdisons aux pays pauvres d'exporter chez nous parce que leurs conditions de travail ne sont pas assez avancées, leurs industries exportatrices disparaîtront et leurs travailleurs devront se trouver des emplois moins bien rémunérés et avec de pires conditions de travail dans les industries produisant seulement pour le marché local. Cela n'aidera pas les pauvres de la planète, mais protégera nos industries. On peut soupçonner que c'est la raison pour laquelle certains groupes appuient les clauses sociales et environnementales dans les pays riches.

Ce que les partisans de ces clauses commerciales veulent finalement, c'est empêcher les pays en développement de profiter des mêmes chances qu'ont eues la Suède et d'autres pays aujourd'hui devenus riches. S'ils souhaitent sincèrement aider le tiers-monde, ne devraient-ils pas plutôt faire campagne pour que l'Occident contribue à régler ces problèmes, par exemple en partageant notre technologie et notre savoir-faire, au lieu de couper nos liens commerciaux ? Certains font exactement l'inverse. La centrale syndicale américaine AFL-CIO, par exemple, essaie de mettre fin aux transferts de technologie moderne vers le tiers-monde ! Il existe pourtant d'autres forums que ceux qui s'occupent de commerce international pour discuter spécifiquement de moyens d'aider les pays en développement à améliorer leurs standards : par exemple, le Programme des Nations unies pour l'environnement (PNUE) et l'Organisation internationale du travail (OIT).

Quelle attitude devrions-nous par ailleurs adopter en ce qui concerne les brevets et les droits de propriété intellectuelle, que les pays en développement doivent respecter pour être admis à l'OMC ? Pourquoi exigerions-nous qu'ils respectent des brevets pour une période de vingt ans si nous ne leur demandons même pas de respecter un niveau minimal de conditions sociales acceptables ? La raison en est simple : les violations de droits de propriété intellectuelle constituent une barrière au commerce. Peu d'entreprises s'abstiendront d'investir ou de vendre dans un pays parce qu'il est trop pauvre ou parce que les salaires y sont trop bas, mais elles pourraient bien éviter un pays où leurs idées risquent d'être volées. Qui plus est, il est plus facile d'entreprendre des poursuites lorsque des délits de ce type sont commis parce que les pertes peuvent souvent être quantifiées en argent sonnant.

Les brevets sont importants comme garantie du droit de l'inventeur de contrôler son invention et d'en percevoir les revenus, et par conséquent parce qu'ils entretiennent un climat propice à l'innovation et à la recherche. Malgré cela, ces arguments ne sont pas suffisamment forts pour que les brevets soient inclus – comme ils le sont aujourd'hui dans les accords sur les aspects des droits de propriété intellectuelle qui touchent au commerce (TRIPS) – dans les règles de l'OMC. Ici aussi, nous devrions permettre le commerce avec tous les pays, quelle que soit leur politique dans ce dossier. Notre liberté de commercer ne devrait pas être limitée parce que d'autres pays adoptent une mauvaise politique, et les citoyens de ces autres pays ne devraient pas être punis plus qu'ils ne le sont déjà par la politique intérieure de leurs gouvernements. Si cela fait fuir les entreprises étrangères et ne suscite pas l'innovation chez eux, ce sera dommage, mais cela n'est pas une raison pour interdire aux citoyens de chez nous de commercer librement avec eux. C'est le commerce qui contribue au développement économique et qui permettra un jour aux pays en développement d'acquérir la prospérité et de se donner des règles sur les droits de propriété intellectuelle. Nous ne devons pas nous servir de barrières commerciales comme moyen de pression pour les pousser à adopter les politiques que nous favorisons. Nous devrions plutôt garder nos frontières ouvertes et les exhorter en même temps à respecter les brevets.

### *Le travail des enfants*

Ne devrait-il y avoir aucune exception à cette règle ? Des réalités économiques tellement épouvantables que nous n'aurions d'autre choix que d'interdire le commerce à cause d'elles ? Le travail des enfants est l'un des exemples souvent mentionnés dans ce débat. Il y a aujourd'hui environ 250 millions d'enfants de quatre à quatorze ans qui travaillent. On ne peut qu'être consterné à l'idée que des millions de jeunes soient ainsi privés de leur enfance et, dans bien des cas, de leur santé et de leur bonheur. Ces enfants vont-ils se trouver dans une meilleure situation si l'Union européenne cesse de commercer avec les pays où ils vivent ? L'absurdité d'une telle proposition est évidente lorsqu'on sait que la grande majorité d'entre eux travaille dans des secteurs qui n'ont rien à voir avec le commerce. Soixante-dix pour cent des enfants au travail besognent dans l'agriculture. Seulement 5 % des enfants, soit 10 ou 15 millions, sont employés dans des industries d'exportation comme la fabrication de ballons de football, la couture ou la confection de tapis. Toutes les sources disponibles s'entendent pour dire que ces derniers travaillent dans les conditions les moins dangereuses. L'alternative est donc pire.

Encore une fois, nous avons tort de juger le tiers-monde en prenant comme référence notre propre niveau de développement économique. La réalité est que le travail des enfants était un phénomène courant dans tous les pays riches il y a à peine quelques générations. Dans la France préindustrielle, on défendait même aux parents de *ne pas* faire travailler leurs enfants. Ce n'est pas parce que leurs parents sont cruels que les enfants travaillent dans les pays pauvres, mais parce que la famille a besoin de ce revenu pour survivre. On ne peut donc pas soudainement interdire le travail des enfants dans ces pays. Et interdire le commerce avec eux à cause de cette réalité rendrait la situation encore pire puisqu'en attentant l'amélioration des conditions économiques, les enfants qui perdraient leur travail seraient forcés de trouver d'autres occupations encore plus désagréables (dans les pires cas, le crime et la prostitution). En 1992, il fut révélé que la chaîne américaine Wal-Mart achetait des vêtements fabriqués par des enfants au Bangladesh. Le Congrès menaça alors d'interdire les importations en provenance de pays où le travail des enfants était permis. À la suite de cette menace, plusieurs milliers d'enfants furent congédiés dans l'industrie du textile au Bangladesh. Un suivi effectué par des organisations internationales a montré qu'un nombre important de ces enfants se sont retrouvés dans des activités plus dangereuses et moins bien payées, et dans plusieurs cas sont devenus prostitués[1]. Selon l'UNICEF, un boycott similaire de l'industrie népalaise du tapis a eu pour conséquence de forcer 5 000 jeunes filles à se prostituer.

La branche suédoise de l'organisation humanitaire Save the Children (Rädda Barnen) compte parmi les groupes qui ont essayé d'insuffler un certain degré de modération et de bon sens dans le débat sur le travail des enfants :

1. Carol Bellamy, 1997, p. 23.

« Dans la plupart des cas, Save the Children Suède s'oppose aux boycotts, aux sanctions et aux autres mesures commerciales qui visent à dénoncer le travail des enfants. L'expérience a montré que les enfants qui doivent quitter leur emploi à cause de telles mesures risquent de se retrouver dans des situations encore plus difficiles et des occupations plus dangereuses. »

La moitié des enfants qui travaillent occupent un emploi à temps partiel, et plusieurs le font pour financer leur éducation. S'ils devaient perdre leur emploi par suite d'une prohibition ou d'un boycott, une situation déjà difficile serait aggravée. Pour s'occuper du problème, il faut d'abord distinguer le travail des enfants d'autres phénomènes – comme la prostitution et l'esclavage –, qui doivent être combattus par tous les moyens possibles. Le travail des enfants ne peut être combattu que par des améliorations économiques et une hausse du niveau de vie. Save the Children Suède poursuit :

« Il ne sert pas à grand-chose de discuter de façon abstraite du fait de savoir si le travail des enfants est une bonne ou une mauvaise chose [...]. En considérant tous les types d'occupations aussi inacceptables les uns que les autres, on simplifie une question complexe et l'on rend plus difficile une concentration des efforts sur la lutte contre les pires formes d'exploitation[1]. »

Le travail des enfants en Suède a été éliminé non pas par des interdictions mais parce que l'économie a suffisamment crû pour que les parents puissent se permettre d'offrir une éducation à leurs enfants au lieu de les envoyer gagner un salaire, ce qui permettait de maximiser leurs revenus à plus long terme. En plus, la mécanisation de nombreux types de travaux a rendu le travail manuel simple moins profitable. C'est cette évolution qui nous a permis de mettre fin au peu de travail des enfants qui restait en l'interdisant légalement, et non le contraire. Le même processus devrait pouvoir réduire le travail des enfants dans les pays en développement aujourd'hui. L'Organisation internationale du travail (OIT) a observé que le nombre de travailleurs âgés de 10 à 14 ans a considérablement diminué parallèlement avec la croissance des économies

---

1. Rädda Barnen, « Faktablad om barnarbete ».

asiatiques. En Inde, la proportion d'enfants au travail est passée de 35 % il y a cinquante ans à 12 % aujourd'hui. En Asie de l'Est et du Sud-Est, on s'attend à ce que le travail des enfants ait complètement disparu d'ici 2010[1].

Tout le monde doit avoir accès à l'éducation, et celle-ci doit être un investissement profitable pour l'avenir de chacun. L'éducation doit mener à des emplois mieux rémunérés que ce qui aurait été possible sans elle. C'est à cette condition seulement qu'il deviendra possible et rentable pour les parents d'envoyer leurs enfants à l'école plutôt qu'au champ ou à l'usine. Il ne suffit pas d'avoir des écoles partout. Celles-ci doivent aussi offrir une éducation de qualité. Dans de nombreux pays, l'instruction vaut moins que rien et les enfants sont maltraités ; ils sont parfois même l'objet de violence physique de la part des enseignants. Le fait que ces écoles soient des institutions publiques où les enseignants sont pratiquement indélogeables n'est pas étranger à cette situation. Une partie de la solution réside dans la liberté de choix, par un système de bons d'éducation comme en Suède par exemple, qui permettrait de transférer le contrôle des écoles du personnel et des autorités nationales aux familles.

Le débat reste ouvert sur la possibilité de faire tomber une dictature particulièrement cruelle, qui pratique l'apartheid ou l'esclavage, ou agresse ses voisins et massacre sa population, par l'instauration temporaire de sanctions commerciales. Dans ce cas, le régime est puni en sachant que les sanctions heurtent surtout la population, et peuvent même aider à consolider le pouvoir des dirigeants si elles se prolongent. Le commerce tend au contraire à rendre plus difficile la centralisation des pouvoirs, parce qu'il suscite des contacts avec l'étranger et la création de centres de pouvoir autres que celui de l'État. Si tous les pays participent aux sanctions contre une dictature, peut-être réussira-t-on à accomplir quelque chose de positif. Des sanctions symboliques, comme le gel des relations diplomatiques ou le boycott d'événements sportifs, peuvent être particulièrement utiles parce qu'elles n'affectent pas la population de la même façon qu'une suspension des relations

1. Lasse Berg et Stig T. Karlsson, 2000, p. 64.

commerciales. Ce qu'il est toutefois important de souligner, c'est que ce type de sanctions ne devrait jamais être mêlé avec des sanctions visant à modifier une situation qui découle du fait qu'un pays est encore pauvre.

La meilleure option est de faire pression sur un régime dans d'autres contextes et d'autres forums, au lieu d'entraver ce qui s'avère sans doute la meilleure solution, c'est-à-dire l'accroissement du commerce. Nos politiciens et nos organisations humanitaires ne devraient jamais cesser de critiquer les pays qui violent les droits de la personne, qui pratiquent la censure, persécutent les dissidents ou briment le droit d'association (la création de syndicats, par exemple). Il ne faudrait jamais confondre l'opportunité que l'on offre à la population d'un autre pays de se développer grâce au commerce avec une attitude laxiste envers son gouvernement. Les politiciens qui entretiennent de bonnes relations avec des régimes dictatoriaux dans le but de favoriser les exportations de compagnies locales vers ces pays aident à légitimer l'oppression qui y règne. Le caractère oppressif des régimes autoritaires ne devrait jamais être passé sous silence. Comme l'a dit Martin Luther King : « Une injustice quelque part est une menace pour la justice partout. »

### *Et nous dans tout ça ?*

D'accord, répondront certains militants antimondialisation, il est peut-être bénéfique pour les pays en développement de commercer avec nous malgré le fait qu'ils soient pauvres, mais c'est certainement mauvais pour nous. Parce que si les pays en développement paient des salaires moins élevés, ne protègent pas leur environnement, et que les journées de travail y sont épouvantablement longues, leur production bon marché entraînera l'élimination de nos emplois et nous forcera à assouplir nos normes et à réduire nos salaires. Nous serons obligés de travailler plus dur et plus longtemps pour rester compétitifs. Les entreprises et le capital se déplacent rapidement vers les endroits qui ont les salaires les plus bas et les pires conditions de travail. Nous assisterons donc à un nivellement par le bas. Ceux qui auront les standards sociaux les plus bas monopoliseront les investissements et les revenus d'exportation.

Cela semble un argument difficile à réfuter sur le plan théorique. Le seul problème est que cette thèse n'a aucun rapport avec la réalité. Nous n'avons observé aucune détérioration des conditions de travail ou des salaires dans le monde au cours des dernières décennies, tandis que l'inverse est vrai. La cause en est bien simple. Les consommateurs ne se préoccupent pas de savoir si les produits qu'ils achètent sont fabriqués par des travailleurs mal payés ; ils sont avant tout intéressés à obtenir des produits de qualité et les moins dispendieux possibles. La raison pour laquelle les salaires sont moins élevés dans les pays en développement est que les entreprises de ces pays sont moins productives et produisent donc moins par employé que les nôtres.

Si les salaires augmentent parce que la productivité est en hausse, tout va bien puisque les consommateurs n'ont aucune raison de choisir systématiquement ce qui a été produit avec la main-d'œuvre la moins bien payée. Le niveau des salaires au Japon, qui correspondait au dixième de celui qui prévalait aux États-Unis il y a trente ans, a maintenant dépassé celui-ci. Les Japonais ne sont pas pour autant devenus moins concurrentiels, parce que leur capacité de production a augmenté au même rythme.

Les entreprises ne cherchent pas nécessairement à embaucher de la main-d'œuvre bon marché. Si c'était le cas, la majeure partie de la production planétaire serait concentrée au Nigeria. Les coûts salariaux dans les pays de l'OCDE comptent pour 5 ou 10 % seulement des coûts totaux de production. La perspective de pouvoir les réduire marginalement n'est pas une motivation suffisante pour déménager. Les entreprises sont plus intéressées à tirer autant de revenus qu'elles le peuvent du capital qu'elles ont déjà investi. Les salaires sont médiocres dans les pays en développement parce que, en termes relatifs, la main-d'œuvre y a moins de valeur pour les entrepreneurs. Les compétences de leurs travailleurs sont plus limitées et ceux-ci ne peuvent utiliser que des machines moins efficaces. À mesure que les investissements, le niveau d'éducation et la prospérité augmentent, les salaires augmentent aussi. Ce sont ces facteurs de développement qui connaîtront une hausse dans les pays du tiers-monde, plutôt que les facteurs de prospérité qui seront à la baisse dans les pays industrialisés. C'est exactement ce que les données empiriques démontrent concernant ce qui s'est passé jusqu'ici. En 1960, le salaire moyen d'un travailleur au tiers-monde correspondait à environ 10 % du salaire moyen d'un travailleur industriel aux États-Unis. Aujourd'hui, cette proportion est montée à 30 %, même si les salaires américains ont augmenté entretemps. Si la concurrence des pays pauvres exerçait réellement une pression à la baisse sur les salaires dans les pays riches, la proportion du revenu national consacré aux salaires dans ces mêmes pays aurait tendance à diminuer, mais ce n'est pas le cas[1].

Le candidat populiste à l'élection présidentielle américaine dans les années 1990, Ross Perot, a dénoncé avec beaucoup d'habileté et d'effet rhétorique l'Accord de libre-échange nord-américain entre le Canada, les États-Unis et le Mexique. Si l'accord entrait en vigueur, affirmait-il, on entendrait un « bruit de succion gigantesque » pendant que tous les emplois américains seraient siphonnés par le Mexique. En fait, depuis que l'ALENA est entré en vigueur en 1995, 10 millions d'emplois ont été créés aux États-Unis. La main-d'œuvre américaine reste la mieux rémunérée du monde. Si les compagnies américaines cherchaient uniquement à verser de maigres salaires, elles devraient quitter le pays pour s'établir en Afrique. Pourtant, 80 % des investissements américains se font dans des pays où les salaires sont élevés, comme l'Allemagne, le Canada, la Grande-Bretagne et les Pays-Bas, qui ont tous des standards sociaux et des niveaux de réglementation aussi élevés, sinon plus, que les États-Unis. Ce que les entreprises recherchent, c'est la stabilité sociale et politique, un état de droit, des marchés libres, une bonne infrastructure et une main-d'œuvre qualifiée. On observe un nivellement par le haut plutôt que par le bas entre les pays qui se font concurrence pour offrir cet environnement économique.

1. Gary Burtless, Robert Lawrence et Robert Shapiro, 1998, chap. IV.

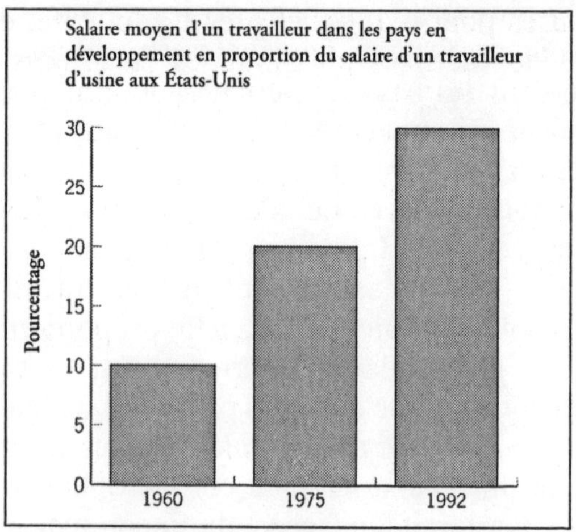


**Les salaires augmentent au tiers-monde**
Source : Gary Burtless, Robert Lawrence et Robert Shapiro, 1998, chap. IV

Beaucoup de gens en Amérique du Nord et en Europe de l'Ouest s'imaginent que nous devons travailler de plus en plus dur et longtemps pour faire face à la concurrence des pays du tiers-monde et à celle des machines toujours plus efficaces. Il est vrai que certaines personnes mettent leur santé en danger en travaillant trop, et l'on sent partout que les attentes et le rythme d'exécution augmentent sur les lieux de travail, mais ce n'est pas le résultat de la concurrence du tiers-monde. Les responsables sont plutôt les mauvais patrons, surtout dans le secteur public, qui se préoccupent peu de leurs employés, et les travailleurs hautement qualifiés qui sont trop préoccupés par leur carrière et qui choisissent volontairement de beaucoup travailler. Jusqu'à récemment, les pauvres avaient toujours travaillé plus dur que les riches. Aujourd'hui, ce sont les plus hauts salariés qui travaillent plusieurs heures de plus par jour.

Le nombre d'heures que nous passons à travailler a diminué avec la prospérité croissante, parce que cette croissance nous permet de travailler moins en faisant autant d'argent si c'est ce que nous désirons. Si on les compare avec leurs parents, la plupart des travailleurs d'aujourd'hui arrivent au travail plus tard, reviennent à la maison plus tôt, ont de plus longues pauses pour manger et prendre un café, et jouissent de périodes de vacances plus longues et de plus de congés fériés. Selon des statistiques américaines, les heures de travail sont environ la moitié de ce qu'elles étaient il y a un siècle et elles ont diminué de 10 % depuis 1973, soit une réduction équivalant à 23 jours de travail par année. Un travailleur américain a acquis, en moyenne, cinq années additionnelles de loisirs depuis 1973. Cela s'explique aussi par le fait que nous commençons à travailler à un âge de plus en plus avancé, que nous prenons notre retraite de plus en plus tôt et que nous vivons plus longtemps. Un travailleur vivant dans un pays occidental en 1870 ne profitait que de deux heures de repos pour chaque heure de travail. En 1950, ce nombre d'heures a grimpé à quatre, et il a atteint huit aujourd'hui. Le développement économique, qui découle en partie de la spécialisation du travail engendrée par le commerce, nous permet de réduire le nombre d'heures que nous passons à travailler, tout en améliorant nos conditions de vie. Nous n'avons jamais consacré si peu de temps à gagner notre pain.

Malgré tout, on peut comprendre pourquoi plusieurs habitants de riches pays occidentaux se préoccupent beaucoup du stress de nos jours. Cela est dû à un développement essentiellement positif, soit la croissance fantastique du nombre d'options et de choix qui s'offrent à nous. Il est peu probable qu'un paysan de l'ère préindustrielle, qui passait toute sa vie au même endroit et qui rencontrait tout au plus une centaine de personnes, ait eu l'impression de ne pas avoir le temps de faire tout ce qu'il voulait faire. Les gens passaient une bonne partie de leur temps, en dehors du travail, à dormir. Aujourd'hui, nous pouvons voyager à travers le monde, lire des journaux, regarder des films en provenance de tous les coins de la planète, et rencontrer une centaine de personnes *chaque jour*. Nous avions l'habitude d'aller au bureau de poste et d'attendre l'arrivée du facteur. Maintenant c'est le courrier électronique qui nous attend dans la boîte de réception. Nous avons développé une industrie du divertissement qui nous propose un nombre pratiquement infini de façons de passer le temps. Il n'est pas étonnant qu'il en résulte une certaine frustration, parce qu'il est impossible de trouver le temps de tout faire. Ce genre de préoccupation, comparativement aux problèmes qui ont affligé nos ancêtres et qui affligent toujours la plupart des gens qui vivent au tiers-monde, est un luxe.

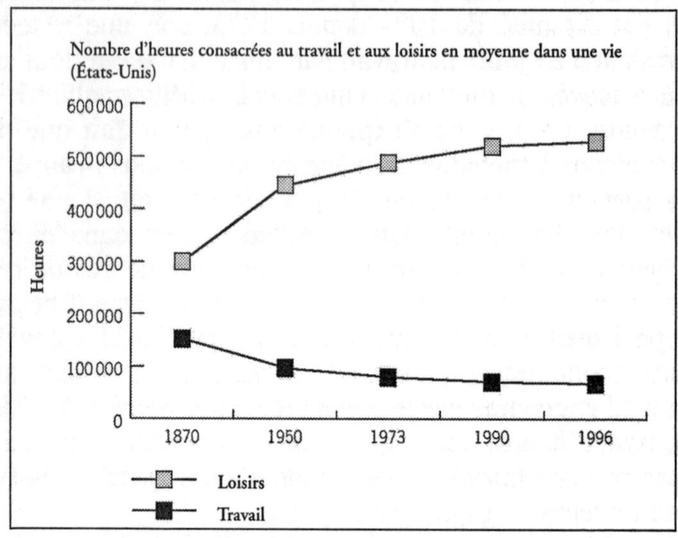


**Nous travaillons de moins en moins dans une vie**
Source : W. Michael Cox et Richard Alm, 1999, chap. III

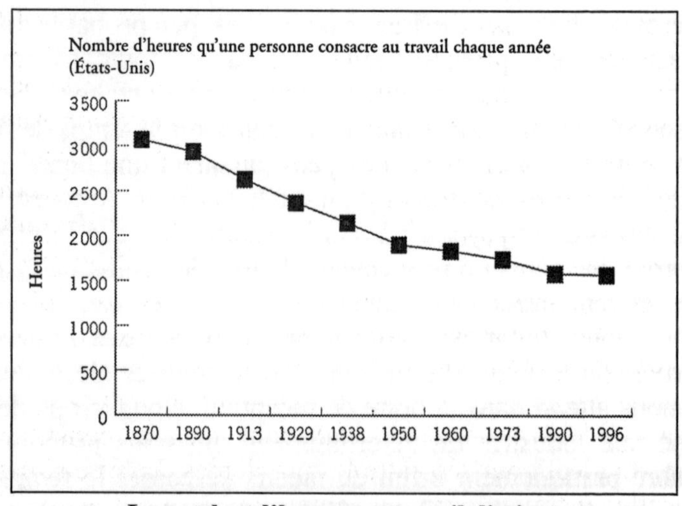


**Le nombre d'heures au travail diminue**
Source : W. Michael Cox et Richard Alm, 1999, chap. III

Le stress et l'épuisement professionnel sont des problèmes réels, mais dans bien des cas il s'agit simplement de nouveaux mots pour décrire un vieux phénomène. Le nombre de Suédois qui reçoivent un diagnostic d'épuisement professionnel augmente au même rythme que le nombre de ceux qui souffrent de maladies mentales ou de maux de cou diminue. Il faut remettre ces choses en perspective. Partout dans le monde et à chaque époque, les gens ont tendance à croire que leurs problèmes spécifiques sont les pires, soit par ignorance, soit parce qu'ils idéalisent le passé. Il peut être malsain de mettre tellement d'ardeur à la tâche qu'on s'épuise au travail, mais le fait que tant de gens s'ennuient au travail n'est-il pas un problème plus important? Il ne faut pas oublier que beaucoup de gens ont des emplois qui ne leur offrent ni défis ni possibilité de développement personnel.

Ce qui importe lorsqu'on parle d'épuisement professionnel est la possibilité de se prendre en main et de contrôler sa situation, et quel est le système qui offre les meilleures chances d'y parvenir. Il y a quelque chose qui cloche lorsque des employés travaillent trop dur, et que des patrons exigent trop ou ont des attentes changeantes et imprécises. Les individus peuvent toujours commettre des erreurs, mais le capitalisme leur permet de mettre l'accent sur ce qu'ils considèrent important. Ils peuvent choisir de modifier leur situation en s'offrant plus de loisirs s'ils travaillent trop. Ils peuvent faire pression sur leur employeur pour obtenir de meilleures conditions de travail (par l'entremise d'un syndicat, par exemple) et l'employeur peut revoir les arrangements existants. Pour son propre bien, il est possible de ne pas participer à certaines activités pour ne pas se sentir toujours dépendant des autres. Personne ne nous force à lire notre courrier électronique pendant les week-ends et il n'existe aucune loi nous obligeant à répondre au téléphone.

C'est la flexibilité de l'économie de marché, la capacité qu'elle nous donne d'agir autrement qu'en adoptant des solutions rigides et uniformes qui font qu'elle constitue le contexte idéal pour résoudre les problèmes. La pire situation est celle de travailleurs qui sentent qu'ils n'ont aucun pouvoir sur ce qu'ils font, qui n'ont aucun mot à dire sur le quand, le pourquoi et le comment de leurs tâches. C'est surtout le cas des emplois féminins dans la fonction publique en Suède, en particulier dans les secteurs de la santé et de l'éducation[1]. Les structures politiques et bureaucratiques font en sorte d'éloigner le pouvoir des lieux de travail et ne permettent aucune flexibilité. Les prises de décisions et les réformes de structures se font sans consultation du personnel. Comme les employés de ces secteurs n'ont traditionnellement eu qu'un seul employeur vers qui se tourner, celui-ci n'a jamais eu à se préoccuper de leurs besoins et de leurs intérêts. De larges pans de la main-d'œuvre féminine n'ont pas eu d'autre choix que de conserver des emplois à maigre salaire à cause de cette monopolisation de secteurs entiers par l'État. Lorsqu'une personne est stressée parce qu'elle a trop de responsabilités et de choix, elle peut toujours faire quelque chose pour réduire ce stress. Mais lorsque le stress est dû à un manque de pouvoir, il n'y a pas grand-chose à faire pour y remédier.

Le monopole de l'État a aussi pour effet que les employés du secteur public sont moins portés à dire ce qu'ils pensent, à proposer des changements ou à critiquer leurs supérieurs que les employés du secteur privé, même si, contrairement à ces derniers, leur droit de le faire est protégé par la Constitution. Parce qu'ils n'ont pas d'autres options, ils sont sans défense. Les employés du secteur public national sont au moins deux fois plus nombreux que ceux du secteur privé à croire qu'ils mettront leur situation en péril au travail s'ils expriment des critiques. Les employés des administrations régionales sont presque deux fois plus nombreux à croire que leurs supérieurs ignorent leurs suggestions. C'est le cas pour 55% des médecins qui travaillent dans le secteur public, contre 15% des travailleurs en usine. Vingt-sept pour cent des enseignants des écoles publiques sont persuadés qu'ils risquent des représailles s'ils critiquent ce qui se

1. Cette situation a de nouveau été confirmée par l'institut de sondages Sifo, le 13 février 2001.

2. Gunnar Aronsson et Klas Gustafsson, 1999.

passe dans leur milieu de travail, contre 1 % des travailleurs en usine[2].

## *« Big is beautiful »*

Selon les militants antimondialisation, ce sont les compagnies multinationales qui causent le nivellement par le bas. En déménageant dans les pays en développement et en profitant des normes légales moins sévères qui leur permettent d'exploiter les pauvres de ces pays, elles font beaucoup d'argent et elles forcent les autres gouvernements à adopter des politiques plus laxistes. Dans cette perspective, les tarifs douaniers et les barrières aux investissements étrangers sont perçus comme des actions défensives, comme une protection contre un pouvoir sans scrupule qui ne cherche qu'à faire des bénéfices exorbitants aux dépens de la population. Ne pas y avoir recours, c'est envisager une situation épouvantable où d'énormes multinationales contrôleront le monde entier, sans se soucier de ce que les gens pensent ou veulent. On répète comme une litanie le fait que 51 des 100 principales entités économiques mondiales sont des entreprises. Ce dont il faudrait se préoccuper n'est toutefois pas la croissance rapide de nombreuses entreprises, mais bien le fait qu'il n'y ait pas plus d'économies nationales qui font de même. Les grosses entreprises permettent de créer d'importantes économies d'échelle et l'on ne doit pas craindre leur présence tant qu'elles sont exposées à la menace de concurrents, dans le cas où elles mettent sur le marché des produits de qualité inférieure ou trop chers. Ce n'est pas la taille qu'il faut craindre, mais une situation de monopole.

On affirme souvent que le libre-échange donne plus de pouvoir aux entreprises. Les entreprises, dans une société libérale, n'ont cependant aucun pouvoir de coercition. Le pouvoir étatique est, lui, fondé sur un pouvoir de coercition, que la police fait respecter en dernier recours. Le pouvoir qu'ont les entreprises de faire travailler les gens pour eux, ou de les faire payer pour leurs produits, dépend uniquement de leur capacité d'offrir quelque chose que les gens veulent, un emploi ou des produits. Même si vous avez dû accepter un emploi pour survivre, l'employeur ne vous a pas forcé à le faire et n'a pas rendu votre situation pire qu'elle était. Au contraire, il vous a offert une alternative préférable à la situation désespérée dans laquelle vous étiez. Les entreprises peuvent évidemment provoquer des dommages importants, lorsqu'elles ferment une usine dans une petite communauté par exemple, mais dans ce cas, elles ne font que retirer un bénéfice qu'elles avaient auparavant procuré.

Ce qui se produit à l'ère de la mondialisation n'est pas que les compagnies acquièrent plus de pouvoir grâce au libre-échange, car elles avaient beaucoup plus de pouvoir – et en ont toujours – dans les pays dominés par une dictature et dans les économies dirigées. Les entreprises puissantes ont toujours réussi à contourner l'intérêt public en s'associant aux hommes de pouvoir et en frayant avec eux dans les mondanités. Ils ont pu se protéger en obtenant des droits de monopole, des tarifs douaniers et des subventions par un simple coup de fil aux chefs politiques. Le libre-échange a permis de les exposer à la concurrence internationale. Ce sont d'abord les consommateurs qui ont été libérés et qui peuvent maintenant choisir les produits qu'ils désirent, même s'ils viennent de l'étranger, et rejeter ceux des compagnies qui ne font aucun effort pour les satisfaire.

Les histoires d'horreur de compagnies qui contrôlent *de facto* le gouvernement d'une région ou d'un pays réfèrent toujours à des endroits où il n'y a pas de compétition. Les gens qui vivent isolés dans un petit village ou un pays fermé sur l'étranger dépendent des entreprises qui sont déjà sur place et sont forcés d'acheter ce qu'elles offrent aux prix qu'elles demandent. Une petite clique s'enrichit ainsi aux dépens des consommateurs. On accuse parfois le capitalisme d'avoir créé des monopoles et des fiducies, d'énormes associations d'intérêts commerciaux qui s'imposent non pas en étant les meilleures mais en étant les plus grosses et en se soustrayant à la compétition. Mais ce n'est pas le capitalisme qui crée cette situation. Le libre-échange et la compétition sont les meilleures garanties que d'autres pourront pénétrer le marché et offrir une alternative si les entreprises dominantes méprisent leurs clients. Le fait que les premiers monopoles dans les sociétés industrialisées ne sont pas apparus dans la Grande-Bretagne du XIXe siècle, qui pratiquait une politique de quasi-laisser-aller, mais aux États-Unis et en Allemagne, qui se sont industrialisés plus tard et ont protégé leurs marchés avec des tarifs, est révélateur. Il y a déjà eu des monopoles de ce type en Suède. Le monopole du sucre est devenu très puissant à l'aube du XXe siècle, en conséquence directe de l'imposition de droits de douane élevés sur ce produit. Il survit aujourd'hui grâce aux tarifs de l'Union européenne, qui font en sorte que le prix du sucre y est 160 % plus élevé que sur les marchés mondiaux.

Ce sont en fait les capitalistes qui tirent le plus de bénéfices des monopoles et des privilèges exclusifs. Instaurer le libre-échange et une économie de marché est une façon de leur enlever ces avantages et de les forcer à offrir les meilleurs produits et services en échange d'une partie de nos avoirs. Le libre-échange permet aux entreprises d'offrir à plus de consommateurs ce qu'ils veulent, mais il ne confère aucun pouvoir de coercition à qui que ce soit. La liberté dont jouit une entreprise dans une économie de marché est la même que celle qu'a le serveur d'offrir le menu au client dans un restaurant. D'autres serveurs dans d'autres restaurants – y compris des étrangers ! – ont la liberté d'offrir des menus concurrents. Le perdant dans une telle situation, s'il y en a un, est celui qui détenait un monopole et qui servait tout le monde.

Rien ne force les gens à accepter de nouveaux produits. Si ceux-ci se vendent, c'est parce qu'ils répondent à un besoin réel. Même les plus grosses compagnies ne survivent que par le bon vouloir de leurs clients et disparaîtraient immédiatement si elles cessaient de les satisfaire. La méga entreprise Coca-Cola a dû adapter la recette de ses boissons dans différentes régions du monde pour se conformer aux goûts locaux. McDonald's vend des hamburgers à la viande de mouton en Inde, au teriyaki au Japon et au saumon en Norvège. Le magnat de la télévision Rupert Murdoch n'a pas réussi à lancer un canal qui couvre toute l'Asie, il doit donc lancer plusieurs canaux pour satisfaire des auditoires variés.

L'économie russe des années 1990, caractérisée par ses compagnies peu portées à rechercher le profit, ses marchés peu flexibles et un processus de restructuration industrielle au ralenti, ressemblait beaucoup à ce que souhaitent de nombreux critiques de l'économie de marché. Au lieu de véritablement les privatiser par une vente au plus offrant, le gouvernement a, en pratique, donné les entreprises publiques. Dans plusieurs cas, ce sont les gestionnaires et les employés qui en ont pris le contrôle, sans avoir à débourser quoi que ce soit, sans avoir à dégager de fonds par une modernisation de la production qui aurait rapporté plus de profits dans l'avenir. Une telle modernisation impliquerait des changements structurels majeurs et des mises à pied, ce qui serait pénible pour tous ceux qui travaillent dans ces entreprises. En conséquence, la modernisation du secteur privé se fait à pas de tortue et la croissance traîne. Au lieu de cela, beaucoup, parmi les nouveaux gestionnaires, pigent dans les avoirs des compagnies. Plusieurs de ces entreprises sont tombées sous la coupe de gens qui avaient de très bons contacts dans les milieux politiques – les oligarques, comme on les appelle. Ils ont été beaucoup plus préoccupés par l'agrandissement de leur sphère d'influence et par le pillage des compagnies qu'ils contrôlent que par leur développement, comme c'est le cas d'investisseurs qui risquent leur propre argent dans divers projets. Il est par ailleurs difficile pour les nouveaux entrepreneurs et les étrangers de concurrencer ces vieilles entreprises parce que les entreprises russes sont assujetties à une multitude de tarifs douaniers, d'obligations d'enregistrement, de réglementations complexes et arbitraires, en plus d'être mal protégées par la loi et de subir une corruption omniprésente. Après la mise en place d'un certain nombre de mesures de libéralisation, en 1992, le processus semble plutôt s'être renversé. Aussi paradoxal que cela puisse paraître, le manque de liberté qui affecte la plupart des entreprises en Russie se traduit par une grande liberté d'action pour quelques grosses compagnies qui jouissent de bons contacts dans les milieux politiques[1].

1. Andrei Illarionov, 2000.

Dans un contexte de libre concurrence, les entreprises ne peuvent grossir et accroître leurs parts de marché qu'en offrant de meilleurs produits et services, et elles ne peuvent opérer sur les marchés internationaux qu'en conservant un niveau de productivité supérieur à la moyenne. Celles qui échouent font rapidement faillite ou sont rachetées par d'autres qui peuvent utiliser à meilleur escient leur capital, leurs bureaux, leur machinerie et leurs employés. Le capitalisme est dur pour ceux qui offrent des produits et services trop chers, démodés ou de mauvaise qualité. Il n'existe aucune raison de penser que les compagnies établies depuis longtemps continueront à grossir jusqu'à ce qu'elles deviennent indépendantes des marchés. Ce qui s'est passé dans le pays le plus capitaliste du monde, les États-Unis, indique exactement l'inverse. Depuis les années 1930, les critiques de l'économie de marché nous mettent sans cesse en garde contre les risques de domination des grosses entreprises. Entre-temps, la part de marché des 25 plus grosses compagnies américaines n'a cessé de diminuer.

Dans ce cas, demanderont les militants antimondialisation, comment se fait-il que des compagnies puissent devenir plus grosses que des États ? Leur question s'appuiera sur l'un des chiffres les plus souvent cités dans ce débat, soit le fait que 51 des 100 principales entités économiques mondiales sont des entreprises. La question perd de sa pertinence lorsque l'on apprend que ce chiffre ne correspond pas du tout à la réalité. Il se fonde sur une comparaison entre le chiffre de vente des entreprises et le PIB des pays. Mais ces données ne sont pas comparables. Le calcul du PIB inclut seulement la valeur ajoutée de ce qui a été produit dans un pays, alors que le calcul des ventes d'une entreprise inclut la valeur que d'autres entreprises ont ajoutée aux produits qu'elle vend. Par exemple, une compagnie qui vend des maisons ne les a pas entièrement fabriquées elle-même, elle a acheté du matériel, des services et des assemblages pour la construire. Compter le prix de vente d'une maison sans y soustraire les dépenses implique qu'on calcule les mêmes choses plus d'une fois. Si on essaie plutôt de mesurer la valeur ajoutée par la compagnie elle-même, cela équivaut à environ 25 à 35 % des ventes.

On constate alors que seulement 37 des 100 plus grosses entités économiques dans le monde sont des compagnies, et qu'elles apparaissent au bas de la liste – on en retrouve seulement 2 dans les 50 premières. La perception selon laquelle de nombreuses compagnies sont plus grosses que des pays de taille moyenne s'effondre lorsqu'on se rend compte qu'un petit pays comme la Suède a une économie au moins deux fois plus grosse que la plus grosse compagnie du monde, Wal-Mart. L'économie française est plus de quinze fois plus grosse que ce géant, et l'économie américaine, cent fois. La taille de pratiquement tous les pays développés dépasse celle de n'importe quelle compagnie. Le PIB des 50 plus grosses compagnies équivaut à seulement 4,5 % du PIB des 50 plus gros pays[1].

Il est vrai que les compagnies ont généralement grossi en termes absolus depuis deux décennies, mais c'est aussi le cas de l'économie mondiale (un peu plus rapidement dans le cas de cette dernière). Ces données ne montrent aucunement que les compagnies sont devenues plus puissantes que les États. Elles ont au contraire diminué en importance comparativement aux pays nord-américains et est-asiatiques. Cela est révélateur, puisque ce sont justement ces régions qui ont ouvert leurs marchés et attiré les investissements étrangers. De cette façon, leur économie a crû plus rapidement que les entreprises qui s'y trouvaient. Au même moment, la taille des économies fermées qui n'ont pas accueilli d'investissements étrangers (celles d'Afrique, par exemple) a diminué par rapport aux compagnies. On constate donc que la liberté de commercer et d'investir ne mène pas à une croissance des compagnies plus rapide que celle des États. Paradoxalement, c'est l'absence de mondialisation qui entraîne ce phénomène.

Le développement de marchés financiers plus libres et efficaces, qui permettent d'allouer le capital aux nouveaux entrepreneurs qui proposent des idées novatrices, a aidé les firmes de taille modeste à concurrencer les grosses entreprises. Les

1. Paul De Grauwe et Filip Camerman, 2002.

avancées récentes dans les technologies de l'information leur ont rendu la vie encore plus facile. De 1980 à 1993, les 500 compagnies américaines les plus importantes ont vu leur part de l'emploi total diminuer de 16 à 11,3 %. Même en utilisant l'indicateur douteux souvent cité par les critiques de la mondialisation, soit la valeur de leurs ventes par rapport au PIB, on constate la même évolution. Cette proportion a diminué presque de moitié en seulement treize ans ; elle est passée de 59,3 à 36,1 %. Pendant cette même période, le nombre moyen d'employés dans les firmes américaines est passé de 16,5 à 14,8 personnes, et la proportion de la population travaillant dans des firmes comprenant plus de 250 employés est passée de 37 à 29 % [1].

Presque tout indique que la place dominante des grandes entreprises diminue dans un marché libre au profit d'une multitude d'entreprises plus flexibles. La moitié des compagnies qui opèrent aujourd'hui sur les marchés internationaux ont moins de 250 employés. Plusieurs, parmi les plus importantes, se font dépasser par des compétiteurs. Sur la liste des 500 plus grosses compagnies américaines de 1980, le tiers avaient déjà disparu en 1990, et un autre 40 % n'y étaient plus cinq ans plus tard. Dans certains domaines qui demandent une très forte concentration de capital, comme l'industrie pharmaceutique, la construction automobile et l'aérospatiale, la taille est déterminante à cause des coûts élevés qu'exige le développement de nouveaux produits. Les énormes fusions qui se produisent dans ces secteurs révèlent non pas le pouvoir qu'ont les compagnies sur les consommateurs, mais le fait qu'elles ne pourront survivre autrement. Les marques de produits les plus connues sont imprimées dans nos esprits de façon indélébile, mais nous oublions trop vite qu'elles sont constamment rejointes par de nouvelles et que certaines de leurs plus vieilles rivales quittent la scène. Qui se souvient que le géant mondial des téléphones portables, Nokia, n'était il y a quelques années qu'une petite compagnie manufacturière finlandaise qui fabriquait des pneus de voiture et des bottes ?

1. James Rolph Edwards, 2001.

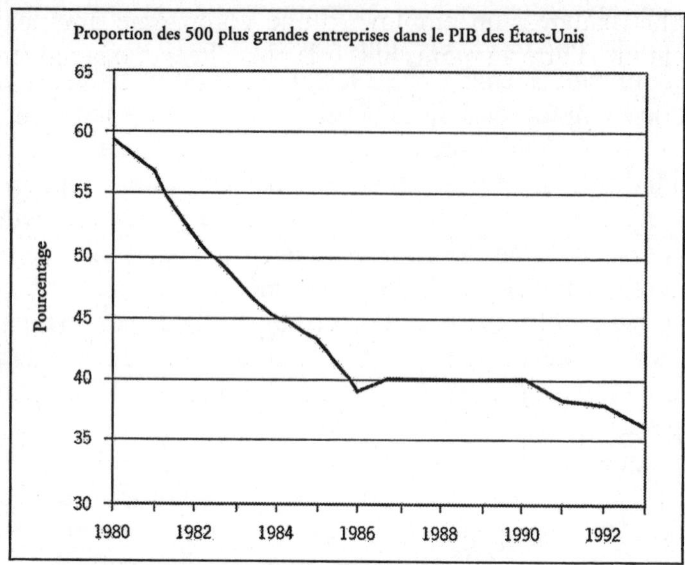


**Les grandes entreprises deviennent moins dominantes**
Source : James Rolph Edwards, 2001.

Les nouvelles compagnies qui se lancent sur le marché dans d'autres pays n'auraient aucun client si personne ne voulait faire affaire avec elles, et aucun employé si elles n'offraient pas de bonnes conditions de travail. Parce qu'elles sont plus productives que d'autres, leurs produits sont moins chers. Par conséquent, leurs employés valent relativement plus et elles sont prêtes à les payer plus pour leur travail et à leur offrir de meilleures conditions. Cela devient parfaitement évident lorsqu'on compare les conditions de travail des employés d'usines appartenant à des compagnies américaines à celles des travailleurs dans le même pays en développement. Les critiques notent, avec justesse, que les travailleurs, dans les pays du tiers-monde, ont des conditions inférieures à celles dont nous jouissons dans les pays riches, mais la comparaison est injuste parce que notre productivité est beaucoup plus élevée. La comparaison qui offre le plus d'intérêt, celle qui nous permet de juger si la présence de firmes étrangères dans un pays en développement est une bonne chose ou non, se fait entre les travailleurs d'un même pays. Dans les pays en développement les plus pauvres, un employé d'une compagnie américaine obtient un salaire au moins huit fois plus élevé que la moyenne nationale ! Dans les pays à revenus moyens, un employeur américain paie ses employés trois fois plus que la moyenne nationale. Même en comparaison avec des emplois correspondants dans les secteurs industriels les plus modernes du même pays, une multinationale paie généralement des salaires 30 % plus élevés. Les firmes étrangères dans les pays les moins développés offrent des salaires en moyenne deux fois plus élevés que ceux des compagnies locales similaires. Les marxistes prétendent que les multinationales exploitent les pauvres travailleurs, mais si cela se traduit par des revenus plusieurs fois supérieurs, l'exploitation est sûrement la meilleure alternative !

Les mêmes écarts sont observés sur le plan des conditions de travail. L'Organisation internationale du travail (OIT) a montré que ce sont les multinationales, en particulier dans les industries de la chaussure et du textile, qui sont à l'avant-garde dans l'établissement de meilleures conditions de travail et l'aménagement de lieux de travail plus agréables. La compagnie d'équipements sportifs Nike a longtemps été vilipendée par les militants antimondialisation à cause des standards médiocres dans les manufactures de ses fournisseurs au tiers-monde. La vérité est que Nike est l'une des compagnies qui offrent les meilleures conditions à ses employés, pas par générosité mais pour augmenter ses profits. Les compagnies dont la productivité est plus élevée peuvent offrir de meilleurs salaires, et elles veulent se montrer sensibles à l'opinion publique. Nike a donc demandé à ses fournisseurs d'instaurer des standards plus élevés sur leurs lieux de travail, et les autres compagnies locales n'ont eu d'autre choix que de suivre la tendance.

Zhou Latai, un des avocats du travail les plus connus en Chine et qui représente des travailleurs ayant subi des blessures, note que ce sont les consommateurs occidentaux qui sont responsables de l'amélioration des conditions de travail dans son pays parce qu'ils incitent Nike, Reebok et d'autres compagnies à relever leurs standards. « Si Nike et Reebok s'en vont, affirme-t-il – et il croit que cela arrivera peut-être si la

Chine n'obtient pas le libre-échange grâce à l'OMC –, cette pression disparaîtra. Cela paraît évident[1]. »

Lorsque les multinationales habituent leurs travailleurs à recevoir de meilleurs salaires et à travailler dans des usines plus propres, mieux éclairées et sans machinerie dangereuse, elles augmentent les standards auxquels tout le monde s'attend généralement. Les firmes locales n'ont alors pas le choix d'améliorer leurs conditions, sinon personne ne voudra travailler pour elles. Cette tendance est plus facile à quantifier en observant les salaires courants dans les pays du tiers-monde qui, comme on l'a mentionné plus haut, sont passés de 10 à 30 % du salaire américain moyen au cours des quarante dernières années.

Nike s'est assuré que ses sous-traitants se soumettaient aussi à une inspection impartiale. Des entrevues systématiques effectuées sous le couvert de l'anonymat par la Global Alliance for Workers and Communities avec des employés montrent qu'il existe toujours des raisons de se plaindre, mais surtout que les employés sont heureux de travailler et qu'ils considèrent qu'ils ont un bon emploi. Dans les manufactures indonésiennes, 70 % des employés avaient dû déménager pour obtenir leur emploi, et les trois quarts étaient satisfaits de leurs relations avec leurs supérieurs et avaient l'impression qu'ils pouvaient mettre en avant des idées et des suggestions. Cette proportion est la même que celle des employés du gouvernement suédois qui se sentent libres de communiquer leurs points de vue à leur employeur, ce qui met les réponses en perspective, même si les situations sont tout à fait différentes. Dans les manufactures vietnamiennes, 85 % des employés souhaitaient continuer à travailler au même endroit pour au moins trois ans, et la même proportion se sentait en sécurité sur les lieux de travail et avec la machinerie. Quant aux travailleurs des manufactures thaïlandaises, seulement 3 % d'entre eux avaient l'impression d'avoir de mauvais rapports avec leur employeur, et 72 % se considéraient bien payés. La fourniture par les compagnies de médicaments gratuits, de soins de santé, de vêtements, de nourriture et de transport pour leurs employés était particulièrement appréciée.

---

1. Aaron Lukas, 2000, p. 6.

L'un des rares commentateurs occidentaux qui aient pris la peine de visiter les manufactures des sous-traitants de Nike en Asie pour savoir de quoi il retournait est Linda Lim, de l'Université du Michigan. Elle rapporte qu'au Viêtnam, où le salaire minimum annuel est de 134 $, les travailleurs de Nike en reçoivent 670. En Indonésie, où le salaire minimum est de 241 $, les sous-traitants de Nike paient leurs employés 720 $[1]. Encore une fois, il est crucial de garder à l'esprit que ces conditions ne doivent pas être comparées avec les nôtres mais avec les alternatives possibles pour ces gens. Si, à la suite de boycotts et de barrières tarifaires, Nike devait cesser sa production dans ces pays, les sous-traitants fermeraient leurs portes et leurs employés se retrouveraient sans emploi ou seraient forcés de travailler à des salaires plus bas et moins assurés, dans des industries locales ou dans le secteur de l'agriculture.

De nombreux pays en développement ont ce qu'on appelle des «zones franches d'exportation», où les compagnies peuvent s'installer et bénéficier de conditions fiscales et d'une réglementation commerciale avantageuses. Les militants antimondialisation dénoncent ces zones comme étant libres de pratiquer l'esclavage et de faire travailler les gens dans des conditions inhumaines. Il y a certainement des abus et des scandales à certains endroits, et des mesures vigoureuses devraient être prises pour y mettre fin. En général, cela survient dans des pays pauvres et dominés par des dictatures, et le problème n'est pas que la liberté est «allée trop loin», mais qu'elle n'a jamais pu s'établir. Dans son livre *No Logo*, qui est rapidement devenu populaire dans les cercles antimondialisation, l'activiste canadienne Naomi Klein prétend que les compagnies occidentales ont créé d'horribles conditions de travail dans ces zones franches, mais elle ne présente ni preuve ni démonstration à l'appui. Elle a seulement entendu quelques rumeurs concernant des mauvaises conditions dans une zone

---

1. On peut consulter ce rapport sur le site www.theglobalalliance.org. Au sujet de Linda Lim, voir Liza Featherstone et Doug Henwood, 2001. Sur la question des employés du gouvernement suédois, voir Gunnar Aronsson et Klas Gustafsson, 1999.

d'exportation aux Philippines, et admet qu'elle y est allée parce qu'elle comptait parmi les pires. Dans le portrait qu'a fait l'OCDE de ces zones franches, ce qui ressortait était qu'elles offraient un grand nombre d'occasions d'emplois pour les pauvres et que les salaires y étaient plus élevés que dans le reste du pays. Dans la grande majorité des quelque mille petites zones, les lois du travail qui s'appliquent sont les mêmes que celles qui sont en vigueur dans le reste du pays. Par ailleurs, de plus en plus de zones franches constatent que la main-d'œuvre à bon marché n'est pas le seul élément qui compte pour devenir compétitif, et elles encouragent les compagnies à investir dans l'éducation et la formation de leurs travailleurs. Dans la même étude, l'OCDE notait qu'il existe une relation positive entre l'existence de droits fondamentaux pour les travailleurs (prohibition de l'esclavage et des mauvais traitements, liberté de négocier et de former des associations syndicales) et des investissements et une croissance supérieurs[1].

Ce sont surtout les multinationales qui, grâce à leur taille, ont les moyens de financer la recherche et les projets à long terme. Selon l'OCDE, ces compagnies réinvestissent environ 90 % de leurs profits dans les pays où elles opèrent. Se plaindre de la présence des multinationales signifie se plaindre des salaires plus attrayants, des prix plus bas et d'une plus grande prospérité. Ces entreprises sont les *leaders* internationaux du développement économique et elles n'offrent pas de meilleures conditions uniquement dans les pays en développement. Les compagnies étrangères installées aux États-Unis paient des salaires d'environ 6 % plus élevés que les compagnies américaines et leur main-d'œuvre croît deux fois plus rapidement. Ces entreprises étrangères financent 12 % de la R & D aux États-Unis et rien de moins que 40 % au Royaume-Uni[2].

Il ne s'agit pas de prétendre que toutes ces compagnies sont vertueuses, pas plus que tous les individus ne le sont. Il existe des crapules parmi les entrepreneurs, comme chez les politiciens et les vedettes. On peut trouver des cas de compagnies

1. OCDE, 2000.
2. « Foreign Friends », *The Economist*, 8 janvier 2000 ; OCDE, 1998.

qui maltraitent leurs employés, la population ou l'environnement. Dans les industries qui font l'extraction des matières premières tout particulièrement, on observe une tendance à bien s'entendre avec les régimes où l'entreprise opère, sans égard à leur nature dictatoriale ou oppressive. Autrement, les entreprises se verraient refuser la permission d'opérer dans ce pays. Mais que certaines compagnies se comportent moins bien que d'autres n'est pas une raison pour interdire toutes les grandes entreprises ou les empêcher d'investir, pas plus qu'on ne rejette tous les immigrants parce que certains sont des criminels, ou qu'on abolit tous les corps de police à cause de la brutalité policière qui fait parfois les manchettes. La solution est plutôt de poursuivre en justice les compagnies qui contreviennent à la loi et de critiquer ou boycotter celles qui n'ont pas une conduite appropriée.

Les régimes qui autorisent ou même encouragent des firmes à agir de façon irresponsable constituent un important problème en soi. On doit distinguer ce que fait le gouvernement de ce que fait l'entreprise privée. Le gouvernement doit mettre en place un cadre réglementaire, et les compagnies doivent produire et commercer de la façon la plus appropriée à l'intérieur de celui-ci. Lorsque les compagnies se conforment à un mauvais cadre réglementaire, la solution est de le modifier et de critiquer les compagnies, pas de freiner l'activité entrepreneuriale elle-même. La solution ultime est la démocratisation du gouvernement et la mise en place d'un cadre juridique qui garantit que la liberté de l'un se termine là où commence celle de l'autre.

La présence de compagnies multinationales dans des pays où sévit un régime oppressif aide souvent à accélérer le cheminement vers une plus grande démocratie, parce que ces compagnies sont sensibles à l'opinion des consommateurs occidentaux, qui influencent directement leurs ventes. Il peut s'avérer plus facile d'influencer la politique nigériane en boycottant Shell qu'en essayant d'exercer directement des pressions sur le gouvernement du Nigeria. C'est en fait le message sous-jacent au livre de Naomi Klein. Elle note que les grandes entreprises ont tenté, pendant des décennies, de constituer une aura positive autour de leurs marques de commerce en utilisant la publicité et en comptant sur la bienveillance des gens. Mais elles se sont par le fait même tiré dans le pied. Les marques de commerce, très sensibles à la publicité négative, sont leur principal atout. Une compagnie peut prendre des dizaines d'années à peaufiner son image de marque, mais des activistes peuvent réussir à la détruire en quelques semaines. Naomi Klein devrait utiliser cet argument en faveur du capitalisme et non contre lui, parce qu'il s'agit d'un bon moyen de faire pression sur les géants économiques s'ils agissent mal. Monsieur Dupont, que vous rencontrez une seule fois dans la rue, peut bien vous escroquer ; vous ne le reverrez sans doute jamais. Pour survivre, les grosses compagnies qui souhaitent protéger leurs marques de commerce doivent bien se comporter. Elles doivent offrir des produits sécuritaires et de qualité et bien traiter leurs employés, leurs clients et l'environnement, pour que les gens continuent de leur faire confiance. De la publicité négative peut en effet entraîner de lourdes pertes[1].

Le magazine *The Economist* a également mis en lumière le fait que le sens éthique dont font preuve les entreprises est souvent supérieur à celui des gouvernements. La plupart des entreprises se donnent des lignes directrices pour s'occuper des questions de harcèlement sexuel ou de problèmes environnementaux, même dans les pays où ces expressions ne font pas partie du vocabulaire local. La plupart se débarrasseraient immédiatement du président de leur conseil d'administration s'il était impliqué dans une affaire de corruption, comme l'ex-chancelier allemand Helmut Kohl, ou des aventures sexuelles et des combines financières suspectes, comme l'ex-président américain Bill Clinton. Pourtant, ces derniers sont restés à la

---

1. Naomi Klein, 2000. Mme Klein trouve répugnant que les firmes exploitent le sentiment d'appartenance et le besoin qu'ont les gens de s'identifier à un groupe. Mais si ce besoin est essentiel, il est sûrement préférable que les gens puissent avoir le choix entre différentes marques de commerce au lieu de se voir imposer une identité héritée de leurs ancêtres. Je préfère voir des gens se disputer au sujet des mérites d'un Mac ou d'un PC plutôt que sur la supériorité de la race blanche ou de la race noire. C'est justement parce que c'est une question triviale qu'il vaut mieux se sentir supérieur parce qu'on a des chaussures Adidas plutôt que parce qu'on est hétérosexuel.

tête de deux des pays les plus démocratiques et les plus stables d'Occident[1].

L'industrie du textile au Bangladesh est un bon exemple d'entreprises étrangères qui transfèrent un savoir et de nouvelles idées pouvant révolutionner l'économie locale. Au cours des années 1970, un entrepreneur local, Noorul Quader, s'est associé à la compagnie sud-coréenne Daewoo. Cette dernière lui a vendu des machines à coudre et a formé ses employés. Lorsque sa compagnie a lancé ses activités au Bangladesh, Daewoo lui a apporté un soutien pendant un an en le conseillant sur le marketing et de nouvelles méthodes de production, en échange de 8 % de ses bénéfices. La production débuta en 1980 avec 130 employés formés et deux ingénieurs sud-coréens. Les autorités du pays acceptèrent de considérer l'usine comme un îlot de libre-échange dans une économie protégée, et les consommateurs étrangers purent acheter ses produits sans payer les tarifs à l'exportation habituels. La production doubla pratiquement chaque année et en 1987, la compagnie produisait déjà 2,3 millions de chandails, pour une valeur de 5,3 millions de dollars. Entretemps, 114 des 130 employés originaux avaient lancé leur propre firme. Le Bangladesh, qui jusqu'à présent n'avait aucune entreprise exportatrice de vêtements, en comptait soudainement 700. Il y en a trois fois plus aujourd'hui, ce qui fait de la production de vêtements la principale industrie du pays, comptant pour 60 % de ses exportations. Les manufactures emploient plus de 1,2 million de personnes, dont 90 % de femmes qui ont quitté une région rurale très pauvre pour trouver un emploi plus stable et mieux payé. Cinq autres millions de personnes travaillent dans l'industrie dans son ensemble. Même si les conditions de travail sont mauvaises, cela a entraîné de nouvelles perspectives d'avancement et des salaires plus élevés, y compris dans les secteurs d'activités traditionnelles, qui doivent maintenant faire plus d'efforts pour attirer des travailleurs[2].

1. « The world's view of multinationals », *The Economist*, 27 janvier 2000. Même un commentateur critique comme Björn Elmbrant soutient que les choses n'empirent pas lorsqu'on observe les entreprises du monde, « mais plutôt que la poursuite de leurs activités est de plus en plus dépendante d'une gestion responsable » (Björn Elmbrant, 2000, p. 79).
2. Clive Crook, 1993.

*Le capitalisme protège la nature*

Même si la présence de multinationales et le libre-échange s'avèrent des contributions positives au développement et à l'établissement des droits de la personne dans le tiers-monde, il reste une autre objection, qui est que l'environnement est le grand perdant. Les usines des pays riches peuvent déménager dans des pays plus pauvres sans législation environnementale, ce qui suscite une pollution plus élevée dans ces derniers. Il faut ajouter que cette concurrence plus soutenue pousse les pays occidentaux à diluer leurs propres standards pour rester compétitifs. Les militants antimondialisation ont l'habitude d'illustrer cette thèse avec le vieil exemple de l'usine qui s'établit du côté de la frontière où elle peut le plus facilement polluer. Ce point de vue particulièrement pessimiste implique que lorsque les gens ont de meilleures opportunités de développement, plus de ressources et des technologies plus avancées, ils les utilisent pour abuser de la nature. Y a-t-il nécessairement une opposition entre le développement économique et la protection de l'environnement ?

Cette thèse est en fait aussi fallacieuse que l'idée selon laquelle la mondialisation entraîne un nivellement par le bas. Elle n'a rien à voir avec la réalité. On n'observe aucun exode de l'industrie vers les pays où les normes environnementales sont limitées, et il n'existe aucune pression à la baisse sur les législations environnementales dans le monde. Mais l'inverse est vrai. La plupart des investissements américains et suédois se retrouvent dans des pays où les normes sont semblables à celles de leur pays. On a beaucoup parlé du déménagement d'usines américaines vers le Mexique après l'entrée en vigueur de l'Accord de libre-échange nord-américain, mais ce qu'on dit moins est que, depuis cet accord, le Mexique a resserré ses normes environnementales après avoir complètement ignoré la question pendant toute son histoire. Cette évolution s'insère dans une tendance à l'échelle mondiale. Partout dans le monde, le progrès économique se manifeste en parallèle avec l'intensification de la protection environnementale. Selon quatre chercheurs qui ont étudié ce lien, « on constate une corrélation positive très forte entre les indicateurs [environnementaux] et le niveau de développement économique ». Les pays très pauvres n'ont pas les moyens de se préoccuper de l'état de l'environnement. Ils commencent habituellement à le faire dès qu'ils en ont la chance. Dès qu'ils sont suffisamment riches, ils commencent par réglementer les rejets polluants dans les cours d'eau, puis ils cherchent à contrôler la qualité de l'air lorsqu'ils ont plus de moyens[1].

Un certain nombre de facteurs expliquent pourquoi la protection de l'environnement s'accroît avec la prospérité et le niveau de développement. Il est difficile de donner la priorité à un environnement sain lorsqu'on sait à peine comment on va se procurer son prochain repas. La lutte pour atténuer la misère et la faim passe avant la conservation de la nature. C'est seulement lorsque notre niveau de vie augmente que nous commençons à accorder de l'importance à l'environnement et aux moyens de l'améliorer. L'Europe est passée par cette étape, et les pays en développement y sont aujourd'hui. Pour y arriver, les gens doivent pouvoir s'exprimer et mobiliser l'opinion publique dans un contexte démocratique, sinon leurs préférences ne pourront se concrétiser dans la réalité. Le saccage de l'environnement est pire sous les dictatures, mais c'est la prospérité et la mentalité des habitants qui font qu'il est plus facile de protéger l'environnement dans une société riche. Un pays riche a les moyens de s'attaquer aux problèmes écologiques ; il peut développer des techniques qui aident à réduire la pollution – des filtres non pollueurs ou des méthodes de traitement des eaux usées, par exemple – et nettoyer les dégâts déjà faits.

1. Susmita Dasgupta, Ashoka Mody, Subhendu Roy et David Wheeler, 1995.

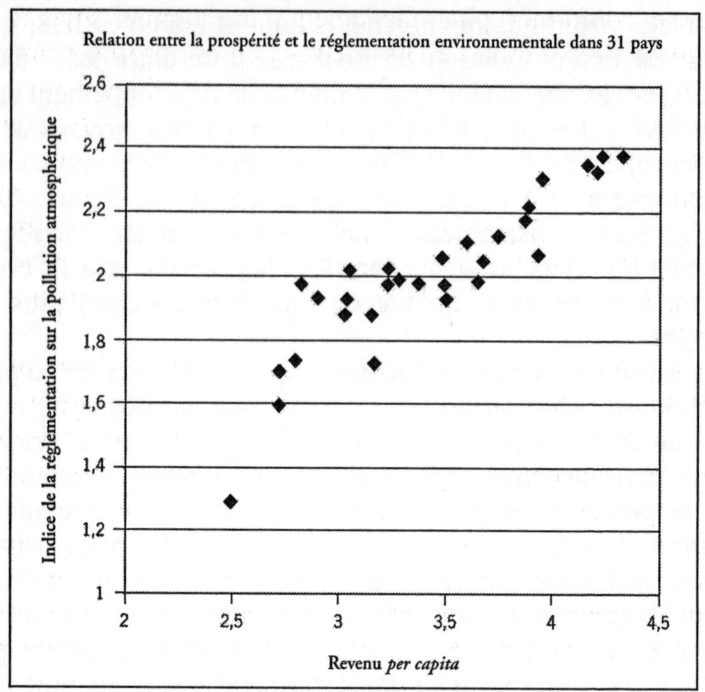


**La réglementation environnementale augmente avec la prospérité**
Source : Susmita Dasgupta, Ashoka Mody, Subhendu Roy et David Wheeler, 1995

La gestion des problèmes environnementaux à l'échelle mondiale ressemble moins à un nivellement par le bas qu'à l'« effet californien ». En 1970, la Californie introduisait sa loi sur la qualité de l'air (Clean Air Acts), loi qui a été resserrée à plusieurs reprises depuis. Les restrictions sévères sur l'émission de polluants ont forcé les compagnies automobiles à s'ajuster. De nombreux prophètes de malheur ont prédit que les compagnies et les usines déménageraient dans d'autres États et que la Californie allait bientôt être obligée de retirer sa loi. C'est l'inverse qui s'est produit. Les autres États ont graduellement resserré leurs propres normes environnementales parce que leurs compagnies ne pouvaient ignorer le riche marché californien. Tous les manufacturiers automobiles américains ont fait des efforts considérables pour développer des méthodes pour réduire les émissions polluantes. Ils ont ainsi pu se conformer plus facilement aux normes sévères en vigueur dans d'autres États. Ceux-ci en ont profité pour resserrer leur réglementation. Le mouvement antimondialisation prétend que la recherche du profit et le libre-échange incitent les entreprises à entraîner les politiciens dans une course vers le plus petit dénominateur commun en matière de normes environnementales. L'effet californien prouve le contraire : la recherche du profit et le libre-échange permettent aux politiciens d'entraîner les entreprises avec eux dans la poursuite de standards toujours plus élevés.

Une explication à cela est que la protection de l'environnement ne compte que pour une très faible proportion des dépenses de la plupart des compagnies. Ce qu'elles recherchent est un environnement économique libéral propice à la croissance et une main-d'œuvre compétente, et non un environnement naturel en mauvais état. Une recension de la recherche sur le sujet conclut que rien ne permet de croire que l'existence de normes environnementales nationales mène à une diminution des exportations, ou que cela fait fuir des entreprises[1]. Ces données contredisent autant les arguments des compagnies contre les normes environnementales que ceux des écologistes, qui prétendent que la mondialisation doit être freinée pour protéger l'environnement.

Des signes annonciateurs de l'effet californien peuvent être observés un peu partout dans le monde parce que la mondialisation a permis à différents pays d'adopter de nouvelles technologies plus rapidement et que celles-ci sont généralement moins dommageables pour l'environnement. Un groupe de chercheurs a enquêté sur les pratiques de l'industrie sidérurgique dans 50 pays. Ils ont conclu que les pays avec les économies les plus ouvertes ont été à l'avant-garde dans l'adoption de technologies moins polluantes, et que la production d'acier dans ces pays générait presque 20 % moins d'émissions polluantes qu'une production semblable dans les pays à l'économie fermée. Ce sont les compagnies multinationales qui poussent dans cette direction parce qu'elles ont intérêt à systématiser leur production en adoptant des techniques similaires.

1. Adam B. Jaffe, Steven R. Peterson, Paul R. Portney et Robert Stavins, 1995.

Leur restructuration étant plus rapide, elles utilisent de la machinerie plus moderne. Elles préfèrent aussi adopter les nouvelles technologies moins polluantes au lieu de modifier les machines à grands frais lorsque la loi finit par l'obliger.

Le Brésil, la Chine et le Mexique – les trois principaux pays receveurs d'investissements étrangers – illustrent sans ambiguïté l'effet des investissements sur l'environnement : plus ils en reçoivent, mieux ils arrivent à contrôler et à améliorer la qualité de l'air. Les pires cas de pollution atmosphérique ont régressé dans les villes au cours de la récente période de mondialisation des marchés. Lorsque des compagnies occidentales s'installent dans un pays en développement, leur production est beaucoup moins polluante que celle des usines locales, et elles ont plus tendance à se conformer aux normes environnementales, notamment parce qu'elles ont des images de marque à protéger. Seulement 30 % des compagnies indonésiennes se conforment aux législations environnementales de ce pays, alors que 80 % des multinationales qui y sont installées le font. Une compagnie étrangère sur dix applique des standards supérieurs à ceux qui sont en vigueur dans le pays. Cette évolution pourrait s'accentuer avec l'ouverture des économies, surtout si les gouvernements se décident enfin à éliminer les tarifs absurdes sur les technologies non polluantes[1].

On entend parfois des gens affirmer que, pour des raisons écologiques, il ne faudrait pas permettre aux pays pauvres du Sud de devenir aussi riches que ceux du Nord. Dans un article d'opinion publié par le quotidien *Dagens Nyheter*, l'archevêque K. G. Hammar et un groupe de porte-parole religieux affirment : « Si tout le monde devait atteindre le niveau de consommation que nous avons en Europe, les conséquences environnementales seraient dévastatrices[2]. »

Les études montrent pourtant qu'il s'agit d'une gigantesque méprise. C'est au contraire dans les pays en développement que l'on retrouve les problèmes environnementaux les plus aigus et les plus dommageables. Dans les pays riches, de plus

---

1. Sur les investissements et l'environnement : David Wheeler, 2000 ; sur la production sidérurgique : David Wheeler, M. Huq et P. Martin, 1993.
2. K. G. Hammar *et al.*, 2000.

en plus de gens se préoccupent de problèmes telle la préservation d'espaces verts. Chaque jour, dans les pays en développement, plus de 6 000 personnes meurent des conséquences de la pollution de l'air engendrée par l'utilisation de bois, de fumier et de déchets agricoles pour le chauffage et la cuisson dans leur maison. Le PNUD estime que pas moins de 2,2 millions de personnes meurent chaque année à cause de la pollution de l'air intérieur. Voilà des problèmes environnementaux qui ont *très concrètement* des « conséquences dévastatrices ». Forcer les gens à demeurer à ce niveau de développement signifie condamner chaque année des millions d'individus à une mort prématurée.

La pollution n'augmente pas avec la prospérité économique, elle évolue plutôt selon une courbe en U inversé. Lorsque la croissance augmente dans un pays très pauvre et que les cheminées se mettent à cracher de la fumée, la pollution augmente et l'environnement en souffre. Mais lorsque la prospérité a atteint un certain niveau, les indicateurs environnementaux indiquent une amélioration : les émissions polluantes diminuent, tout comme la concentration de polluants dans l'air et dans l'eau. Les villes où l'on retrouve les pires situations ne sont pas New York, Stockholm ou Zurich, mais México, New Delhi et Pékin. En plus des facteurs déjà mentionnés, il y a aussi le fait que la structure économique se modifie. Les industries qui dépendent fortement de l'utilisation de matières premières font place à d'autres, qui sont basées sur l'information et le savoir. Dans une économie moderne, les industries lourdes et polluantes sont remplacées par des entreprises de service. Les banques, les firmes de consultants et les compagnies spécialisées dans les technologies de l'information n'ont pas le même impact sur l'environnement que les vieilles usines.

Une étude ayant examiné à la loupe les données environnementales disponibles a déterminé que le tournant survient lorsque le PIB *per capita* d'un pays atteint 8 000 $. À partir de 10 000 $, les chercheurs ont constaté une corrélation positive entre la croissance et la qualité de l'air et de l'eau[1]. C'est

1. Gene M. Grossman et Alan B. Krueger, 1994 ; Marian Radetzki, 2001.

à peu près le niveau de prospérité où se trouvent l'Argentine, la Corée du Sud et la Slovénie. Dans les pays nordiques, il se situe entre 20 000 et 30 000 $. Là aussi, l'état de l'environnement s'est constamment amélioré depuis les années 1970, contrairement à l'image véhiculée par les médias. Dans les années 1970, on mentionnait régulièrement la présence de smog dans les villes américaines, et avec raison, puisque l'air était jugé malsain de 100 à 300 jours par année. Aujourd'hui, cela survient moins de 10 jours par année, sauf à Los Angeles, où le smog apparaît environ 80 jours par année. Même dans cette ville, ce chiffre représente une réduction de 50 % en dix ans[1]. La même tendance s'observe ailleurs dans le monde industrialisé – à Tokyo, par exemple, où, il y a quelques décennies, les pessimistes prédisaient qu'il faudrait un jour porter des masques à oxygène partout dans la ville.

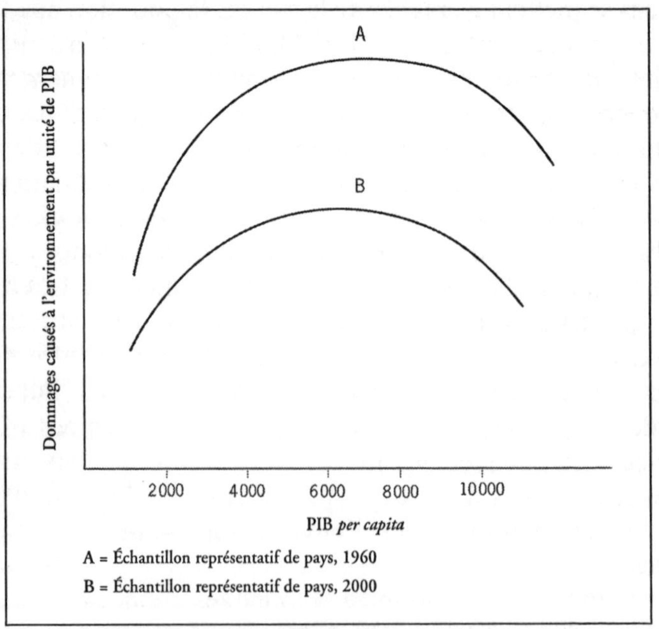


**La prospérité est bénéfique pour l'environnement**
Source : Banque mondiale, 2000

1. Stephen Moore et Julian Simon, 2000, section XIV.

Outre ses autres effets positifs sur les habitants du tiers-monde (comme la diminution de la famine et de la mortalité infantile), la prospérité a pour effet de contribuer à la qualité de l'environnement à partir d'un certain stade. Ce tournant arrive de plus en plus tôt parce que les pays en développement peuvent apprendre des erreurs des pays riches et se servir de leurs technologies supérieures. Par exemple, la qualité de l'air dans les énormes villes de Chine, qui sont les plus polluées du monde, s'est stabilisée depuis le milieu des années 1980 et a commencé à s'améliorer lentement dans certains cas. Cela a coïncidé avec une croissance exceptionnellement rapide.

Il y a quelques années, le statisticien danois Bjørn Lomborg, un membre de l'organisme Greenpeace, dirigeait le travail de recherche d'une dizaine d'étudiants visant à compiler des statistiques et des faits sur les problèmes environnementaux de la planète. À son grand étonnement, il découvrit que ce qu'il avait lui-même cru évident jusque-là, soit que l'environnement mondial s'était continuellement détérioré, ne correspondait pas du tout aux données empiriques officielles. Au contraire, la pollution de l'air est en voie de résorption, les problèmes de rejet des déchets sont moins aigus, les ressources naturelles ne sont pas en train de disparaître, plus de gens mangent à leur faim et les gens vivent plus longtemps. Lomborg a réuni des données dans autant de domaines qu'il a pu trouver et les a publiées dans un livre, *The Skeptical Environmentalist : Measuring the Real State of the World*. L'image du monde qui en émerge est un excellent antidote au discours catastrophiste que véhiculent les manchettes des journaux.

Lomborg montre que la pollution de l'air et les émissions de particules polluantes sont à la baisse dans les pays développés depuis quelques dizaines d'années. Les émissions de métaux lourds ont fortement diminué, celles d'oxydes de nitrogène ont baissé de 30 % et celles de soufre d'environ 80 %. Ces émissions sont toujours en hausse dans les pays en développement, mais si l'on observe la situation globalement, la densité des particules polluantes a diminué de 2 % en seulement quatorze ans. Dans le monde industrialisé, les rejets de phosphore dans l'océan ont diminué de façon draconienne et la concentration de bactérie E. Coli dans les eaux littorales a chuté, permettant la baignade là où elle était interdite. (Aujourd'hui, on peut se baigner en sécurité et manger du poisson pêché en plein cœur de Stockholm. On ne peut pas dire la même chose de beaucoup de villes du tiers-monde.)

Lomborg explique aussi que le couvert forestier de la planète, loin d'être en voie de disparition, est passé de 40,24 à 43,04 millions de kilomètres carrés de 1950 à 1994. Il déclare qu'il n'y a jamais eu de destruction massive d'arbres due aux pluies acides. Il a retrouvé l'origine de l'affirmation maintes fois reprises, mais fausses, selon laquelle environ 40 000 espèces disparaissent chaque année – une estimation vieille de vingt ans qui circule dans les milieux écologistes. En fait, les cas documentés de disparition des espèces au cours des quatre cents dernières années sont au nombre d'*un peu plus de 1 000*, dont 95 % sont des insectes, des bactéries et des virus. Selon Lomborg, le problème des déchets domestiques est beaucoup moins sérieux qu'on l'imagine. Les déchets accumulés au Danemark au cours des cent prochaines années pourraient être contenus dans une fosse de 3 kilomètres carrés et de 33 mètres de profondeur, même en l'absence de recyclage. Lomborg montre également comment la prospérité croissante et les technologies toujours plus efficaces peuvent solutionner les problèmes auxquels nous serons confrontés dans l'avenir. Par exemple, toute l'eau douce consommée présentement pourrait être produite par une seule usine de dessalement équipée de piles solaires occupant 0,4 % du désert du Sahara.

Il est donc erroné de croire que la croissance mène automatiquement à un saccage de l'environnement. Les déclarations selon lesquelles il nous faudrait deux ou trois planètes pour que le monde entier puisse atteindre le niveau de prospérité de l'Occident sont tout aussi fausses. Ce sont surtout les écologistes qui font de telles déclarations, et leur préoccupation première n'est pas tant la pollution que la peur de voir les ressources naturelles s'épuiser si tout le monde devient aussi riche que nous.

Il est certain que certaines des matières premières que nous utilisons aujourd'hui, avec les quantités qui existent, ne pourraient suffire pour la planète entière si tout le monde en consommait autant. Mais cette constatation n'a pas plus de pertinence que celle d'un homme de l'âge de pierre qui déclarerait que si tout le monde atteignait son niveau de consommation, il n'y aurait pas assez de pierres, de sel et de fourrure pour les satisfaire tous. La consommation de matières premières n'est pas un phénomène statique. Lorsque plus de gens atteignent des niveaux de prospérité élevés, on se met à chercher de nouvelles sources de matières premières. L'homme améliore constamment la technologie pour exploiter des matières premières qui étaient auparavant inaccessibles. Ces innovations permettent d'utiliser plus efficacement les vieilles sources et de transformer des déchets en matières utilisables. Il y a cent cinquante ans, le pétrole n'était qu'une substance noire et gluante sur laquelle on évitait de marcher et que personne ne voulait retrouver sous sa propriété. La recherche de nouvelles sources d'énergie a mené à de nouvelles méthodes pour l'utiliser et aujourd'hui c'est l'une de nos principales ressources. Le sable n'a jamais été une matière très précieuse ni recherchée, mais il sert aujourd'hui à fabriquer une composante essentielle de l'un des plus puissants moyens de production de notre ère, l'ordinateur. C'est sous la forme du silicium – qui constitue le quart de la croûte terrestre – que nous l'utilisons dans les puces d'ordinateur.

Il existe un mécanisme de marché très simple qui permet d'éviter les pénuries de ressources. Lorsqu'une ressource naturelle devient plus rare, son prix augmente. Cela incite tout le monde à l'économiser, à la recycler, à chercher de nouvelles sources et des produits de remplacement. Lorsqu'on étudie la tendance des prix des matières premières au cours des dernières décennies, on observe que ceux-ci sont à la baisse et que les métaux n'ont jamais été aussi peu dispendieux qu'aujourd'hui. Les prix baissent, ce qui suggère que la demande ne dépasse pas l'offre. Par rapport aux salaires, qui sont calculés en heures de travail nécessaires pour pouvoir les payer, les prix des matières premières sont la moitié de ce qu'ils étaient il y a cinquante ans, et le cinquième d'il y a un siècle. En 1900, le prix de l'électricité était huit fois supérieur à ce qu'il est aujourd'hui, celui du charbon, sept fois, et celui du pétrole, cinq fois[1]. Le risque de pénurie ne cesse de diminuer parce que nous trouvons constamment des matières premières et des façons toujours plus efficaces de les utiliser, ce qui se traduit par une augmentation des réserves disponibles.

Dans un monde où la technologie ne cesse de se développer, les extrapolations statiques sont généralement fausses et ne présentent aucun intérêt. En faisant quelques calculs mathématiques simples, Bjørn Lomborg démontre que si nous avons une ressource naturelle avec des réserves équivalentes à cent ans de consommation au niveau actuel, ces réserves seront *inépuisables* si la demande augmente de 1 % par année alors que le recyclage et/ou l'efficacité d'utilisation augmentent de 2 %.

S'il devait tout de même y avoir une pénurie, il serait possible de recycler la plupart des substances avec la technologie appropriée. Par exemple, le tiers de la production mondiale d'acier est déjà réutilisé. La technologie peut d'ailleurs carrément rendre obsolète une ressource donnée. Il n'y a pas si longtemps, tout le monde était convaincu qu'il serait impossible de fournir un accès téléphonique à toute la population chinoise, parce que cela nécessiterait le travail de millions de standardistes. Mais la main-d'œuvre n'a pas manqué puisque la technologie a évolué, et l'on n'a pas eu besoin d'autant de standardistes pour développer le réseau. Le problème n'a toutefois pas été réglé puisqu'on a déclaré que tout le cuivre de la planète ne suffirait pas à construire les fils nécessaires pour relier tous les foyers de la Chine. Avant que cela ne devienne un problème, la technologie a de nouveau évolué et la fibre optique ainsi que les satellites ont remplacé les fils de cuivre. Le prix du cuivre, une matière appelée à disparaître, selon plusieurs, a continuellement baissé et n'est plus que le dixième de ce qu'il était il y a deux cents ans.

À toutes les époques, des gens ont été préoccupés par l'épuisement éventuel des matières premières. Les rares fois où c'est arrivé, ce sont des endroits pauvres et isolés, et non des régions riches, qui ont été affectés. Prétendre que les Africains, qui

1. Stephen Moore et Julian Simon, 2000, section XV.

meurent par milliers chaque jour à cause de réelles pénuries, devraient s'abstenir de s'enrichir parce que cela pourrait théoriquement entraîner des pénuries de matières premières est injuste et stupide. Les problèmes environnementaux ne se règlent pas d'eux-mêmes. Des règles appropriées sont nécessaires pour protéger l'eau, l'air et le sol de la dégradation. Des systèmes qui font payer aux pollueurs les coûts de la pollution qu'ils engendrent sont requis pour les inciter à ne pas endommager l'environnement. De nombreuses questions environnementales nécessitent une réglementation et des accords internationaux, ce qui constitue un tout nouveau défi. Lorsque nous discutons des rapports entre le marché et l'environnement, il est important de comprendre que les efforts seront plus utiles si nous vivons dans une économie plus libre et en croissance, à même de nous fournir les meilleures solutions sur les plans tant matériel qu'humain. Si nous voulons relever ces défis, il est préférable d'avoir accès aux ressources et aux dernières avancées scientifiques.

C'est le capitalisme qui est bien souvent responsable des améliorations environnementales, même si on le blâme pour le contraire. Un système fondé sur la propriété privée crée des propriétaires qui ont des intérêts à long terme. Un propriétaire terrien doit s'assurer qu'il aura une bonne terre ou des forêts plus tard, sinon il n'aura pas de revenus. Si la propriété est collective ou détenue par l'État, personne n'y détient d'intérêt à long terme. Au contraire, tout le monde a intérêt à s'approprier les ressources avant que quelqu'un d'autre ne le fasse. C'est parce qu'elles étaient des terres publiques que les forêts de l'Amazonie ont rapidement été exploitées à partir des années 1960. Seulement le dixième des forêts est reconnu par le gouvernement comme étant une propriété privée, même si, en pratique, les Indiens les habitent et en possèdent de grandes étendues. C'est l'absence de droits de pêche clairement définis qui poussent les flottes – par ailleurs fortement subventionnées – à vider les océans de leurs poissons avant que d'autres ne le fassent. Il ne faut pas se surprendre si le pire saccage de l'environnement de l'histoire s'est produit sous des régimes communistes dictatoriaux, où la propriété était collective.

Il y a quelques années, une image satellite a été prise des contours du Sahara montrant que le désert était en expansion. Partout la terre était desséchée, après que les nomades aient surexploité les zones de pâturage communes et se soient ensuite déplacés. Toutefois, au milieu de cet environnement désertique, on pouvait voir une petite parcelle de couleur verte. Cette zone était un terrain privé. Ses propriétaires ont pu éviter la surexploitation des terres et s'engager dans un élevage de bétail qui s'avère profitable à long terme[1].

Le commerce et le transport de marchandises par navire sont souvent traités comme des activités dommageables pour l'environnement, mais il est possible de rectifier les problèmes en améliorant l'efficacité du transport et des techniques de dépollution. On peut également instaurer un système de redevances qui rend les coûts de la pollution visibles par un mécanisme de prix. Les camions font souvent plus de tort à l'environnement que des moyens de transport plus lents, comme les bateaux. Les problèmes environnementaux importants sont reliés à la production et à la consommation. Le commerce peut contribuer à les réduire, au-delà de son effet général sur la croissance. Le commerce mène à une utilisation aussi efficace que possible des ressources d'un pays. Les biens sont produits aux endroits où les coûts sont les plus bas et où cela entraîne le moins d'effets dommageables sur l'environnement. C'est pour cette raison que la quantité de matières premières utilisées dans la fabrication d'un produit donné diminue à mesure que l'efficacité des techniques de production augmente. Avec des techniques de production modernes, la production d'une canette de boisson gazeuse nécessite 97 % moins de métal qu'il y a trente ans, en partie grâce à l'utilisation d'aluminium plus léger. Une automobile contient moitié moins de métal qu'il y a trente ans. Il est toujours préférable de produire là où la technologie est la plus efficace. Si chaque pays essaie de s'autosuffire, la consommation et le gaspillage de ressources seront beaucoup plus élevés. Il est par exemple préférable, pour un pays au climat froid comme la Suède, d'importer de

1. Cet exemple est cité dans Ingemar Nordin, 1992, p. 154.

la viande de pays au climat plus chaud, au lieu d'utiliser des ressources pour produire de la nourriture concentrée et pour chauffer des étables. Si les gouvernements croyaient vraiment aux bienfaits de l'économie de marché, ils cesseraient de subventionner la production industrielle, le secteur énergétique, la construction de routes, la pêche, l'agriculture, l'exploitation des forêts et bien d'autres activités à même le trésor public. Ces subventions ont pour effet de conserver des activités inefficaces qui n'existeraient pas ou qui seraient effectuées ailleurs avec des méthodes plus performantes. L'Institut Worldwatch a calculé que les contribuables de partout dans le monde doivent débourser chaque année environ 650 milliards de dollars pour financer des activités destructrices pour l'environnement. Selon l'organisme, l'abolition de ces subventions pourrait mener à des réductions globales d'impôts de l'ordre de 8%. Aux États-Unis seulement, cela voudrait dire que chaque famille paierait en moyenne 2000 $ de moins d'impôts par année[1].

La production de viande dans l'Union européenne montre que ce n'est pas uniquement l'environnement mais aussi les animaux qui subissent les contrecoups d'une industrie improductive. Il est absurde de subventionner l'élevage du bétail en Europe lorsque cela implique des conditions de transport où les animaux sont épouvantablement à l'étroit et où on les nourrit parfois avec des carcasses. Il serait plus logique d'abolir les tarifs douaniers sur les produits agricoles et d'importer la viande d'Amérique du Sud par exemple, où les bêtes peuvent se déplacer sur de grands espaces en pâturant librement jusqu'à ce qu'elles soient envoyées à l'abattoir. On empêche cela aujourd'hui par des tarifs faramineux. Pendant la crise de la vache folle, les restaurants McDonald's, en Suède, ont voulu éviter les dangers d'utiliser de la viande en provenance de l'Union européenne, mais n'ont pu en importer d'Amérique du Sud. Des tarifs prohibitifs, équivalents à plusieurs centaines de points de pourcentage sur la viande des quartiers de devant avec laquelle on fait la viande hachée, rendaient la chose impossible.

1. David Roodman, 1998.

# 6

# UN CAPITAL INTERNATIONAL DÉBRIDÉ

## *Un collectif sans leader*

Les critiques du capitalisme admettent que le système de marché peut sans doute, avec des efforts soutenus, conduire un pays au sommet de la prospérité, mais ils ajoutent que celle-ci risque, à tout moment, de s'envoler en fumée. Le monde qu'ils dépeignent est peuplé de spéculateurs irrationnels qui investissent sans trop réfléchir et qui se sauvent avec leur capital dès que le troupeau change de direction. Près de 1,5 billion de dollars traversent les frontières nationales chaque jour, déplorent-ils, comme si ce fait était un problème. Le journaliste suédois Björn Elmbrant décrit les marchés financiers comme « un collectif sans chef titubant à gauche et à droite et s'accrochant dans ses propres souliers[1] ».

Il est facile de susciter des appréhensions à propos des marchés financiers. Ils semblent abstraits et éloignés parce que très peu de gens en ont une expérience concrète. Nous voyons uniquement leurs effets, et il est donc facile de les considérer comme un phénomène mystérieux. Leur puissance a fait s'exclamer ainsi un conseiller économique du

1. Björn Elmbrant, 2000, p. 89 et suiv.

président Clinton : « [Dans une prochaine vie], je veux revenir en tant que marché des obligations. » Les commentateurs gauchistes à la mode aiment bien attirer l'attention sur les tendances de la Bourse, qui semblent toujours bizarres lorsqu'on ne les comprend pas. Les actionnaires d'une compagnie semblent contents lorsque celle-ci élimine des emplois, mais cela ne signifie pas qu'ils aiment voir plus de gens au chômage. Ce qui les satisfait est plutôt la productivité accrue et les dépenses réduites qui découlent généralement de tels événements.

Il est vrai que les Bourses américaines connaissent généralement des mouvements à la hausse lorsque le chômage augmente. Cela n'est-il pas un signe patent que les investisseurs se réjouissent du malheur des autres ? En réalité, non. C'est simplement le signe qu'ils s'attendent à ce que la Fed – l'équivalent américain d'une banque centrale – réduise ses taux parce qu'elle considère une hausse du chômage comme le précurseur d'un ralentissement économique et d'un risque d'inflation réduit. Ce qui fait bouger la Bourse n'est pas le chômage, mais le lubrifiant économique que sont des taux d'intérêt plus bas. Ce n'est pas plus étrange que de voir les marchés s'élancer vers le haut lorsque les indicateurs économiques pointent vers un ralentissement : bravo, se disent les investisseurs, cela doit vouloir dire qu'une autre baisse des taux s'en vient !

Personne ne peut nier que les fluctuations de la Bourse sont de plus en plus importantes. Cela ne veut-il pas dire que les investisseurs visent moins les gains à long terme et ne font que suivre les mouvements de foule ? Il y a peut-être une parcelle de vérité dans cette affirmation. Les hauts et les bas de la bourse au cours des dernières années, surtout dans le domaine des « point com », montrent bien qu'une confiance exagérée et des prix sans rapport avec la réalité sont des aspects intrinsèques d'un marché fondé sur une évaluation du futur. Cela montre aussi que ces exagérations ne peuvent se prolonger indéfiniment. Des espoirs fous ne peuvent remplacer la gestion sérieuse d'une entreprise.

Ce qui explique en partie ces fluctuations n'est pas une vision à court terme, mais le fait que les marchés sont de plus en plus préoccupés par le long terme. Dans les entreprises industrielles traditionnelles, le futur pouvait assez facilement être prédit en consultant des données sur les investissements et les ventes. L'évaluation d'une entreprise était donc relativement stable. Mais dans les nouveaux secteurs qui dépendent beaucoup de la recherche et où les perspectives de ventes sont plus incertaines, il devient plus difficile de faire des prédictions. Il est moins facile de dire si la compagnie connaîtra le succès ou la faillite. Comment pouvons-nous savoir si des entreprises qui commercialisent de nouveaux téléphones cellulaires seront toujours parmi les chefs de file dans leur domaine dans dix ans ? Lorsque nous sommes dans une incertitude aussi grande, toute indication concernant l'avenir d'une compagnie provoque des ajustements rapides. La même logique s'applique au marché boursier lorsque la direction que prend l'économie n'est pas évidente. Chaque indice relié à une accélération ou à un ralentissement de la croissance suscite des réactions immédiates.

Il est facile d'imaginer ce qui arrive lorsqu'il faut évaluer la performance de compagnies dont les activités sont entièrement concentrées sur le futur, comme celles qui font de la recherche pharmaceutique, par exemple. Peut-être qu'elles n'existeront plus dans dix ans, ou qu'elles auront créé un vaccin contre le VIH, ce qui rendra leurs actionnaires millionnaires. Des « bulles financières » peuvent ainsi survenir pour des raisons tout à fait logiques. Même s'il est peu probable qu'un cheval gagne la course, s'il y a suffisamment gros à gagner, on peut justifier le fait de miser un peu d'argent sur lui. Si l'on considère les fluctuations sur la durée de tout un cycle économique, il ne semble pas qu'elles aient augmenté dans le cas des entreprises traditionnelles.

De nombreux critiques du marché affirment qu'ils n'ont rien contre les marchés financiers nationaux. Ce qu'ils déplorent, c'est l'« hypercapitalisme », soit le déplacement effréné des capitaux un peu partout dans le monde, qui ravagent tout sur leur passage sans avoir à présenter de passeport aux frontières. On nous dit qu'il s'agit d'investissements rapides, liés à des préoccupations concernant les profits du prochain semestre plutôt qu'aux développements à long terme et aux avancées technologiques. La mobilité du capital est une question de liberté. Pas de la « liberté du capital », comme s'en plaignent les critiques, parce que le capital n'est pas une personne pouvant être libre ou non. Cela concerne la liberté qu'ont les gens de décider quoi faire avec leurs propres ressources, c'est-à-dire la liberté d'investir les épargnes accumulées pour leur pension là où ils croient qu'il est avantageux pour eux de le faire. Les fonds de pension sont les plus importants investisseurs sur les marchés financiers internationaux. Environ 80 % des Suédois possèdent des actions, soit directement, soit par leur participation à ces fonds. Ce sont eux le marché. Cela concerne également la liberté qu'ont les entreprises de chercher du financement ailleurs que localement. Les usines et les bureaux ne se construisent pas tout seuls, il faut aussi du capital. L'affirmation selon laquelle ces mouvements de capitaux étranglent le développement à long terme est contredite par le fait qu'ils ont connu une expansion parallèlement à celle de la recherche et de l'innovation. Cette plus grande liberté a contribué à créer un climat mondial plus favorable à la croissance ces dernières années, en rendant possible une allocation des ressources financières là où elles peuvent obtenir le meilleur rendement et, en conséquence, être utilisées le plus efficacement possible[1].

Il est facile de comprendre pourquoi tout cela est important si l'on se réfère à des frontières plus immédiates que les frontières nationales. Supposons que vous ayez 1 000 dollars à placer mais que vous soyez obligé de prêter cet argent à une personne de votre quartier. Vous seriez peut-être tenté de choisir un imprimeur ou un propriétaire de machines de divertissement. Parce que vous croyez en les capacités entrepreneuriales de ce dernier, vous lui prêtez votre argent, avec intérêts. Il s'en sert pour acheter un juke-box neuf et un jeu d'arcade usagé. Comme la demande pour ses machines n'est pas très forte, il ne doit s'attendre qu'à un maigre rendement

1. Pour une bonne entrée en matière sur ce sujet, voir Klas Eklund, 1999; pour une approche plutôt théorique, voir Barry Eichengreen *et al.*, 1998.

et ne peut vous verser que 2 % d'intérêts sur l'argent que vous lui avez prêté. L'imprimeur ne pouvant vous verser, lui, qu'un intérêt de 1 %, le propriétaire de machines de divertissement n'a pas à craindre que vous choisissiez de placer votre argent ailleurs.

Si vous pouvez choisir de placer votre argent n'importe où dans votre ville, beaucoup plus de gens voudront emprunter votre capital. Une manufacture de guitares, obtenant les moyens de se payer un nouvel outil pour le traitement du bois avec votre argent, pourrait augmenter considérablement ses profits et vous verser des intérêts deux fois plus élevés que le propriétaire de machines de divertissement. De cette façon, vous gagneriez plus, mais l'économie y gagnerait également, puisque les ressources seraient utilisées plus efficacement que dans l'autre situation. Ce serait encore plus vrai si vous aviez la possibilité d'investir votre argent n'importe où dans votre pays ou dans le monde. Dans ce cas, tous les investissements potentiels seraient comparés les uns aux autres. Encore plus de compagnies voudraient emprunter votre argent, et celles qui peuvent l'utiliser pour produire le plus de valeur seraient prêtes à vous offrir l'intérêt le plus élevé. De cette façon, le capital serait investi là où son efficacité serait la plus grande et il entraînerait une hausse de la productivité, ce qui ferait croître l'économie et procurerait un meilleur rendement à l'investisseur.

Parce que tout le monde est en concurrence avec tout le monde, on peut penser que la conséquence inévitable sera que les compagnies les plus riches, qui peuvent se permettre de payer plus, mettront la main sur tout le capital. Mais le capital provient maintenant de divers pays et la quantité offerte augmente. Ce ne sont pas nécessairement les plus riches qui font les meilleures propositions, mais ceux qui peuvent créer plus de nouvelles richesses avec l'argent. Les plus gros potentiels de profits, en général, ne se retrouvent pas dans les industries où il y a déjà eu de nombreux investissements, mais dans les nouvelles entreprises qui n'ont pas encore réussi à obtenir le financement nécessaire pour des projets prometteurs. Les marchés de capitaux ont surtout de l'importance pour ceux qui ont de bonnes idées mais pas de capital pour les concrétiser. Comme on l'a vu plus haut, l'existence d'un marché financier libre semble mener à plus d'égalité économique au sein d'une société. Ce marché incite les individus et les entreprises qui ont beaucoup de capital à s'enrichir en confiant leur argent à d'autres individus et entreprises qui n'en ont pas mais qui semblent plus compétents pour le faire fructifier. Il permet ainsi la mise sur pied de petites entreprises qui feront concurrence aux grosses compagnies déjà bien établies. Plus le marché est flexible et moins il existe de barrières à l'entrée, plus il sera facile pour les entrepreneurs les plus dynamiques et compétents d'avoir accès à du capital.

Les pays riches ont de larges réserves de capital, alors que les pays pauvres du Sud en ont très peu. La libre circulation des capitaux signifie donc que les investissements peuvent se faire dans des pays où les opportunités sont nombreuses mais où le capital est presque inexistant. Les pays en développement reçoivent plus du quart des investissements mondiaux dans les entreprises, les projets de développement et les propriétés foncières. Cela constitue un énorme transfert de capitaux privés des pays industrialisés aux pays en développement. Ce flux de capitaux s'élève maintenant à environ 200 milliards de dollars nets par année. C'est plus de quatre fois les montants d'il y a dix ans et quinze fois ceux d'il y a vingt ans, grâce à la libéralisation des marchés financiers et aux technologies de l'information plus efficaces. Voilà une chance fantastique pour les pays dont le développement a toujours été retardé à cause d'un manque de capital. Comme on l'a déjà mentionné, les pays pauvres du monde ont pu obtenir, en dix ans, un billion de dollars en investissements étrangers directs, soit un peu plus que toute l'aide au développement qu'ils ont reçue au cours des cinquante dernières années. Le collectif sans dirigeant, dont on dit qu'il titube à gauche et à droite et s'accroche dans ses propres souliers, a été cinq fois plus agile que les gouvernements et l'establishment de l'aide étrangère des pays riches dans l'affectation de capitaux aux fins de développer les économies du tiers-monde.

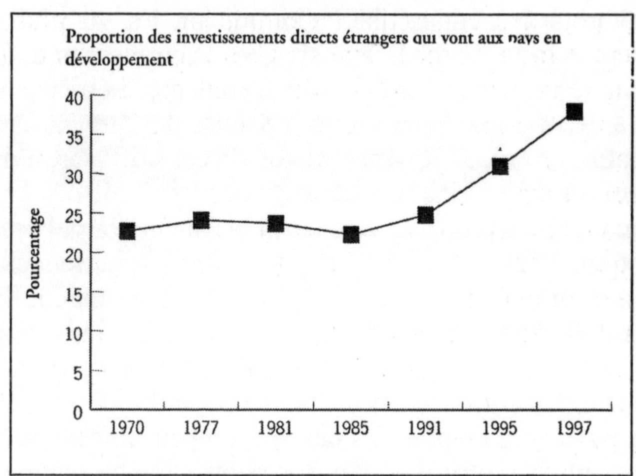


**Une proportion croissante des investissements va aux pays en développement**
Source : Ajit K. Ghose, 2000

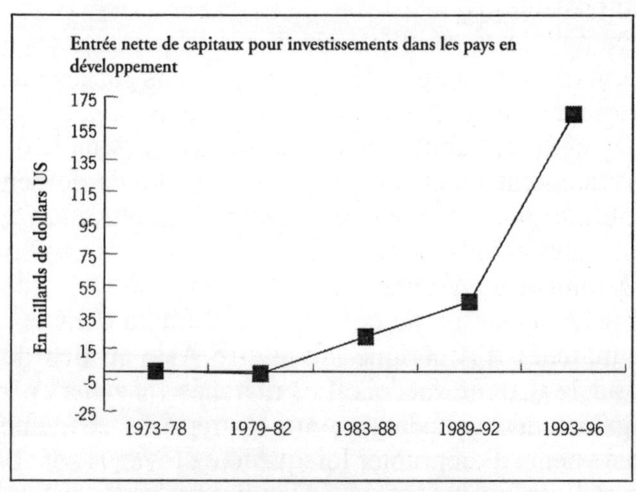


**Les pays en développement reçoivent de plus en plus de capitaux**
Source : Barry Eichengreen *et al.*, 1998

Comme les critiques de la mondialisation le soulignent régulièrement, seulement 5 % de tous les transferts de fonds à l'échelle mondiale sont liés au commerce de biens et services. Les 95 % restants visent à « faire de l'argent avec de l'argent », ce qui, affirment certains de ces critiques, n'ajoute rien qui ait une véritable valeur à l'économie. Il n'y a pourtant rien de plus productif que le financement d'améliorations à la production, qui procure des ressources additionnelles et suscite le progrès technique. L'existence d'un marché financier à l'échelle internationale a pour effet d'accroître le volume des investissements. Dans un marché suffisamment étendu et efficace où il est possible de vendre et d'acheter le risque au moyen de produits dérivés, on peut financer de plus gros projets et courir de plus gros risques. Une grande partie des fonds qui circulent sur les marchés financiers de la planète est reliée à de tels projets. Une très petite portion de ces milliards de dollars change réellement de main : la plupart des transactions sont le produit d'individus et de firmes qui réaffectent des fonds pour se protéger contre le risque. Les pays en développement n'ont pu obtenir un accès adéquat aux sources internationales de capitaux que lorsque tout cela est devenu possible.

On peut maintenant mieux répartir le risque dans ses investissements en plaçant une partie de ses fonds sur les marchés internationaux. Avant, si l'économie suédoise avait fait mauvaise figure, cela aurait entraîné une baisse inévitable de tous nos investissements et mis en péril notre fonds de pension. Aujourd'hui, il y a toujours des alternatives plus attrayantes, puisque nous avons la possibilité d'investir dans plusieurs pays. Le nouveau système de pension à prime en Suède permet d'investir une partie de sa pension future dans les nouveaux marchés d'Amérique latine et d'Asie au lieu de tout miser sur le marché suédois. Les marchés financiers permettent également aux ménages, aux entreprises et même aux gouvernements d'emprunter lorsque leurs revenus sont bas, et de rembourser lorsque leur situation financière s'améliore. On peut ainsi atténuer les effets des périodes creuses sans avoir à réduire sa consommation de façon aussi prononcée qu'il ne serait nécessaire autrement.

L'Institut Milken, aux États-Unis, a montré dans son Indice sur l'accès aux capitaux (Capital Access Index) que les économies qui se développent le mieux sont celles où les capitaux sont facilement accessibles, peu dispendieux et distribués avec transparence et honnêteté. À l'inverse, les pays où les capitaux sont difficiles à obtenir, chers et distribués arbitrairement, sont ceux qui se développent le moins bien. L'existence de marchés financiers libres, de grande ampleur et comprenant de nombreux joueurs apporte le développement, alors que « les flux de capitaux contrôlés par le gouvernement et concentrés dans quelques institutions financières et entreprises empêchent la croissance ». Les études sur la question ont en général conclu que la mise en place d'un marché financier qui fonctionne bien dans un pays donné est une bonne indication de son potentiel de croissance dans les années suivantes. Certaines études n'ont constaté aucun lien entre la libéralisation des marchés de capitaux et la croissance, mais ces études ne mesurent pas l'intensité de la réglementation. L'une des études qui ont tenté de le faire, en examinant 64 pays industrialisés et en développement et en filtrant l'effet d'autres facteurs, arrive à la conclusion qu'il existe une relation directe entre la liberté des mouvements de capitaux et la croissance économique. Dans cette étude, on indique également que les États qui ont libéralisé leurs marchés financiers reçoivent beaucoup plus d'impôts des entreprises. Dans un marché libre, les ressources sont affectées là où elles ont le plus grand potentiel productif, ce qui facilite le lancement de nouvelles entreprises et le commerce international[1].

## *Plus ou moins de réglementation ?*

Le désavantage qu'on associe généralement à la mobilité du capital est que celui-ci peut quitter un pays qui connaît des difficultés économiques, ou qu'une monnaie peut être l'objet

1. Cette étude et les autres qui la contredisent sont résumées dans Barry Eichengreen *et al.*, 1998, p. 19. Voir également Glenn Yago et David Goldman, 1998.

d'une spéculation déstabilisatrice. De nombreux investisseurs n'ont aucune connaissance spécifique de l'économie des pays où leur argent est placé ; si un nombre significatif de prêteurs commencent à se retirer, ils concluront que quelque chose ne va pas et suivront le mouvement. La panique et la psychologie de foule s'empareront alors des marchés. Il deviendra impossible de garder un accès aux sources de crédit. Les projets devront être interrompus, les compagnies perdront leurs ressources et les freins seront appliqués à l'économie.

L'une des raisons qui expliquent que les transactions financières à court terme augmentent plus vite que les investissements à long terme et les échanges commerciaux est que ces derniers sont sévèrement réglementés dans tous les pays. Si ces marchés étaient correctement libéralisés, nous obtiendrions des proportions différentes. Certaines personnes croient qu'il faudrait plutôt égaliser le niveau de réglementation dans le sens inverse, c'est-à-dire en réglementant les marchés financiers par l'imposition de divers types de contrôles. Par exemple, la Malaisie a introduit des contrôles de change sévères comme mesure temporaire pendant la crise financière asiatique de 1997-1998. Même si de telles mesures pouvaient atténuer les effets immédiats, elles feraient plus tard fuir les investisseurs dans l'avenir. Si on empêche ceux-ci de quitter le pays lorsqu'ils le souhaitent, ils demanderont des rendements plus élevés pour y revenir, ce qui pourrait entraîner une pénurie de capitaux. Le résultat immédiat, dans ce cas, a été que les voisins de la Malaisie – l'Indonésie, par exemple – ont subi un exode des capitaux très rapide à cause d'une crainte répandue de les voir suivre l'exemple malais. Ce sont en fin de compte les intérêts à long terme de la Malaisie qui ont été affectés. Un investisseur dans des fonds asiatiques a récemment noté qu'« un marché qui avait l'habitude de compter pour jusqu'à 18 % des portefeuilles d'investissements de la plupart des fonds se retrouve maintenant totalement ignoré[1] ». Pire encore, cette fermeture des marchés a coïncidé avec une évolution rapide du régime vers la dictature.

1. Sheila McNulty, « Investors Lose Faith in Malaysia's Weak Reforms », *Financial Times*, 17 janvier 2001.

Un moyen de remédier à cette situation est de réglementer les mouvements de capitaux à court terme. Si on ne permet pas l'entrée de capitaux éphémères, cela réduit le risque, pour un pays, de subir un exode des capitaux plus tard. Les règles imposées par le Chili, qui a évité des crises financières majeures, sont souvent présentées comme un bon exemple. Elles forcent ceux qui investissent dans le pays à y garder leurs capitaux pendant une certaine période et à confier une partie des fonds à la banque centrale à des taux d'intérêts très bas. Ce type de réglementation semble fonctionner mieux que d'autres. Toutefois, la justification donnée par le gouvernement chilien est que l'épargne était déjà très élevée dans le pays et qu'il ne souhaitait pas voir plus de capitaux y entrer. Très peu de pays en développement sont « affligés » d'un tel problème. Ils ont besoin de plus de capitaux et d'investissements. Mais même dans un pays riche en capital comme le Chili, cette réglementation a entraîné des effets pervers. De grosses compagnies chiliennes opérant sur les marchés internationaux ont contourné les règles et se sont procuré des fonds de toute façon, tandis que les petites entreprises s'en sont moins bien sorties et ont dû payer des intérêts beaucoup plus élevés.

Ces règles opèrent sur un horizon temporel extrêmement restreint. Le Chili a été frappé par une grave crise économique en 1981-1982, ce qui a entraîné des faillites bancaires et une dévaluation de sa monnaie de 90 %. Cette crise s'est produite alors que les contrôles sur les mouvements de capitaux étaient les plus stricts, interdisant l'entrée de fonds à moins qu'ils restent dans le pays pour une période d'au moins cinq ans et demi. Ayant tiré des leçons de cette crise, le Chili a décidé de réformer et de consolider son secteur bancaire chaotique, ce qui explique pourquoi d'autres crises ont été évitées. Incidemment, cette décision d'abolir la réglementation des mouvements de capitaux est survenue lorsque que la crise financière asiatique battait son plein[1].

Les contrôles de capitaux ont souvent pour effet de donner un faux sentiment de sécurité aux investisseurs et aux

1. Sebastian Edwards, 1999.

politiciens. Si le système politique n'est pas stable, la crise, lorsqu'elle se révèle, n'est que plus foudroyante. Quelques mois avant que la crise financière asiatique touche la Corée du Sud, les politiciens locaux et les investisseurs internationaux croyaient que les restrictions sur les mouvements de capitaux allaient éviter au pays une crise monétaire. En 1997, la firme d'investissement Goldman-Sachs avait porté un jugement négatif sur l'état des banques commerciales et de la banque centrale de la Corée du Sud, mais avait fini par conclure que les investisseurs pouvaient ignorer les risques que cela entraînait à cause de cette réglementation des capitaux. Les investisseurs suivirent le conseil et ignorèrent les risques. La crise asiatique s'abattit alors le plus fortement sur l'Indonésie et la Corée du Sud (et plus tard la Russie), soit les pays émergents qui avaient les restrictions les plus sévères sur les mouvements de capitaux. Ceux qui avaient le moins de restrictions – Hong-Kong, Singapour et Taiwan – s'en sortirent avec le moins de dégâts[1]. Le Brésil fut aussi durement touché ; ses dirigeants croyaient, eux aussi, que les contrôles à court terme sur les mouvements de capitaux allaient les protéger de la crise.

Le fait est que tôt ou tard, une mauvaise gestion finit toujours par mener à une crise. Si les contrôles de capitaux amènent les politiciens à croire qu'ils peuvent adopter n'importe quelle politique, il est fort probable qu'ils mèneront à une aggravation de la crise. En théorie, l'existence de contrôles temporaires lors d'une crise pourrait donner une période de répit permettant à un pays de moderniser son secteur bancaire et financier, d'équilibrer son budget et de libéraliser son économie. Toutefois, les réglementations sont souvent utilisées pour faire l'inverse, c'est-à-dire éviter d'enclencher des réformes difficiles. Le fait que les pays qui adoptent des contrôles de capitaux présentent, en moyenne, des déficits budgétaires plus imposants et une inflation plus élevée que les autres indique bien que c'est le cas. Voilà pourquoi les économies plus ouvertes ayant des marchés financiers plus libres se sortent plus vite de telles périodes de crise. On peut comparer la reprise rapide de plusieurs pays asiatiques après

1. John Micklethwait et Adrian Wooldridge, 2000, p. 55.

la crise à celle, beaucoup plus lente, de pays latino-américains suivant la crise du début des années 1980. Ces derniers ont imposé des contrôles sur les sorties de capitaux et se sont abstenus d'enclencher des réformes libérales. Le résultat a été une décennie d'inflation et de chômage élevés ainsi qu'une croissance faible. Il suffit de comparer la reprise immédiate du Mexique à la suite de la « crise tequila » de 1995 à la dépression prolongée dans laquelle le même pays a sombré après la crise de la dette de 1982 pour faire le même constat.

Un autre problème posé par les contrôles de capitaux est qu'ils sont difficiles à maintenir dans un monde où les communications sont toujours plus efficaces et plus rapides. Ils invitent en pratique à commettre des crimes, et les investisseurs consacrent une partie importante de leur temps à tenter de contourner les règles. Plus une réglementation est ancienne, moins elle s'avère efficace, parce que les investisseurs ont eu le temps de trouver des moyens de l'éviter. D'ailleurs, la plupart des réglementations contiennent des exceptions pour les entreprises particulièrement importantes ou vulnérables. Les contrôles servent ainsi dans la plupart des pays d'incitation à la corruption, et la loi ne traite plus tout le monde de la même façon.

### *La taxe Tobin*

La « taxe Tobin », ainsi nommée parce que le premier qui en a fait la suggestion est le lauréat du prix Nobel d'économie James Tobin, a acquis une certaine popularité ces dernières années comme moyen de réglementer les marchés financiers. Il s'agit d'une taxe peu élevée, de 0,05 à 0,25 %, sur toutes les transactions en devises. Parmi les groupes qui en font la promotion se trouve ATTAC, l'Association pour une taxation des transactions financières pour l'aide au citoyen. La logique qui sous-tend cette taxe est qu'elle entraînera un ralentissement des mouvements de capitaux et incitera les investisseurs à y penser deux fois avant de convertir des fonds dans une autre devise. Ainsi, la spéculation nuisible et les crises monétaires importantes seront évitées. Les critiques se sont surtout attardés à noter l'impossibilité de mettre en place une telle taxe. En pratique, tous les pays devraient se mettre d'accord pour l'appliquer, sinon les transactions migreront dans les pays non-signataires. Même si l'on obtenait un tel accord, de plus en plus d'échanges commerciaux se feraient au moyen des principales devises, de façon à éviter les coûts de transaction et d'échange de monnaies. Peut-être verrait-on l'utilisation du dollar s'étendre à toute l'économie mondiale. Il existe toutefois une objection plus importante au projet de taxe Tobin, qui est que même si on pouvait la mettre en place, elle aurait des effets néfastes.

Cette taxe aurait un impact plus négatif sur les marchés financiers que les réglementations imposées par chaque pays. Le seul effet de ces dernières est qu'elles réduisent l'entrée de capitaux dans les pays qui les adoptent, alors que la taxe Tobin entraînerait partout une réduction du nombre de transactions. La possibilité de trouver du financement externe serait restreinte même pour des pays qui pensent en avoir fortement besoin. Les obstacles aux mouvements de capitaux font en sorte de les retenir là où ils sont déjà, c'est-à-dire dans les pays riches. C'est le tiers-monde qui serait le grand perdant. En fin de compte, la taxe Tobin n'est pas vraiment une taxe sur le capital, mais plutôt un tarif qui rend le commerce et les investissements plus coûteux. Selon ses défenseurs, elle n'aura pas nécessairement cet effet parce qu'elle est trop légère. Pour les investissements à long terme, les coûts seront effectivement insignifiants. Mais il faut comprendre qu'un investissement ne se limite pas à une seule transaction. Un investisseur peut fournir une partie des fonds pour un projet, récupérer une partie de l'argent en profits, accroître sa participation si le projet devient très rentable, transférer les bénéfices à d'autres domaines d'opération, acheter des pièces d'équipement de l'étranger, etc. Si l'on calcule que chaque petite transaction est taxée, le coût total de la taxe Tobin s'avère beaucoup plus élevé que ce que laisse présager le pourcentage brut. Il sera beaucoup plus rentable de se limiter à faire des affaires dans sa propre région en utilisant la devise locale. Cela entraînera une diminution généralisée du rendement sur le capital et réduira l'accès des pays pauvres en capital aux fonds étrangers. Le nombre d'investissements sera d'autant réduit, les taux d'intérêt augmenteront et les emprunteurs devront débourser plus pour obtenir des prêts.

Les partisans de la taxe Tobin affirment que la seule chose qu'ils souhaitent vraiment est s'attaquer à la spéculation sur les devises. Mais il est erroné de prétendre qu'il existe une frontière claire entre un investissement utile et de la spéculation inutile. Les produits dérivés – les options, par exemple –, que les critiques considèrent habituellement comme des transactions purement spéculatives, sont nécessaires à la bonne marche d'un investissement. Dans un monde où les prix et les taux de change fluctuent constamment, les prévisions d'une firme peuvent être complètement bouleversées si elle ne se protège pas de l'incertitude en s'assurant avec des produits dérivés. Imaginons une compagnie qui exploite une mine. Pour une raison quelconque, le prix du métal s'effondre brusquement, les bénéfices ne sont pas au rendez-vous et la compagnie est menacée de faillite. Au lieu de consacrer des ressources importantes à essayer de prédire comment évolueront les marchés pour éviter de connaître un tel sort, la compagnie peut acheter un droit de vendre, à une date ultérieure, son métal à un prix fixé à l'avance (c'est ce qu'on appelle une option de vente). C'est celui qui achète l'option qui prend le risque et la responsabilité de prédire les mouvements du marché. La compagnie qui produit le métal peut ainsi se concentrer sur son activité première, et ce sont d'autres joueurs qui se spécialisent dans l'observation des mouvements financiers et la répartition du risque – les spéculateurs – qui s'occupent de cet aspect de l'opération.

Le risque est le même si, par exemple, la devise avec laquelle se fait le paiement se déprécie rapidement. Il est encore plus difficile pour une compagnie produisant du métal de suivre de près, pendant plusieurs mois ou plusieurs années, les développements économiques et l'évolution des taux de change dans tous les pays où elle vend son produit. C'est pourquoi il est important de pouvoir disposer de produits dérivés permettant, par exemple, de vendre des devises que l'on a reçues en guise de paiement à un prix fixé d'avance. Or, c'est ce type de « spéculation » que la taxe Tobin empêcherait.

Comme pour n'importe quel investissement, il ne s'agit pas d'une seule transaction mais d'une série de transactions. Si un spéculateur prend le risque en entier, il devient trop vulnérable. Il doit à tout moment pouvoir répartir le risque en tenant compte des nouveaux développements, de façon à garder un équilibre entre ses diverses opérations. C'est ce que permet l'existence d'un vaste marché de revente où l'on peut opérer rapidement sur des produits dérivés. La couverture du risque se fait ainsi avec un maximum d'économie pour la compagnie, et cette dernière peut investir dans son projet malgré le risque. De la même façon, le marché de revente des actions, c'est-à-dire la Bourse, permet aux citoyens de financer les entreprises en tant qu'actionnaires.

La taxe Tobin a été élaborée pour s'attaquer à ce marché. Elle pourrait réduire le nombre de spéculateurs prêts à prendre des risques, et ceux-ci demanderaient plus pour accepter de le faire. La couverture du risque deviendrait beaucoup plus coûteuse pour les compagnies et les investisseurs, avec pour résultat qu'ils n'oseraient plus ou ne pourraient plus se permettre d'investir dans des pays présentant un niveau de risque élevé. Ce sont ceux qui ont le plus besoin de capitaux et qui peuvent offrir le moins de garantie, c'est-à-dire les pays pauvres en voie de développement, qui seraient les premiers perdants. Les investisseurs placeraient leur argent là où l'incertitude est la moins grande et où leur connaissance du marché est la plus approfondie. Au cours de la dernière décennie, les pays en développement ont reçu plus du quart de tous les investissements directs étrangers. Cette proportion s'effondrerait si la taxe Tobin devait entrer en vigueur. Il deviendrait plus difficile pour les individus et les entreprises des pays pauvres d'obtenir des prêts, et ils seraient forcés de payer des intérêts plus élevés.

Il n'y a pas de doute qu'une taxe Tobin risquerait de déstabiliser les marchés financiers, mais elle ne permettrait pas pour autant d'empêcher les crises monétaires. En pratique, elle n'impose qu'un seuil qui entrave les échanges au jour le jour. Au-delà de ce seuil, les transactions deviennent subitement profitables, et des fluctuations importantes pourraient survenir. La spéculation sur les monnaies et les fuites de capitaux ne pourront pas être empêchées. Lorsque les spéculateurs se rendent compte qu'ils ont une bonne chance de forcer l'abandon d'un taux de change fixe (comme la livre sterling ou la couronne suédoise, en 1992), ils sont en position de faire tellement d'argent s'ils réussissent que ce n'est pas une taxe sur une fraction du gain obtenu qui les retiendra. S'ils peuvent faire un profit de 20 ou de 50 % sur une transaction monétaire, une taxe de 0,05 % ne fera aucune différence. La même chose se produit lorsque la confiance en les perspectives économiques d'un pays s'effondre et qu'on peut éviter des pertes gigantesques en liquidant les avoirs qui s'y trouvent (comme lors de la crise asiatique de 1997). Une taxe légère qui réussirait à entraver le fonctionnement régulier des marchés financiers serait insuffisante pour prévenir de telles crises.

C'est en fait le grand nombre de transactions sur les marchés de change qui réduit les risques de pénurie temporaire et de prix manipulés. Un plus gros marché diminue également le risque de voir un petit nombre de joueurs ou de transactions affecter les prix de façon disproportionnée. Un marché financier libre permet d'éviter les fluctuations violentes de taux de change, alors que l'instauration d'une taxe Tobin aurait l'effet inverse : elle réduirait la liquidité du marché. Les ajustements constants seraient remplacés par des secousses occasionnelles. La volatilité des marchés de change et les réajustements brusques n'ont pas augmenté depuis les années 1970, malgré une libéralisation des marchés et une multiplication par quatre du volume des transactions. La réalité est que les pays qui imposent une réglementation sévère sur les mouvements de capitaux connaissent des fluctuations de taux de change *beaucoup plus sévères* que ceux qui ont moins de restrictions[1].

Malgré tous ces défauts, la taxe Tobin présenterait un avantage, soit celui de rapporter d'énormes revenus. Le mouvement ATTAC s'attend à des revenus de 100 milliards de dollars par année ; d'autres croient qu'il s'agirait plutôt de 10 à 50 milliards. Il faut se demander si ces montants pourront jamais être perçus. Cela nécessiterait la mise sur pied d'une

1. Barry Eichengreen *et al.*, 1998, p. 18.

immense bureaucratie avec pouvoir de perception pour garder un œil sur toutes les transactions effectuées sur tous les ordinateurs de la planète. Cela inclut tous les pays où il n'existe pas de système comptable ou d'administration qui fonctionne convenablement. Il faudrait mettre en place une sorte de gouvernement mondial, dont l'administration bureaucratique accaparerait une grande partie des revenus provenant de la taxe. Comment cette bureaucratie est-elle censée être gouvernée ? Par les Nations unies, où les dictatures ont le même pouvoir que les démocraties ? Qui empêcherait un tel système de sombrer dans la corruption et de s'arroger des pouvoirs toujours plus grands ? Et qui profiterait de l'argent ?

En théorie, la taxe Tobin rapporterait des milliards de dollars qui pourraient, par exemple, être utilisés pour aider le tiers-monde. Mais si l'on croit qu'un tel transfert de richesse serait utile, pourquoi ne pas le faire en utilisant d'autres moyens ? Par exemple, pourquoi ne pas abolir les tarifs douaniers qui visent les produits de ces pays, ou démanteler la politique agricole destructrice de l'Union européenne, qui ralentit le développement de leur économie ? Pourquoi ne pas accroître l'aide au développement ou instaurer une sorte de redevance sur la pollution qu'on produit (à l'inverse des capitaux, toutes les usines polluantes ne peuvent pas se déplacer dans un paradis fiscal) ? Pourquoi tenter de percevoir ces fonds en sabotant les marchés financiers ? À moins que ce ne soit là le véritable motif !

## *La crise asiatique*

Si l'on veut savoir comment éviter les crises, il faut étudier celles qui ont eu lieu et chercher à comprendre pourquoi elles se sont produites. La crise financière asiatique de 1997-1998 est souvent perçue comme un phénomène qui a éclaté, sans crier gare, dans des économies en bonne santé ; comme un assaut spéculatif et une fuite des capitaux qui sont survenus sans raison apparente. La réalité est tout autre. Il y a un peu de vérité dans ce scénario : ces pays n'auraient pas subi de fuite de capitaux s'ils n'avaient pas libéralisé leurs marchés financiers, mais c'est parce que ces capitaux ne seraient pas venus en premier lieu. Ce qui provoque la crise est une combinaison de facteurs parmi lesquels la spéculation n'a pas joué un rôle déclencheur, mais a plutôt été la goutte qui a fait déborder le vase[1].

Les économies affectées avaient déjà commencé à montrer des signes annonciateurs du danger, et ceux-ci sont devenus plus pressants en 1996 et 1997. Ces pays avaient connu d'énormes entrées de capitaux depuis le début des années 1990, surtout par le biais d'emprunts à court terme à l'étranger, avec l'encouragement des gouvernements. La proportion des dettes acquises à l'étranger dans les banques et autres institutions thaïlandaises est passée de 5 à 28 % de 1990 à 1995. Le maintien de taux d'intérêts élevés par les politiques de la banque centrale et par une réglementation du secteur bancaire a rendu les emprunts à l'étranger très rentables. Ces derniers étaient changés en prêts à des taux plus élevés sur le marché local. Les gouvernements ont stimulé ces emprunts en garantissant un taux de change fixe et en offrant des crédits d'impôt. En même temps, ils ont entravé l'entrée de capitaux investis à long terme. La Corée du Sud a même essayé de les exclure en interdisant les investissements directs étrangers et l'achat d'actions et de titres coréens par des investisseurs de l'extérieur du pays. Les emprunts à court terme constituaient la seule façon de lever des fonds à l'étranger.

Une banque sud-coréenne pouvait ainsi emprunter des dollars pour une très courte période. Pendant ce temps, elle prêtait ces fonds à un taux d'intérêt plus élevé pour un investissement à plus long terme en Corée du Sud. Elle comptait donc pouvoir renouveler son emprunt à l'étranger n'importe quand, puisque autrement elle se serait retrouvée

---

1. Steven Radelet et Jeffrey Sachs, 1999 ; Tomas Larsson, 2000. Certains aspects de la crise ont été fortement exagérés par des commentateurs de gauche. Björn Elmbrant (2000, p. 85 et suiv.) prétend, par exemple, qu'elle a plongé 50 millions d'Indonésiens dans la pauvreté absolue (soit un revenu de moins de un dollar par jour). Le nombre de ceux qui sont temporairement tombés dans la pauvreté absolue en Asie du Sud-Est est quatre fois moins élevé. Selon les données officielles de la Banque mondiale, ce sont plutôt un million d'Indonésiens qui avaient subi un tel appauvrissement en 1999, et ce nombre a régressé depuis (Banmondiale, 2000a, p. 163).

sans l'argent qu'elle avait promis à quelqu'un d'autre. De plus, ces fonds étaient recyclés par des banques et des institutions financières mal préparées à gérer des montants d'une telle importance. Ces institutions n'étaient pas exposées à la concurrence et entretenaient des liens étroits avec les élites dirigeantes et les intérêts économiques dominants. Ainsi, dans des pays comme la Corée du Sud, l'Indonésie, la Malaisie et la Thaïlande, une bonne partie de ces ressources financières a été allouée à des projets de prestige et à des firmes favorisées par le pouvoir. Les étrangers n'avaient aucune raison de s'inquiéter car ils savaient que les dirigeants ne laisseraient pas tomber leurs favoris en cas de revers financier. C'était aussi le cas pour les banques et pour les *chaebols* – les méga conglomérats en Corée du Sud –, ou pour l'empire commercial géré par les amis du président Suharto en Indonésie. En outre, les créanciers étrangers étaient persuadés que le FMI interviendrait et préviendrait les pertes si des difficultés économiques devaient perturber la région. C'est pourquoi ils prêtèrent sans compter, ce qui résulta en un surinvestissement dans des secteurs à faible rendement, comme l'industrie lourde et l'immobilier, plutôt que dans des entreprises dynamiques.

Tous les pays qui ont été touchés par la crise avaient d'énormes dettes à court terme comparativement à leurs réserves. Ils avaient également des taux de change fixes ou contrôlés. Cela a entraîné un certain nombre de problèmes aux conséquences dévastatrices. Habituellement, on n'ose pas emprunter des sommes considérables à l'étranger pour les prêter à des taux un peu plus élevés sur le marché local lorsque le taux de change fluctue constamment. À moins d'avoir une assurance pour couvrir le risque, on peut perdre de grosses sommes à la suite de mouvements, même minimes, dans la valeur de la monnaie. Le gouvernement ayant promis de maintenir un taux de change fixe, le risque a semblé s'évanouir et tout le monde s'est mis à emprunter. La réglementation financière avait pour conséquence de surévaluer les monnaies locales (dans une proportion d'environ 20 %), la principale raison étant la hausse du dollar américain, auquel plusieurs de ces monnaies étaient indexées. Cela a rendu plus difficile la tâche des exportateurs. Les exportations de la Thaïlande, qui avaient augmenté de 25 % en 1995, se mirent à diminuer l'année suivante. En 1996, un an avant cette crise (qui s'est prétendument abattue sans crier gare), la Bourse thaïlandaise a perdu le tiers de sa valeur.

Les taux de change étant plus élevés que ce que les marchés jugeaient réalistes, les spéculateurs s'attaquèrent aux monnaies surévaluées, comme ils l'avaient fait avec la livre sterling et la couronne suédoise en 1992. Lorsque quelqu'un est prêt à payer plus que ne le justifie la valeur réelle d'un objet, les spéculateurs n'hésitent pas à en profiter. Ils ont pu emprunter des sommes fantastiques en devises locales et les échanger contre des dollars et d'autres monnaies étrangères aux taux maximums garantis par les banques centrales. Les pays touchés par la crise, en 1997, ont alors été forcés d'utiliser leurs réserves pour défendre ces taux excessifs.

Tout cela a fourni une raison tout à fait logique pour faire fuir les capitaux. La confiance en la stabilité économique et les perspectives de croissance de ces pays avait déjà commencé à s'effriter. Pire encore, la confiance en leur capacité de faire face à la crise aussi. On savait qu'ils n'avaient pas de système légal fonctionnel, comme une législation sur les faillites. Et ils avaient maintenant épuisé les réserves garantissant les prêts étrangers et la stabilité du système financier. Dans l'hypothèse où tout le monde se retirerait, les réserves ne seraient pas suffisantes pour tout couvrir. Les investisseurs se rendirent compte qu'ils devaient récupérer leur capital le plus rapidement possible. L'idée que le gouvernement pouvait préserver de la faillite toutes les entreprises en difficulté parut de plus en plus irréaliste. Les premiers à se départir des devises locales furent non pas les spéculateurs mais les entreprises qui devaient rapidement rembourser leurs prêts. Lorsque les taux de change fixes durent être abandonnés après l'accumulation de lourdes pertes, la confiance s'effrita davantage. Les capitaux se retirèrent, les prêts ne furent pas renouvelés et les compagnies se retrouvèrent sans fonds. La crise faisait rage.

Il n'y a pas de doute que les investisseurs s'influencent mutuellement et qu'une psychologie de foule peut se manifester, mais ces développements n'étaient pas dus à une simple réaction de panique. Les pays dont l'économie était en bonne santé et les institutions solides, tels l'Australie, Singapour et Taiwan, s'en tirèrent relativement bien, alors que leurs voisins furent durement touchés. Le terme « crise asiatique » n'est pas approprié pour décrire ce qui s'est passé. Une vue d'ensemble permet de constater que chaque pays a été affecté par la crise à divers degrés, selon le type de politique économique qui le caractérisait. Deux chercheurs qui ont suivi l'évolution de la crise la résument ainsi : « Nous n'avons rien constaté qui s'apparentait à un processus de contagion, par lequel un pays connaissant des difficultés financières transfère ses problèmes à un pays voisin. Tous les pays qui ont subi les pires troubles financiers souffraient de réelles difficultés économiques, auxquelles s'ajoutait la plupart du temps une croissance excessive du crédit bancaire, conjuguée à des problèmes d'insolvabilité[1]. »

Les effets de la crise se sont fait sentir partout ; mais dans un monde intégré, il est normal que ce qui se passe dans une région affecte les événements d'ailleurs. Ce n'est pas une question de psychologie de foule. Le manque de liquidités force les investisseurs à rapatrier des fonds d'autres pays où le risque est élevé. Les banques asiatiques en difficulté doivent retirer des montants placés en Russie, ce qui gêne les banques brésiliennes et les gestionnaires qui avaient avancé des fonds à ce pays, et ainsi de suite. L'interdépendance internationale agit dans les deux directions, les développements positifs dans un pays pouvant également produire des effets positifs ailleurs. La remontée des économies latino-américaines au cours des années précédentes avait contribué à la prospérité de l'Europe et des États-Unis. Il est fort possible que ce soit le dynamisme de l'économie américaine qui ait empêché le monde de sombrer dans la récession à la suite de la crise asiatique, et qu'il ait aidé les économies affectées à traverser rapidement cette période difficile.

Enfin, il est absurde d'affirmer que tout le progrès réalisé jusque-là par l'Asie de l'Est a été détruit par la crise. Un pays comme la Corée du Sud, qui a été sévèrement touché, a vu son

1. Glenn Yago et David Goldman, 1998.

PIB *per capita* revenir, en 1998, à son niveau de 1995. Ce niveau était déjà deux fois plus élevé que dix années auparavant. Et en 1999, la croissance faisait en sorte que le PIB sud-coréen atteignait un nouveau sommet.

### *Comment éviter les crises*

Il existe des moyens d'éviter les crises financières : le premier consiste à adopter des politiques économiques saines et efficaces. Lorsqu'une fuite massive de capitaux se produit, les premières personnes qui transfèrent leurs épargnes à l'extérieur du pays en crise sont généralement ses propres citoyens. Ils sont les observateurs les plus aguerris de ce qui se passe chez eux et savent mieux que quiconque quels sont les problèmes économiques que leurs dirigeants tentent de camoufler. Cela indique que la crise de confiance est provoquée par des lacunes réelles et non par une ignorance de la situation ou une propension à suivre des mots d'ordre. La priorité ultime pour un gouvernement qui souhaite éviter une telle crise est de garder le contrôle de ses finances et du taux d'inflation. La crise asiatique n'a pas été causée par des déficits budgétaires hors de contrôle ni par une inflation galopante, mais ceux-ci comptent parmi les façons les plus courantes et les plus rapides de miner la confiance dans une économie.

Le plus important engagement à long terme pour le bon fonctionnement des économies moins avancées est la réforme des institutions légales et financières. Les pays devraient libéraliser leurs marchés financiers domestiques et leurs politiques commerciales avant de s'ouvrir aux capitaux étrangers, sinon ces derniers ne seront pas dirigés vers des projets correspondant aux besoins réels du marché, mais vers des investissements improductifs. La supervision et la réglementation du secteur financier doivent être revues de façon à permettre la concurrence. La corruption et le népotisme doivent être remplacés par la règle de droit et les attentes du marché par rapport au rendement des investissements. Compte tenu de la propension des marchés à succomber à la panique dans un contexte de crise où les faits sont occultés, il est important de pouvoir compter sur des informations dignes de foi et sur une gestion transparente des entreprises et des administrations publiques, un objectif auquel de nombreux gouvernements asiatiques ont délibérément tenté de faire obstacle. L'évaluation de crédit et les lois sur la faillite, qui ont jusqu'ici fait défaut en Asie, doivent être introduites. La communauté internationale pourrait fournir des services conseils sur la mise en place de marchés financiers nationaux. Des règles de comptabilité et des paramètres de couverture financière peuvent être définis de façon coordonnée et des ententes peuvent être conclues entre les différentes instances sur la gestion des crises financières. Jusqu'à maintenant, cette gestion se faisait de façon arbitraire.

Il est vrai que la libéralisation des marchés financiers a souvent été suivie de crises financières. Ce qui provoque la crise n'est toutefois pas la libéralisation comme telle, mais plutôt l'absence des institutions concomitantes. L'économiste américain d'origine indienne Jagdish Bhagwati est l'un de ceux qui ont attiré l'attention sur le fait qu'une libéralisation des mouvements de capitaux peut entraîner des dysfonctionnements si elle précède la mise en place d'autres réformes cruciales. La solution qu'il propose n'est pas de contrôler les capitaux mais d'assurer la stabilité politique, de libéraliser le commerce et de privatiser les entreprises publiques avant d'entreprendre la libéralisation des marchés financiers[1]. Dans les faits, c'est la libéralisation des marchés financiers, plus facile à entreprendre, qui est venue avant d'autres réformes domestiques, ces dernières nécessitant un processus plus long et souvent entravé par l'opposition de groupes de pression. Le FMI a une grande part de responsabilité pour avoir encouragé ces déréglementations qui ont eu lieu avant que les conditions nécessaires ne soient en place. Deux journalistes de l'hebdomadaire *The Economist* ont comparé les exhortations des défenseurs de la mobilité des capitaux au FMI à celles d'un vendeur agressif dans une animalerie qui explique à un client qu'un chien fait un excellent compagnon, sans mentionner qu'il faut quotidiennement le nourrir et le promener[2].

---

1. Jagdish Bhagwati, 1998.
2. John Micklethwait et Adrian Wooldridge, 2000, p. 178.

De nos jours, le FMI consacre plus d'efforts à offrir des conseils sur la mise en place à long terme d'institutions appropriées, et les gouvernements prêtent une oreille attentive. Il s'agit d'une tâche cruciale, mais ces réformes exigent un travail de longue haleine qui n'est pas très attrayant. Réclamer bruyamment l'imposition d'un contrôle des capitaux et d'une taxe Tobin semble plus facile et emballant, même si c'est moins judicieux. Dans cet esprit, la réforme rapide la plus rationnelle serait l'abolition des contrôles sur les taux de change. James Tobin, initiateur de la taxe qui porte son nom, a lui-même identifié les taux de change fixes comme étant peut-être la principale cause de la crise asiatique[1].

Ce sont les taux de change fixes qui donnent aux spéculateurs un objet sur lequel ils peuvent spéculer. Aussitôt qu'arrivent des problèmes économiques, des rumeurs de dévaluation ou des politiques inflationnistes, le taux de change est perçu comme étant trop élevé. Les acteurs du marché se disent alors que la devise ne vaut pas vraiment le prix que le gouvernement lui a attribué. Avec un taux de change fixe, les spéculateurs peuvent faire beaucoup d'argent en empruntant des sommes en devises locales et en les échangeant contre des devises étrangères à la banque centrale. Un taux de change excessivement élevé en relation avec l'offre et la demande, et en comparaison avec ce que la monnaie vaudra après une probable dévaluation, équivaut à subventionner les spéculateurs et à encourager les crises monétaires. Des prix faussés sont incompatibles avec le libre mouvement des capitaux, et l'alternative est de savoir si ce sont les prix ou les mouvements de capitaux qui sont mauvais. Il n'est pas plus étrange de voir les spéculateurs vendre des devises locales à la banque centrale lorsque celle-ci les achète à un taux surévalué que de voir des milliers de fermiers européens

1. Dans une entrevue à Radio Australie le 17 novembre 1998, M. Tobin a déclaré : « Mon impression est que les pays en développement commettent une grave erreur en essayant de maintenir des taux de change fixes. Les trois principales devises – le dollar américain, le yen et le deutsche mark (qui sera bientôt remplacé par l'euro) – ont des taux flottants, et l'on ne constate aucun déséquilibre critique entre eux. Je ne comprends pas pourquoi on insiste pour garder des taux de change fixes en Corée, en Thaïlande et ailleurs. C'est cela qui crée des crises. » Voir également James Tobin, 1998.

cultiver la betterave à sucre parce que l'Union européenne subventionne cette culture.

Lorsque le taux de change est trop élevé, il est déjà trop tard pour que les gouvernements puissent faire quoi que ce soit. Ou ils défendent la devise à un coût faramineux, avec pour conséquence l'épuisement de leurs réserves et une hausse des taux d'intérêt, ce qui implique l'étranglement de l'économie ; ou ils laissent la devise s'effondrer au niveau que le marché considère comme approprié, auquel cas les industries du pays se voient incapables de rembourser les prêts étrangers qu'elles ont contractés lorsque le taux de change était plus élevé. D'une façon ou d'une autre, une crise s'ensuit. Dans une étude sur le sujet, deux économistes constatent que pratiquement tous les exemples de taux de change fixes finissent un jour ou l'autre par succomber à une crise. C'est ce qui est arrivé en Suède et en Grande-Bretagne en 1992, au Mexique en 1994, en Asie du Sud-Est en 1997, en Russie en 1998 et au Brésil en 1999. Depuis, la plupart des pays émergents ont compris la leçon et ont décidé d'abandonner les taux de change fixes, avec quelques exceptions comme l'Argentine et la Turquie. Il ne faut pas s'étonner du fait que ces deux pays ont été frappés par des crises en 2001. D'autre part, des observateurs de la crise asiatique remarquent que « nous ne connaissons aucun exemple de crise financière ou monétaire grave qui soit survenue dans un pays émergent avec un taux de change parfaitement flexible[1] ».

## *La dictature du marché*

Il existe une objection à la libéralisation des marchés financiers qui transcende les arguments économiques. Selon les critiques de la mondialisation, cette libéralisation constituerait une menace à la démocratie. Lorsque les marchés sont libres, les capitaux et les entreprises peuvent se déplacer rapidement d'un

1. Concernant les taux de change flexibles, voir Steven Radelet et Jeffrey Sachs, 1999; pour les taux de change fixes, voir Maurice Obstfeld et Kenneth Rogoff, 1995.

pays à l'autre s'ils ne sont pas satisfaits des politiques en place. Des entreprises finno-suédoises telles MeritaNordbanken et StoraEnso ont établi leur siège social officiel à Helsinki pour éviter la double imposition des revenus des entreprises pratiquée par la Suède. Lorsque le gouvernement suédois accumulait les déficits budgétaires, le pays a dû encourir des taux d'intérêt très élevés. Tout cela, soutiennent les critiques, signifie que les marchés se sont mis à dicter leurs politiques aux pays, certains allant jusqu'à parler d'une « dictature du marché ».

Ce slogan est un travestissement de la réalité, dans la mesure où il vise à relativiser les crimes des véritables dictatures et à tenter de relier deux phénomènes qui sont à l'opposé l'un de l'autre, et non conjoints. Le premier régime qui a rendu sa devise non convertible – c'est-à-dire que ses citoyens ne pouvaient l'échanger contre d'autres devises – est probablement celui extrêmement protectionniste de l'Allemagne nazie. Les gouvernements communistes considéraient la dictature comme un pré-requis pour planifier l'économie. Les changements de pouvoir et la libre expression auraient dérangé la planification à long terme de l'État et n'étaient compatibles qu'avec un système économique libéral, où les individus décident pour eux-mêmes. Par contre, dès que les régimes totalitaires s'effondrent, les nouvelles démocraties choisissent invariablement d'ouvrir leurs marchés et de libéraliser leur économie.

L'inverse est vrai aussi. À long terme, il est difficile pour une dictature qui accepte la liberté économique de se prémunir contre la liberté politique. Au cours des dernières décennies, nous avons vu les gouvernements, l'un après l'autre, être forcés de concéder des droits démocratiques à leurs citoyens après leur avoir permis de consommer ce qu'ils veulent et d'investir où bon leur semble. C'est arrivé aux dictatures d'Asie du Sud-Est et d'Amérique latine. Le régime de parti unique mexicain a implosé un an après que les dirigeants aient décidé de libéraliser le commerce. La dictature de Suharto en Indonésie s'est effondrée comme un château de cartes dans la foulée de la crise asiatique. Maintenant, nous voyons quelques mouvements vers la démocratie en Afrique, dans les mêmes pays qui se sont déjà engagés à ouvrir leurs marchés.

Plusieurs croient que les pays arabes, avec leurs systèmes économiques patriarcaux et centralisés dépendants de la production pétrolière, ne pourront jamais accéder à la démocratie. Pourtant, certains d'entre eux, en particulier le Qatar et le Bahreïn, ont instauré des politiques économiques libérales, ce qui a entraîné une croissance plus soutenue. Des réformes politiques ont accompagné ces développements. Le Qatar a éliminé la censure des médias et la chaîne de télévision par satellite Al Jazira opère librement. (*Trop* librement, pensait le gouvernement américain pendant la guerre contre les talibans en Afghanistan. Les États-Unis tentèrent de convaincre le gouvernement du Qatar de resserrer son contrôle sur le contenu diffusé par la station, mais ce dernier répondit qu'on ne pouvait agir ainsi dans un pays où règne la liberté d'expression.) Le Qatar a tenu des élections municipales où les femmes pouvaient voter et être candidates. Au Bahreïn, le nouveau dirigeant a libéré les prisonniers politiques et les dissidents exilés sont revenus pour prendre part au dialogue politique. Le Bahreïn a tenu des élections locales et prépare des élections au Parlement national, où les femmes pourront participer autant que les hommes.

Des gens qui s'enrichissent, qui sont mieux éduqués et qui sont habitués à faire des choix n'acceptent pas que d'autres décident à leur place. C'est pourquoi l'économie de marché mène souvent à la démocratie, et la démocratie consolide l'économie de marché. Lorsque des groupes qui étaient auparavant exclus acquièrent une voix politique, il devient plus difficile pour l'élite dirigeante de s'emplir les poches à leurs dépens. Cela entraîne des mesures de libéralisation économique qui permettent de réduire la pauvreté et, en conséquence, de renforcer le système démocratique. Un système économique décentralisé permet à des groupes indépendants du pouvoir politique de s'établir, ce qui garantit le pluralisme politique. Les études comparant les niveaux de liberté économique ont montré que les citoyens qui ont la possibilité de commercer avec l'étranger ont quatre fois plus de chance de jouir de droits démocratiques que ceux qui vivent dans un pays à l'économie fermée.

C'est en partie pour cette raison que les militants chinois pour la démocratie souhaitent que leur pays adhère à l'Organisation mondiale du commerce. La Chine y trouvera plus de transparence et de décentralisation, et un régime dictatorial qui a toujours agi de façon tyrannique et arbitraire devra se conformer à un code international impartial. Commentant la possibilité d'une plus grande ouverture de l'économie chinoise, un dissident emprisonné a déclaré : « Avant, le ciel était sombre. Maintenant il y a de la lumière. C'est peut-être le début d'une ère nouvelle[1]. »

Le XX$^e$ siècle a clairement montré qu'aucun système économique, excepté le capitalisme, n'est compatible avec la démocratie. Dans cette optique, parler de « dictature du marché » est non seulement une insulte envers tous ceux qui luttent pour la démocratie et le libéralisme économique, mais c'est aussi faire preuve d'une ignorance crasse.

Il est vrai qu'un débiteur n'a pas toute sa liberté. En accumulant les déficits budgétaires et les dettes, un pays encourt la méfiance des marchés. Des réformes doivent être mises en place pour restaurer la confiance dans l'économie nationale, autrement le monde extérieur demandera des taux d'intérêt plus élevés sur les prêts additionnels, ou il cessera tout simplement de prêter. De cette façon, un pays peut être « pris à la gorge » par le marché, comme ce fut le cas de la Suède au début des années 1990. Mais c'est au gouvernement que la faute incombe, pas au marché. Si un gouvernement gère mal ses finances et préfère régler ses dépenses courantes en empruntant plutôt qu'avec ses revenus, c'est lui qui décide de se placer en état de vulnérabilité face au marché.

Les marchés financiers internationaux d'aujourd'hui ont en fait été développés par les États providence qui souhaitaient emprunter pour financer leurs dépenses durant les crises des années 1970. C'était une façon d'accroître leur marge de manœuvre. Sans ces marchés, les gouvernements auraient été forcés de dépenser selon leurs moyens, alors qu'ils peuvent maintenant reporter à plus tard le paiement de leurs dettes. Une politique économique stable et crédible peut s'appuyer sur un

1. Cité par John Pomfret et Michael Laris, 1999. En Chine, les partisans d'une adhésion à l'OMC sont souvent des critiques du régime, réformistes et libéraux, alors que les opposants se trouvent dans les grandes entreprises, les services de sécurité et l'armée. Concernant l'opposition des pouvoirs en place, voir John Pomfret, 2000.

plus large éventail de possibilités qu'avant. Mais les prêteurs ont de bonnes raisons de se méfier des États qui accumulent des dettes imposantes. Il suffit de se référer à des exemples passés, où ces États ont souvent réduit de façon unilatérale, au moyen de dévaluations monétaires ou d'une inflation élevée, les montants dus. Les marchés financiers ont raison de garder ces gouvernements à l'œil et de ne pas accorder de traitements de faveur à ceux qui semblent incapables de mettre de l'ordre dans leurs finances. Il est toutefois absurde d'assimiler le fait de prêter de l'argent à ses propres conditions à une dictature. Les gouvernements sont encore libres de mal gérer leurs finances, ils ne peuvent simplement forcer personne à financer leurs mauvaises décisions.

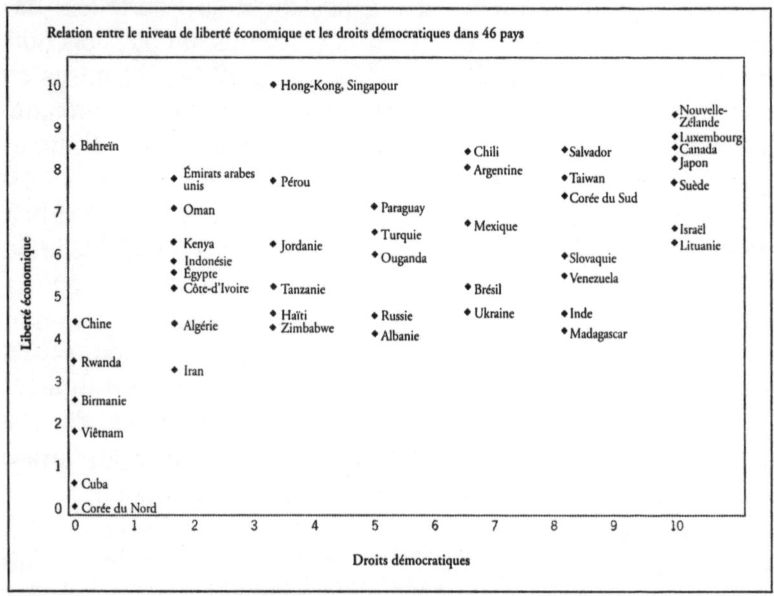


**Le capitalisme et la démocratie vont de pair**
Source : Roger Donway, 2000

L'évaluation de la situation par les acteurs du marché se fait souvent dans une optique de progrès. Les dictatures latino-américaines sont tombées durant les années 1980 lorsque les marchés ont décidé de fuir leurs économies endettées et en crise permanente. La plupart des gouvernements asiatiques sont engagés dans un processus d'ouverture et de démocratisation depuis la crise de 1997. Les investisseurs ont besoin, pour réussir, d'informations fiables et d'un processus légal impartial ; c'est pourquoi ils fuient comme la peste la corruption et les ententes secrètes. Rien ne fait autant fuir les capitaux que des allégations de fraude au sein de l'élite politique d'un pays. Et il existe peu d'attraits aussi forts qu'un gouvernement transparent qui prend des décisions judicieuses et éclairées.

Pour certaines personnes, l'idée que les marchés puissent porter des jugements sur des décisions politiques est antidémocratique. Les prêteurs devraient, selon elles, se tenir tranquilles et mettre leur argent à la disposition des gouvernements, même si ceux-ci semblent s'apprêter à le dilapider par une politique inflationniste. De la même manière, permettre aux contribuables de placer leurs épargnes à l'étranger serait antidémocratique. Mais comment peut-on prétendre que réagir aux décisions politiques en tentant de protéger ses propres intérêts est contraire à la démocratie ? C'est absurde, à moins de croire que la démocratie équivaut à un contrôle total du gouvernement sur la vie des citoyens et une soumission implicite de tous aux décisions des dirigeants. Si c'est le cas, ce n'est pas seulement l'évaluation des politiques gouvernementales par les marchés financiers qui est antidémocratique, mais également les demandes salariales des syndicats de la fonction publique, ou l'examen minutieux que font les journalistes des décisions des politiciens. Cela ressemble plus aux conditions d'une dictature exigeant la soumission qu'à une démocratie fondée sur les libertés civiques[1].

> «Lorsque des dettes nationales ont dépassé une certaine ampleur, il est rare de les voir remboursées complètement et équitablement. Le soulagement des finances publiques, s'il survient jamais, arrive au moyen d'une faillite ; celle-ci est parfois déclarée ouvertement, mais elle est tout aussi réelle dans les cas fréquents où l'on prétend rembourser les dettes.»
>
> — Adam Smith, 1776[2]

1. Mattias Svensson, 2000.
2. Adam Smith, 1981, p. 929.

En réalité, ce que ces critiques craignent de voir menacé par des marchés libres n'est pas la démocratie elle-même, mais les politiques qu'ils souhaiteraient voir mises de l'avant, c'est-à-dire un plus grand contrôle étatique sur les décisions économiques prises par les individus. Étrangement, il semble qu'il soit moins attrayant politiquement de parler de la mondialisation comme une menace au contrôle des gouvernements sur les décisions individuelles que comme un danger pour la démocratie. D'ailleurs, pourquoi est-il plus démocratique pour un gouvernement d'accroître son pouvoir sur ses citoyens ? Nos pays deviendraient-ils plus démocratiques si nos gouvernements avaient le pouvoir de décider avec qui nous pouvons nous marier, quel travail nous avons la permission de faire et qu'est-ce que nous avons le droit d'écrire dans un journal ? Évidemment non. La démocratie est un système qui sert à déterminer qui aura le pouvoir sur l'État, et non à justifier son contrôle sur la société.

S'il faut toutefois changer de politiques pour s'ajuster aux demandes du marché, il est facile d'y voir une menace pour la démocratie. Supposons que le gouvernement se voie obligé d'abolir la double imposition des revenus des entreprises pour éviter que celles-ci ne quittent la Suède. Dénoncer une telle modification des lois présuppose encore une fois que tout le monde doit se conformer aux décisions des politiciens et que le processus politique ne doit être influencé par rien d'autre que les volontés publiquement exprimées par les membres du gouvernement et du Parlement. Dans une société normale cependant, le processus politique est souvent influencé et remis en question non seulement par les politiciens, mais par ce qui se passe à l'extérieur des milieux politiques. Si nous avons des stations de radio et de télévision libres aujourd'hui, c'est parce que la technologie a rendu obsolètes les anciens monopoles publics. Si nous choisissons nos dirigeants d'après leurs qualités personnelles, c'est parce que les citoyens se désintéressent des débats politiques, et non parce que les politiciens ont longuement discuté de ce phénomène et, de leur propre initiative, pris des décisions à long terme pour modifier la façon de faire la politique. La démocratie existe en partie pour adapter les politiques d'un pays aux circonstances et aux contraintes changeantes qui l'affectent, et cela n'est d'aucune façon antidémocratique. Si c'était le cas, tous les facteurs qui ont pour effet d'augmenter les impôts et les dépenses publiques plus que ce qui a été promis par les partis le seraient aussi. Les demandes des groupes de pression, la propension des bureaucrates à accroître leur sphère d'activité, ou celle des politiciens à vouloir satisfaire les membres de leur parti, devraient être considérées comme antidémocratiques. Et pourtant, je n'ai pas encore entendu qui que ce soit dénoncer « la dictature des dépenses publiques » !

Je crois plutôt que l'idée selon laquelle les marchés forcent les pays à adopter certaines politiques a été inventée par des politiciens trouillards. Parce qu'ils n'ont pas suffisamment de courage et d'énergie pour justifier les mesures d'assainissement des finances ou de libéralisation commerciales qu'ils adoptent, ils déclarent que celles-ci sont « nécessaires » et dictées par la mondialisation. C'est une solution de facilité, et cela permet par ailleurs de dénigrer l'économie de marché.

Il est possible de contester les fondements de cet argument voulant que les marchés exigent des politiques libérales. Les acteurs du marché ne demandent pas qu'on applique des politiques d'inspiration libérale pour « récompenser » ensuite un pays par leurs décisions d'y investir ; ils exigent simplement que le climat économique des pays où ils investissent soit ordonné et que l'économie ne soit pas sur le point de s'effondrer. Aucun d'entre nous ne choisirait de placer ses épargnes dans un fonds de pension qui investit selon le degré de libéralisation d'une économie plutôt que selon des critères financiers. De la même façon, l'évaluation que font les marchés des politiques économiques est l'une des raisons qui expliquent que de plus en plus de pays ont des déficits budgétaires et une inflation sous contrôle, et de faibles taux d'intérêt, ce dont il faut se réjouir. Dans la mesure où leur économie est en aussi bonne santé, les investisseurs ne feront aucune discrimination entre un pays social-démocrate où l'État providence est très développé et un pays libéral où l'État s'en tient à quelques fonctions essentielles. L'un des pays les mieux intégrés à l'économie mondiale est justement la Suède, qui maintient pourtant le fardeau fiscal le plus lourd de la planète. Au cours des deux dernières décennies, la taille des gouvernements a continué d'augmenter parallèlement au processus de mondialisation. De 1980 à 1995, les taux d'imposition dans le monde sont passés de 22,6 à 25,9 % du PIB, et les dépenses publiques de 25,7 à 29,1 %[1].

Le fait que les individus et les entreprises puissent se déplacer librement ne signifie pas qu'ils vont nécessairement se relocaliser où les impôts sont les moins élevés. Ils iront là où ils croient qu'ils obtiendront les meilleurs services pour leurs impôts. Si les citoyens considèrent qu'ils bénéficient d'une sécurité et de services publics qui valent bien ce qu'ils doivent débourser en impôts, ils ne penseront pas à quitter le pays. Si les entreprises trouvent qu'elles obtiennent des avantages, sur le plan de la recherche, de l'éducation et des infrastructures, qui valent ce qu'elles doivent débourser en impôts, elles ne songeront pas à quitter le pays. C'est seulement lorsque les fonds publics sont utilisés de manière inefficace ou dépensés pour des projets qui n'ont pas l'approbation du public (ce qui arrive de temps en temps…) que cela pose problème dans un monde où nous pouvons déménager à notre guise. Il devient plus difficile de maintenir un fardeau fiscal élevé si les contribuables n'ont pas le sentiment d'en avoir pour leur argent. N'est-ce pas là un bon exemple de démocratie à l'œuvre ?

Il est possible que la mondialisation accroisse les possibilités de maintenir un système politique voulu par une majorité, même si ce choix implique des impôts élevés et un secteur public très développé. En effet, la mondialisation et le libre-échange font en sorte qu'il est plus facile d'obtenir d'autres pays ayant des systèmes différents, par des échanges commerciaux, les produits et services dont la production est défavorisée dans le nôtre. Ainsi, si la monopolisation des services de santé par le secteur public décourage le développement de technologies médicales plus efficaces ou de nouveaux médicaments, nous pouvons importer ces produits de pays où l'industrie de la santé est plus dynamique. Si les impôts trop élevés entravent le développement des marchés financiers, nos compagnies peuvent trouver des capitaux à l'étranger. La mondialisation permet à tous de se procurer des choses qu'ils

1. Tomas Larsson, 2001a, p. 44.

ne peuvent produire efficacement. Certaines politiques ont évidemment des aspects négatifs en soi et annulent les avantages de la mondialisation, par exemple lorsqu'un gouvernement limite les possibilités de s'éduquer et de travailler de telle façon que ses citoyens n'ont rien à offrir en échange des produits de l'étranger. Mais ce qu'il faut comprendre, c'est que c'est l'électorat qui décide d'adopter ou non un système politique en fonction de ses propres valeurs.

# 7

# IL FAUT LIBÉRALISER, PAS STANDARDISER

## *Le droit de choisir sa culture*

Si les enfants étaient obligés de tout découvrir eux-mêmes dès leur naissance, ils s'épanouiraient très lentement. Heureusement, ils ont des parents qui leur transmettent leur propre expérience et les connaissances qu'ils ont acquises. Ainsi, les enfants peuvent apprendre rapidement des choses qu'ils n'auraient jamais pu apprendre seuls : ce qui est comestible, ce qui est toxique, comment se rendre au centre-ville, comment nager, etc. L'un des principaux avantages de la mondialisation est que les économies moins développées et qui ont moins d'expérience peuvent apprendre des plus anciennes. Les pays en développement ne sont pas des enfants et les pays industrialisés certainement pas des parents, mais les seconds ont déjà traversé les étapes que les premiers doivent franchir. Les pays qui sont aujourd'hui à un stade de développement peu avancé devraient pouvoir se développer plus rapidement que ne l'ont fait les pays occidentaux en prenant des raccourcis et en apprenant de nos erreurs. Par exemple, le dévelop pement de la Suède a pris quatre-vingts ans pour s'accomplir, alors que Taiwan l'a fait en vingt-cinq ans seulement.

Les pays en développement peuvent sauter les stades intermédiaires de développement et bénéficier directement de la technologie produite en Europe et aux États-Unis. Les téléphones cellulaires en sont un bon exemple. Les pays en développement n'ont pas besoin d'encourir les dépenses nécessaires à la construction de lignes téléphoniques permanentes ; ils n'ont qu'à passer directement à la technologie sans fil. Les pauvres peuvent, par exemple, utiliser les téléphones cellulaires pour s'enquérir de l'évolution des prix de ce qu'ils produisent. De nombreux pays du tiers-monde ont maintenant des compagnies de location de téléphones et les villageois s'associent souvent pour en acquérir un. Cela leur permet de maintenir des prix plus conformes à ceux des plus gros marchés et, grâce à un calendrier de livraison plus exact, il y a moins de gaspillage dans la production agricole.

Hamila Khatuun est une analphabète qui vit dans un village du Bangladesh. Elle vend des œufs à un négociant qui vient à intervalles réguliers. Elle avait l'habitude de devoir vendre au prix qu'il proposait, n'ayant aucun contact avec d'autres acheteurs. Un jour, alors qu'il venait de lui offrir douze takas pour quatre œufs, elle le fit attendre pendant qu'elle utilisait le téléphone cellulaire pour savoir le prix du marché dans un village voisin. Apprenant que ce prix était de quatorze takas, elle put exiger treize takas du négociant. Une meilleure information sur les conditions du marché lui a permis d'obtenir un meilleur prix[1].

Les nouvelles technologies de l'information sont en train de révolutionner les anciennes activités économiques un peu partout. Des centaines d'artisans – dont de nombreuses femmes – en Égypte, au Liban, au Maroc et en Tunisie, qui n'avaient jamais eu accès aux marchés internationaux, peuvent maintenant vendre leurs produits à l'étranger grâce au réseau Le Souk virtuel (http://www.southbazar.com/) sur le Web. Les ventes augmentent et les artisans peuvent garder une plus grande part des bénéfices que dans les marchés traditionnels.

De la même façon qu'ils peuvent fournir certains services à des compagnies occidentales en communiquant avec le siège social par satellite ou par Internet, les habitants des pays en développement peuvent obtenir de l'information et des res-

1. Banque mondiale, 2000a, p. 73.

sources. Grâce à Internet, recevoir des conseils médicaux fiables ou une éducation supérieure n'est plus l'apanage de ceux qui vivent dans les grandes villes. On peut déplorer la lenteur des progrès en notant que seulement 5 % de la population mondiale, concentré dans les pays riches d'Occident, a accès à Internet, mais c'est faire fi de l'évolution historique. Internet existe depuis environ 3 000 jours et a déjà rejoint une personne sur vingt dans le monde. Il s'agit de la diffusion technologique la plus rapide dans l'histoire de l'humanité. Le téléphone existe depuis cent vingt-cinq ans et même aujourd'hui, la moitié de la population mondiale ne l'a jamais utilisé. Cette fois, les choses évoluent beaucoup plus rapidement, et c'est la mondialisation qui le permet. À Pékin et à Shanghai, une famille sur dix possède un ordinateur et d'ici quelques années, le chinois sera la langue la plus utilisée sur le Web.

Le fait que les pays en développement puissent maintenant prendre des « raccourcis » pour se développer évoque l'image d'une destination commune au bout du chemin, vers laquelle toutes les sociétés du monde convergent. Beaucoup de gens sont troublés par cette perspective. Ils craignent une « McDonaldisation » du monde, un processus de standardisation au terme duquel tout le monde finira par porter le même type de vêtements, manger la même sorte de nourriture et voir les mêmes films. Mais ceci n'est pas une description exacte du processus de mondialisation. Quiconque veut, de nos jours, aller au restaurant dans une grande ville occidentale n'a évidemment aucune difficulté à trouver des hamburgers et du Coca-Cola, pas plus que des sushis, des kebabs, de la bouffe tex-mex, thaïlandaise, chinoise, ou encore des fromages français et du cappuccino. Nous savons que les Américains écoutent la musique de Madonna et vont voir les films de Bruce Willis, mais on oublie trop facilement que, aux États-Unis, il existe 1 700 orchestres symphoniques, et qu'on y enregistre chaque année 7,5 millions de visites à l'opéra et 500 millions de visites dans les musées[1]. La mondialisation nous apporte non seulement les feuilletons américains et MTV, mais aussi des films de répertoire sur Movie Channel, des documentaires

1. Stephen Moore et Julian Simon, 2000, p. 218 et suiv.

sur Discovery et History Channel, et des nouvelles sur CNN et CNBC. Les chefs-d'œuvre de la musique et de la littérature ne sont qu'à quelques clics de souris sur le Web, et les classiques du cinéma peuvent être loués au vidéoclub le plus près.

Même s'il faut atténuer cette affirmation par de nombreuses exceptions, on peut dire que le monde avance vers un objectif commun, mais que celui-ci n'est pas la prédominance d'une seule culture. C'est plutôt la valeur de pluralisme, la liberté de choisir entre un certain nombre de chemins et de destinations différentes. Les choix spécifiques vont continuer à varier d'un individu à l'autre. La mondialisation et l'augmentation des échanges ont pour résultat que toutes les options deviennent soudainement accessibles dans chaque pays, et non que les différents pays choisissent tous les mêmes choses. Lorsque les marchés s'étendent à l'échelle internationale, les chances augmentent de voir même les manifestations culturelles les plus marginales survivre et s'épanouir. Il n'y a sans doute pas beaucoup de Suédois qui s'intéressent à la musique électronique expérimentale ou aux versions cinématographiques des romans de Dostoïevski, et les musiciens et cinéastes concernés ne pourraient jamais produire quoi que ce soit s'ils devaient compter uniquement sur un public suédois. Mais même un petit public ayant des goûts très spécialisés peut exercer un certain pouvoir d'achat lorsqu'il s'associe à des publics similaires dans d'autres pays. La mondialisation accroît nos chances d'obtenir exactement ce que nous voulons, même si nous sommes parmi les très rares personnes qui s'y intéressent dans notre milieu. Le folklore marocain et le roquefort français auront plus de chance de survivre si la demande pour ces produits vient de partout plutôt que d'un seul pays. Ainsi, la demande tout comme la fourniture de biens et d'objets culturels s'étendent à toute la planète ; c'est ce qui fait croire à beaucoup de gens que les différences sont en train de disparaître. Lorsque vous voyagez à l'étranger, vous retrouvez beaucoup de choses qui ressemblent à celles que vous avez chez vous : ces autres pays ont les mêmes produits et mêmes chaînes de magasins. Ce n'est pas l'uniformisation du monde et l'élimination des différences qui en sont la cause, mais l'extension du pluralisme. Les Américains sont avant-gardistes sur le plan culturel justement parce qu'ils ont pris l'habitude de produire pour un large public (l'utilisation de l'anglais comme langue internationale aidant à créer ce marché). Aujourd'hui, tous les pays peuvent avoir cette chance.

Il est évident que ces développements culturels présentent des aspects négatifs. Par exemple, lorsque nous voyageons à travers le monde, nous voulons voir des choses uniques et être dépaysés. Si nous arrivons à Rome et y trouvons des films hollywoodiens, des mets chinois, des jeux japonais et des voitures suédoises, nous trouvons que ça manque de couleur locale. De plus, nous sommes déjà familiers avec les spécialités italiennes comme la pizza, les pâtes et l'espresso. Le revers de pouvoir choisir n'importe quoi lorsque nous sommes chez nous, c'est qu'il est difficile de trouver un endroit ailleurs dans le monde qui semble authentique, du moins pour ce qui est des principales destinations touristiques. C'est certainement un problème, mais un problème de riches.

Un homme habitant à Prague recevait parfois la visite d'amis tchèques vivant à l'étranger. Ceux-ci déplorèrent un jour le fait que la ville avait maintenant des restaurants McDonald's, ce qui menaçait, selon eux, son charme distinctif. L'homme réagit de façon indignée. Comment pouvaient-ils considérer sa ville comme une sorte de musée, un endroit à visiter de temps en temps pour retrouver le passé et éviter la restauration rapide ? Il voulait vivre dans une vraie ville avec tous les services modernes, incluant la nourriture commode et bon marché à laquelle ces exilés tchèques avaient accès dans leur ville d'adoption. Une ville vivante ne peut pas se réduire à l'image d'un « été paradisiaque à Prague » qu'on cherche à vendre aux touristes. Les autres pays et sociétés n'existent pas pour nous fournir des vacances pittoresques. Eux aussi ont le droit de choisir ce dont ils ont besoin et ce qui, selon eux, leur convient[1].

Les cultures évoluent, et plus il y a de choix possibles, plus elles évolueront rapidement. Lorsqu'on peut lire à propos d'autres styles de vie et d'autres valeurs chaque jour dans le journal, et qu'on peut les voir à la télévision, le changement

---

1. Jonah Goldberg, 2000.

ne semble plus très radical. Mais il n'y a fondamentalement rien de nouveau dans le fait que les cultures changent, entrent en contact les unes avec les autres et s'influencent mutuellement. C'est ce qu'elles ont toujours fait. Le mot « culture » est lié à « cultiver » ; le changement et le renouveau font intrinsèquement partie de sa définition. Si nous tentons de figer certains aspects culturels dans le temps et que nous les mettons en relief comme des caractères distinctifs d'une société, ils cessent de représenter une culture vivante. Au lieu de faire partie de notre vie de tous les jours, ils deviennent des pièces de musée et du folklore. Il n'y a rien de mal à cela ; les musées sont des endroits intéressants. Mais on ne peut pas y vivre.

En tentant de comprendre le phénomène des cultures isolées et préservées du changement, l'anthropologue norvégien Thomas Hylland Eriksen a noté que la culture est un processus et qu'elle est conséquemment illimitée :

« Lorsque le gouvernement cherche à devenir le protecteur de l'identité culturelle de la population, la culture doit être définie et codifiée dans le langage administratif rigide de la bureaucratie. Elle cesse d'être vivante, dynamique, changeante et pluraliste et devient un portrait statique, une sorte de puzzle duquel on ne peut enlever un morceau sans gâcher l'image[1]. »

Même des traditions vivantes que nous considérons comme authentiques découlent souvent d'importations culturelles. Les étrangers ont parfois du mal à le croire, mais l'une des traditions suédoises les plus sacrées est celle de regarder Donald Duck à la télévision la veille de Noël, et une autre, qui a lieu onze jours avant, consiste à fêter un saint catholique italien en parant les cheveux des jeunes filles blondes de chandelles allumées. L'auteur péruvien Mario Vargas Llosa prétend avoir appris une chose cruciale pendant toutes les années où il a étudié les cultures du monde, et en particulier la culture française, que les politiciens français veulent protéger avec des tarifs et des subventions :

« La chose la plus importante que j'ai apprise est que les cultures n'ont pas besoin d'être protégées par les bureaucrates et les forces de police, ou placées derrière des barreaux, ou

1. Thomas Hylland Eriksen, 1999, p. 46.

isolées du reste du monde par des barrières douanières pour survivre et rester vigoureuses. Elles doivent vivre à l'air libre, être exposées aux comparaisons constantes avec d'autres cultures qui les renouvellent et les enrichissent, leur permettant de se développer et de s'adapter au flot constant de la vie. La menace qui pèse sur Flaubert et Debussy ne vient pas des dinosaures de *Jurassic Park* [le film de Steven Spielberg], mais de la bande de petits démagogues et chauvinistes qui parlent de la culture française comme s'il s'agissait d'une momie qui ne peut être retirée de sa chambre parce que l'exposition à l'air frais la ferait se désintégrer[1]. »

Les rencontres culturelles que permet la mondialisation réduisent le risque de voir les gens enfermés dans leur culture d'origine. Cela peut sembler une mauvaise nouvelle pour les gardiens de la tradition, mais beaucoup de gens ne peuvent imaginer plus grand accomplissement que celui d'échapper aux stéréotypes et aux contraintes de leur propre culture. Cela peut devenir nécessaire si l'on veut se libérer des rôles sexuels rigides, vivre selon ses propres valeurs ou briser la tradition familiale et choisir une éducation et une profession qui nous conviennent. Avoir d'autres modèles culturels à sa disposition peut alors s'avérer utile.

Comment l'élite peut-elle prétendre que son style de vie est le seul possible alors que la télévision et l'ordinateur déversent des informations sur un nombre infini d'alternatives ? Comment un gouvernement peut-il insister pour maintenir les structures familiales traditionnelles pendant qu'il négocie des accords commerciaux avec des ministres ouvertement homosexuels d'autres pays ? Des rencontres régulières avec des gens qui ne pensent pas et ne vivent pas comme nous constituent un antidote efficace contre l'étroitesse d'esprit et la suffisance.

En puisant dans ses propres souvenirs, le sociologue britannique Anthony Giddens a offert un exemple frappant pour illustrer à quel point une tradition présentée comme seule et unique voie peut s'avérer oppressive : « Lorsque je suis tenté de croire que la famille traditionnelle est la meilleure solution

1. Mario Vargas Llosa, 1993.

pour tous, je n'ai qu'à me souvenir de ce que ma grand-tante m'a déjà dit. Elle a eu l'un des plus longs mariages qu'on puisse imaginer, ayant passé plus de soixante ans avec le même homme. Elle me confia un jour qu'elle avait été très malheureuse avec lui pendant toute cette période. Dans son temps, il n'y avait pas moyen d'en sortir[1]. »

Il n'existe pas de formule toute faite pour indiquer jusqu'à quel point il faut accepter la modernité, et quelles sont les traditions qui doivent être préservées. C'est pourquoi les individus eux-mêmes doivent trouver cet équilibre. Cela implique qu'il est possible, mais pas nécessairement inévitable, que des formes culturelles plus anciennes disparaissent. Maintenant que des gens qui ne sont pas nés dans un environnement culturel particulier peuvent avoir accès à cette culture, son attrait et ses chances de survie augmentent d'une façon différente ; pas à cause du poids des habitudes, mais par un choix délibéré. L'auteur Salman Rushdie a fait remarquer que ce sont les arbres, et non les êtres humains, qui ont des racines.

## *La marche en avant de la liberté*

Lorsqu'un pays est ouvert aux influences étrangères, les idées les plus attrayantes et les plus convaincantes peuvent facilement s'y propager. C'est pourquoi les notions de liberté et d'individualisme ont pu acquérir tant de force à l'ère de la mondialisation. Rares sont les idées qui peuvent inspirer autant que celle de la maîtrise de sa propre destinée. Lorsqu'on découvre que les citoyens d'autres pays ont ce droit, on ne peut s'empêcher de le réclamer pour soi-même. Lorsqu'on a goûté à la liberté, on en redemande rapidement. C'est pourquoi les citoyens d'un pays qui jouissent de libertés économiques finissent aussi par exiger des droits politiques, et ceux qui vivent en démocratie demandent la liberté individuelle. Le concept de droits de la personne s'est répandu à travers le monde. S'il existe un domaine où les écarts dans la progression des sociétés s'amenuisent, c'est celui des droits poli-

1. Anthony Giddens, 1999, p. 66.

tiques, où l'on constate que de plus en plus de sociétés s'acheminent vers la démocratie, et que de plus en plus de gens sont autorisés à vivre comme ils l'entendent. Paradoxalement, ce qui devient de plus en plus similaire partout, c'est qu'on permet aux populations de faire des choix différents.

> « Le mépris qui s'abattait auparavant sur les membres des basses classes a presque complètement disparu. Il est devenu évident pour moi que tous les gens, y compris les intouchables, sont des êtres humains, qui doivent jouir de la même dignité que moi-même. Nous avons tous le sang de la même couleur. »
>
> — Ram Vishal, un vieux fermier indien, lui-même de caste intermédiaire[1]

Il est temps de mettre de côté les préceptes du relativisme culturel qui disent que certains peuples sont inaptes à vivre dans la liberté, qu'ils ont besoin de dirigeants forts, ou encore que personne n'a le droit d'intervenir dans les affaires des autres pays. Si des gouvernements étrangers oppriment ou même massacrent leur population, nous avons le droit, et même peut-être le devoir de nous y opposer. La croyance selon laquelle la dignité humaine ne signifie pas la même chose d'un côté ou de l'autre d'une frontière a été battue en brèche. Même s'il n'y a pas finalement eu de poursuites judiciaires, une étape cruciale a été franchie lorsqu'un procureur espagnol a forcé les autorités britanniques à arrêter l'ex-dictateur chilien Augusto Pinochet alors que celui-ci était en visite au Royaume-Uni. On peut comprendre pourquoi le dictateur cubain Fidel Castro était furieux de cette décision, même s'il appartient à un autre courant idéologique. Il a compris qu'il y avait de moins en moins d'endroits dans le monde où un dictateur peut se cacher. Aujourd'hui, des dictateurs et des tyrans qui pouvaient circuler n'importe où il y a à peine dix ans risquent d'être traînés devant des cours internationales et des tribunaux sur les crimes de guerre. En retour, cela a encouragé les systèmes nationaux de justice à emprunter la même voie, ce qui montre que les

1. Lasse Berg et Stig T. Karlsson, 2000, p. 51.

mesures internationales complètent les lois locales au lieu de les supplanter. À Rome, en 1998, un accord a été signé pour la mise sur pied d'une cour criminelle internationale qui rendra justice dans les cas de crimes contre l'humanité, de génocides ou de crimes de guerre. De plus en plus de pays ont décidé d'y adhérer et la cour pourra commencer ses opérations dans quelques années. Peut-être que, à l'avenir, les crimes contre l'humanité ne paieront plus.

Le futur n'est pas déterminé. Il n'existe pas de « voie unique » et rien ne nous force à accepter la mondialisation. Les militants antimondialisation ont parfaitement raison sur ce point. La mobilité des capitaux peut être contenue, les flux commerciaux peuvent être bloqués et les frontières peuvent être renforcées. Cela est déjà arrivé, suite au processus de mondialisation survenu à la fin du XIXe siècle. Le monde avait alors fait l'expérience de plusieurs décennies de démocratisation et de plus grande ouverture. Les gens pouvaient traverser les frontières sans passeport et se trouver un emploi sans permis de travail, tout comme ils pouvaient facilement devenir citoyens des pays où ils décidaient de s'établir. Or, après des dizaines d'années de propagande antilibérale et de conflits nationalistes, cet ordre fut remplacé au début du XXe siècle par un autre, caractérisé par la centralisation et la fermeture des frontières. Des pays qui échangeaient sur le plan commercial et collaboraient à la création de nouvelles valeurs de progrès commencèrent à se considérer comme des ennemis qui devaient se faire la guerre pour défendre de vieilles idées. On se mit à envisager la conquête de marchés comme un processus devant s'imposer par la force plutôt que par la libre concurrence. Le déclenchement de la Première Guerre mondiale en 1914 marque la fin de la période de mondialisation du XIXe siècle. Le protectionnisme et les passeports redevinrent courants, pour la première fois depuis quelques générations.

La mondialisation entraîne un certain nombre de phénomènes qui peuvent facilement susciter la méfiance et le rejet : des ajustements économiques difficiles, des intérêts menacés, des pratiques culturelles remises en question, des pouvoirs établis ébranlés. Lorsque les frontières deviennent plus perméables, ce ne sont pas uniquement les personnes, les biens et les capitaux qui peuvent facilement les traverser, mais aussi la criminalité et les maladies. Ceux qui appuient la mondialisation doivent démontrer que la plus grande liberté et les plus nombreuses opportunités de développement qu'elle permet compensent de tels problèmes. Ils doivent aussi expliquer que la mondialisation offre la possibilité de s'en occuper plus efficacement qu'avant. Sinon, il y a un sérieux risque de voir les idées antimondialisation prendre racine dans le monde occidental, auquel cas une récession ou une guerre commerciale sans importance pourrait entraîner une puissante réaction protectionniste. Après le krach de 1929, les États-Unis ont adopté une politique protectionniste draconienne, et tout ce qu'ils exportèrent par la suite fut la dépression économique. D'autres gouvernements répliquèrent de la même façon et le commerce s'effondra à l'échelle mondiale, diminuant des deux tiers en seulement trois ans. Une crise nationale provoqua une dépression d'une ampleur planétaire. Le retour du protectionnisme aujourd'hui entraînerait la stagnation dans les pays riches et une pauvreté encore plus grande dans les pays en développement. Dans le pire scénario, de nouveaux conflits suivraient, et la dynamique des représailles commerciales et financières amènerait les pays à se considérer comme des ennemis. Lorsque les gouvernements commencent à se replier sur eux-mêmes, à considérer ce qui vient de l'étranger comme une menace, le terrain devient propice à l'expansion des formes les plus simplistes et les plus grossières d'isolationnisme et de nationalisme.

Les risques de voir le processus de mondialisation s'effondrer sont moins grands aujourd'hui. Les ambitions impérialistes ont été battues en brèche et la mondialisation s'appuie sur des gouvernements démocratiques. Les notions de démocratie et de droits de la personne ont acquis une influence de plus en plus grande. L'Asie et l'Amérique latine sont de plus en plus étroitement intégrées à l'économie mondiale, et ce, par leur propre volonté. La plupart des pays visent à développer leurs relations commerciales par des ententes mutuelles, par exemple dans le cadre de l'Organisation mondiale du commerce, et les gouvernements puissants ne pourront donc pas facilement démolir le libre-échange. Même si la démocratie et le libre marché continuent à s'étendre, il n'y a pas de modèle unique pour tous. Des pays comme la Birmanie ou la Corée du Nord font la preuve qu'il est possible de s'isoler de la communauté internationale, pour autant qu'on soit prêt à en payer le prix en termes d'oppression et de pauvreté. Personne ne force non plus l'Union européenne à libéraliser ses marchés, si les Européens sont prêts à accepter la perte de liberté et de prospérité que cela implique – et la souffrance que cela entraîne dans les pays en développement qui sont visés par nos barrières tarifaires. Il n'est pas « nécessaire » de suivre le mouvement vers la mondialisation, c'est seulement souhaitable. La mondialisation ne pourra avancer par elle-même si personne ne la défend et ne s'attaque aux forces isolationnistes.

Tout changement suscite de la méfiance et de l'appréhension, parfois avec raison – même les changements positifs peuvent entraîner des conséquences pénibles à court terme. Nos dirigeants n'ont pas l'habitude de prendre la responsabilité des échecs et des problèmes, il est toujours plus facile de blâmer quelqu'un d'autre. La mondialisation est un bouc émissaire très utile. Elle recèle toutes les forces anonymes qui ont joué ce rôle à travers l'histoire : les autres pays, le marché, les influences obscures. La mondialisation ne peut se défendre lorsque des politiciens la tiennent responsable des économies chancelantes, de la pauvreté qui augmente et des élites qui s'enrichissent ; elle ne peut répliquer lorsque des entrepreneurs lui font porter le blâme pour des décisions qu'ils ont prises, qui les forcent à polluer l'environnement, à supprimer des emplois ou à augmenter leurs propres salaires. La mondialisation ne reçoit pas d'applaudissements quand les choses vont mieux, quand l'environnement s'améliore, quand l'économie roule à grande vitesse et que la pauvreté diminue. On trouve alors beaucoup de gens prêts à s'attribuer le mérite de ces développements positifs. La mondialisation ne fait pas de promotion pour elle-même. Si ce mouvement doit se poursuivre, il devra s'appuyer sur un combat idéologique en faveur de la liberté et à l'encontre des barrières et des contrôles.

Dans vingt-cinq ans, il y aura environ 2 milliards de personnes de plus sur la planète. Quatre-vingt dix-sept pour cent de cette croissance démographique se produira dans les pays en développement. Il n'existe aucun mécanisme automatique et prédéterminé pour décider dans quelle sorte de monde ces gens vivront et quelles seront les chances qui s'offriront à eux. Cela dépendra en grande partie de ce que chaque personne croira et pensera, et ce pour quoi elle sera prête à se battre.

♦

Dans le village chinois de Tau Hua Lin, Lasse Berg et Stig T. Karlsson ont rencontré des gens qui constatent que de nombreux changements se sont produits dans les mentalités depuis leur dernière visite : « La dernière fois que vous étiez ici, les gens avaient l'esprit fermé, leurs pensées étaient bâillonnées », explique Yang Zhengming, l'un des fermiers de l'endroit. Mais quand ils ont obtenu le contrôle de leurs lopins de terre, ils ont pu, pour la première fois, prendre des décisions dans leur propre intérêt. Même une modeste avancée de la liberté comme celle-ci a eu un impact révolutionnaire. Ces fermiers ont été forcés d'élaborer de nouveaux modes de pensée et de réfléchir par eux-mêmes lorsqu'on leur a permis de se préoccuper de leurs propres besoins et de ceux de leur famille au lieu de suivre les ordres des dirigeants. Les individus ne sont pas un moyen d'atteindre des objectifs supérieurs, ils sont une fin en soi. Yang poursuit en expliquant que « le fermier prenait ainsi possession de sa personne. Il n'avait plus à se soumettre. Il pouvait décider ce qu'il allait faire, quand et comment. Les fruits de son travail lui appartenaient. C'est la liberté qui nous a été rendue. Nous avons enfin pu penser par nous-mêmes ».

L'auteur Lasse Berg résume cette impression dans une perspective plus universelle : « Ce n'est pas uniquement dans l'esprit des Chinois que le mur de Chine est en train d'être démantelé. La même chose se produit partout dans le monde, au Bihar, au Timor oriental, en Ovamboland. Les gens découvrent que chaque individu a le droit de choisir sa propre vie. C'était loin d'être évident jusqu'à récemment. Cette découverte engendre un désir pour plus de liberté, mais aussi pour les bonnes choses de la vie, pour la prospérité[1]. »

1. Lasse Berg et Stig T. Karlsson, 2000, p. 162-171.

C'est cette nouvelle mentalité qui doit nous inspirer confiance, malgré toutes les lacunes qui subsistent. Il reste certainement des problèmes à régler ; la tyrannie et la pauvreté règnent encore sur une partie importante de la surface de la Terre. Des revers importants peuvent et vont sans doute se produire. Mais les gens qui savent que vivre dans une situation d'oppression et d'ignorance n'est pas une fatalité ne concevront plus cela comme la seule façon de vivre. Les gens qui comprennent qu'ils ne sont pas simplement des outils manipulés par la société mais des êtres à part entière n'accepteront plus de se soumettre. Les gens qui ont pris goût à la liberté ne consentiront plus à rester confinés derrière des murs et des clôtures. Ils vont s'employer à créer un monde meilleur pour eux-mêmes et pour les autres. Ils vont exiger la liberté et la démocratie. L'objectif premier de la politique devrait être de leur donner cette liberté.

# BIBLIOGRAPHIE


ADES, Alberto F. et Edward L. GLAESER. « Evidence on Growth, Increasing Returns, and the Extent of the Market », *Quarterly Journal of Economics*, vol. 114, n° 3, août 1999.

ALTENBERG, Per et Peter KLEEN. *Globalisering under Attack*, Stockholm, SNS, 2001.

ANDERSON, Kym, Bernard HOEKMAN et Anna STRUTT. *Agriculture and the WTO : Next Steps*, Washington DC, Banque mondiale et CEPR, août 1999. En ligne : http://wbweb4.worldbank.org/wbiep/trade/papers_2000/ag-rie-sept. pdf

ARONSSON, Gunnar et Klas GUSTAFSSON. « Kritik eller tystnad : en studie av arbetsmarknads-och anställningsförhållandens betydelse för arbetsmiljökritik », *Arbetsmarknad & Arbetsliv*, n° 3, 1999.

ÅSLUND, Ander. « Därför har Estland lyckats », *Svenska Dagbladet*, 2 août 2000.

ATTAC. « Platform of the Association Attac », 3 juin 1998. En ligne : http://www.attac.org/fra/asso/doc/plateformeen. htm

BAJPAI, Nirupam et Jeffrey SACHS. *The Progress of Policy Reform and Variations in Performance at the Sub-National Level in India*, document de discussion sur le développement n° 730, Cambridge (Mass.), Harvard Institute for International Development, 1999.

BANQUE MONDIALE. *World Development Report 1992 : Development and the Environment*, Washington DC, Banque mondiale, 1992.

BANQUE MONDIALE. *The East Asian Miracle : Economic Growth and Public Policy*, New York, Oxford University Press et Banque mondiale, 1993.

BANQUE MONDIALE. *Assessing Aid : What Works, What Doesn't, and Why*, New York, Oxford University Press et Banque mondiale, 1998.

BANQUE MONDIALE. *World Development Report 2000/2001 : Attacking Poverty*, New York, Oxford University Press et Banque mondiale, 2000a. En ligne : http://www.worldbank.org/poverty/wdrpoverty/report/index. htm

BANQUE MONDIALE. « Does More International Trade Openness Increase World Poverty ? », vol. 2 de *Assessing Globalization*, Washington DC, Banque mondiale, PREM Economic Policy Group et Development Economics Group, 2000b. En ligne : http://www.worldbank.org/html/extdr/pb/globalization/

BANQUE MONDIALE. *Income Poverty : Trends in Inequality,* Washington DC, Banque mondiale, 2000c. En ligne : http://www.worldbank.org/poverty/data/trends/inequal. htm

BANQUE MONDIALE. *Making Transition Work for Everyone : Poverty and Inequality in Europe and Central Asia,* Washington DC, Banque mondiale, 2000d.

BANQUE MONDIALE. *World Development Indicators 2000*, Washington DC, Banque mondiale, 2000e.

BARNEVIK, Percy. *Global Forces of Change : Lecture at the 1997 International Industrial Conference*, San Francisco, 29 sept. 1997.

BARTLETT, Bruce. « The Truth About Trade in History », *Freedom To Trade : Refuting the New Protectionism*, Washington DC, Cato Institute, 1997.

BASTIAT, Frédéric. *Det man ser och det man inte ser,* Stockholm, Timbro, 1999.

BELLAMY, Carol. *The State of World's Children 1997*, New York, UNICEF, 1997. En ligne : http://www.unicef. org/sowc97/

BEN-DAVID, Dan et L. Alan WINTERS. *Trade, Income Disparity and Poverty*, étude spéciale n° 5, Genève, Organisation mondiale du commerce, 2000. En ligne : http://www.wto.org/english/news_e/pres00_e/pr181_e. htm

BERG, Lasse et Stig T. KARLSSON. *I Asiens tid : Indien, Japan, Kina 1966-1999*, Stockholm, Ordfront, 2000.

BERGGREN, Niclas. « Economic Freedom and Equality : Friends or Foes ? », *Public Choice,* vol. 100, 1999.

BHAGWATI, Jagdish. *Protectionism*, Cambridge (Mass.), MIT Press, 1988.

BHAGWATI, Jagdish. « Why Free Capital Mobility May Be Hazardous to Your Health : Lessons From the Latest Financial Crisis », document présenté à la *NBER Conference on Capital Controls*, Cambridge (Mass.), 7 nov. 1998. En ligne : http://www.columbia. edu/~jb38/papers/NBER_comments. pdf

BIGSTEN, Arne et Jörgen LEVIN. *Tillväxt, inkomstfördelning och fattigdom i u-länderna*, Stockholm, Globkom, sept. 2000. En ligne : http://www.globkom.net/rapporter. phtml

BURNSIDE, Craig et David DOLLAR. « Aid, Policies, and Growth », *American Economic Review*, vol. 90, n° 4, sept. 2000.

BURTLESS, Gary, Robert LAWRENCE et Robert SHAPIRO. *Globaphobia : Confronting Fears about Open Trade*, Washington DC, Brookings Institution, 1998.

CASSEN, Bernard. « Who Are the Winners, and Who Are the Losers of Globalization ? », discours prononcé à la *Amis UK Conference « Globalization in Whose Interest ? »*, Londres, Conway Hall, 17 juin 2000.

CASSEN, Bernard. « ATTAC lider af børnesygdomme », entrevue de Lars Mogensen, *Danish Information*, 23 févr. 2001a.

CASSEN, Bernard. « Globalisering kun til besvaer », entrevue de John Einar Sandvand, *Norwegian Aftenposten*, 2 mars 2001b.

CLINELL, Bim. *Attac : gräsrötternas revolt mot marknaden*, Stockholm, Agora, 2000.

COX, Michael W. et Richard ALM. *Myths of Rich and Poor Why We're Better Off than We Think*, New York, Basic Books, 1999.

CROOK, Clive. « Third World Economic Development », dans Henderson (éd), *The Fortune Encyclopedia of Economics*, New York, Warner Books, 1993.

DASGUPTA, Susmita, Ashoka MODY, Subhendu ROY et David WHEELER. *Environmental Regulation and Development : A Cross-Country Empirical Analysis*, document de travail, Washington DC, Banque mondiale, mars 1995.

DE GRAUWE, Paul et Filip CAMERMAN. « How Big are the Big Multinational Companies ? », *Mimeo*, janv. 2002. En ligne : http://www202.pair.com/sterckx/publicatie. php3 ? pub = globalisering/multinationals. htm

DEININGER, Klaus et P. OLINTO. *Asset Distribution, Inequality and Growth*, Washington DC, Banque mondiale, 2000 (RP, 2375).

DEININGER, Klaus, P. OLINTO et Lyn SQUIRE. « New Ways of Looking at the Old Issues : Asset Inequality and Growth », *Journal of Development Economics*, vol. 57, 1998, p. 259-287.

DEMERY, Lionel et Lyn SQUIRE. « Macroeconomic Adjustment and Poverty in Africa : An Emerging Picture », *The World Bank Research Observer*, vol. 11, n° 1, févr. 1996.

DOHERTY, Brian, « WHO Cares ? », *Reason Magazine*, janv. 2002.

DOLLAR, David et Aart KRAAY. *Growth is Good for the Poor*, document de travail, Washington DC, Banque mondiale, mars 2000a. En ligne : http://www.worldbank.org/research/growth/pdfiles/growthgoodforpoor.pdf

DOLLAR, David et Aart KRAAY. *Property Rights, Political Rights, and the Development of Poor Countries in the Post-Colonial Period*, document préliminaire, Washington DC, Banque mondiale, oct. 2000b.

DOLLAR, David et Aart KRAAY. *Trade, Growth and Poverty*, document préliminaire, Washington DC, Banque mondiale, janv. 2001.

DONWAY, Roger. « Lands of Liberty », *Navigator*, n° 4, 2000.

EASTERLY, William. *How Did Highly Indebted Countries Become Highly Indebted ? Reviewing Two Decades of Debt Relief*, document de travail n° 2225, Washington DC, Banque mondiale, 1999. En ligne : http://wbln0018.worldbank.org/Research\workpapers. nsf/View + to + Link + WebPages/FEACC810073AEEAC8525682C005C94C4 ? OpenDocument

EDWARDS, James Rolph. « The Myth of Capital Power », *Liberty*, janv. 2001.

EDWARDS, Sebastian. *Openness, Productivity and Growth*, document de travail n° 5978, Cambridge (Mass.), National Bureau of Economic Research, 1997.

EDWARDS, Sebastian. « A Capital Idea ? », *Foreign Affairs*, mai-juin 1999.

EHNMARK, Anders. *Minnets hemlighet : en bok om Erik Gustaf Geijer*, Stockholm, Norstedts, 1999.

EICHENGREEN, Barry *et al. Capital Account Liberalization : Theoretical and Practical Aspects*, Washington DC, IMF, 1998.

EKLUND, Klas. « Globala kapitalrörelser », dans *Välfärd, politik och ekonomi i en ny värld*, Stockholm, Arbetarrörelsens Ekonomiska Råd, 1999.

ELMBRANT, Björn. *Hyperkapitalismen*, Stockholm, Atlas, 2000.

ERIKSEN, Thomas Hylland. *Kulturterrorismen : en uppgörelse med tanken om kulturell renhet*, Nora, Nya Doxa, 1999.

*Fakta och myter om globalisering : en artikelserie ur The Economist*, Stockholm, Timbro, 1998. (« School Briefs on Globalization », *The Economist*, aut. 1997.)

FEATHERSTONE, Liza et Doug HENWOOD. « Clothes Encounters : Activists and Economists Clash over Sweatshop », *Lingua Franca*, vol. 1, n° 2, mars 2001.

FORRESTER, Viviane. *L'Horreur économique*, Paris, Fayard, 1996.

FRANÇOIS, Joseph, Hans H. GLISMANN et Dean SPINANGER. *The Cost of EU Trade Protection in Textiles and Clothing*, Stockholm, ministère des Affaires étrangères, mars 2000.

FRANKEL, Jeffrey et David ROMER. « Does Trade Growth Cause Growth ? », *The American Economic Review*, vol. 89, n° 3, juin 1999.

FREEDOM HOUSE. *Freedom in the World 2000-2001*, New York, Freedom House, 2001. En ligne : http://www. freedomhouse. org/research/freeworld/2001/essay1.htm

FREEDOM HOUSE. « Democracy's Century : A Survey of Global Political Change in the 20th Century », New York, Freedom House, 2000. En ligne : http://www.freedomhouse. org/reports/century. pdf

FRIEDMAN, Thomas L. *The Lexus and the Olive Tree : Understanding Globalization*, New York, Harper Collins, 1999.

GALLUP, John Luke, Steven RADELET et Andrew WARNER. *Economic Growth and the Income of the Poor*, document de discussion CAER II n° 36, Cambridge (Mass.), Harvard Institute for International Development, nov. 1998. En ligne : http://www.hiid. harvard. edu/caer2/htm/content/papers/confpubs/paper36/paper36.htm

GEORGE, Susan. « Dom kallar oss huliganer », entrevue de Bim Clinel, *Ordfront*, n° 12, 2000.

GHOSE, Ajit K. *Trade Liberalization and Manufacture Employment*, document n° 3, Genève, Organisation internationale du travail, 2000. En ligne : http://www.ilo.org/public/english/employment/strat/publ/ep00-3.htm

GIDDENS, Anthony. *Runaway World : How Globalization is Reshaping Our Lives*, Londres, Profile Books, 1999.

GOLDBERG, Jonah. « The Specter of McDonald's : An Object of Bottomless Hatred », *National Review*, 5 juin 2000.

GOLDSMITH, Arthur. *Institutions and Economic Growth in Africa*, document de discussion sur l'économie africaine n° 7, Cambridge (Mass.), Harvard Institute for International Development, juill. 1998. En ligne : http://www.eagerproject.com/discussion7.shtml

GREENHOUSE, Steven et Joseph KHAN. « Workers' Rights : US Effort to Add Labor Standards to Agenda Fails », *New York Times*, 3 déc. 1999.

GROSSMAN, Gene M. et Alan B. KRUEGER. *Economic Growth and the Environment*, document de travail n° 4634, Cambridge (Mass.), National Bureau of Economic Research, 1994.

GUNNARSSON, Christer et Mauricio ROJAS. *Tillväxt, stagnation, kaos : en institutionell studie av underutvecklingens orsaker och utvecklingens möjligheter*, Stockholm, SNS, 1997.

GWARTNEY, James, Robert LAWSON et Dexter SAMIDA (éds). *Economic Freedom of the World 2000*, Vancouver, Fraser Institute, 2000. En ligne : http://www.fraserinstitute.ca/publications/books/econ_free_2000/

GWARTNEY, James *et al.* (éds). *Economic Freedom of the World 2000*, Vancouver, Fraser Institute, 2001. En ligne : http://www.fraserinstitute.ca/publications/books/efw_2001/

HAMMAR, K. G. *et al.* « Kd-ledaren ohederlig », *Dagens Nyheter*, 1er oct. 2000.

HAMMAR, K. G. *et al.* « Att vända maktens pyramider », entrevue de Håkan A. Bengtsson et Per Wirtén, *Arena*, n° 6, 2000.

HANSSON, Åsa. *Limits of Tax Policy*, Lund, The University, coll. « Lund Economic Studies », n° 90, 2000.

HEDSTRÖM, Ingrid et Ewa STENBERG. « Flyktingar får inte chansen att söka asy », *Dagens Nyheter*, 11 mars 2001.

HERTEL, Thomas W. et Will MARTIN. *Would Developing Countries Gain from Inclusion of Manufactures in the WTO Negociations ?,* document présenté à la *WTO/World Bank Conference on Developing Countries in a Millennium Round*, Genève, Organisation mondiale du commerce, Centre William Rappard, 20-21 sept. 1999. En ligne : http://www.itd.org/wb/hertel.doc

HIRST, Paul et Grahame THOMPSON. *Globalization in Question*, Cambridge (R.-U.), Polity Press, 1996.

HORESH, Ronnie. « Trade and Agriculture : The Unimportance of Being Rational », *New Zealand Orchardist*, avril 2000.

ILLARIONOV, Andrei. « Russia's Potemkin Capitalism », dans Vásquez (éd.), *Global Fortune*, Washington DC, Cato Institute, 2000.

JAFFE, Adam B. *et al.* « Environmental Regulation and the Competitiveness of US Manufacturing : What Does the Evidence Tell Us ? », *Journal of Economic Literature*, vol. 33, n° 1, mars 1995.

KLEIN, Naomi. *No Logo : Taking Aim at the Brand Bullies*, Londres, Flamingo Books, 2000.

KUZNETS, Simon. « Economic Growth and Income Inequality », *American Economic Review*, vol. 5, mars 1955, p. 26.

LARSSON, Tomas. « Asia's Crisis of Corporatism », dans Vásquez (éd.), *Global Fortune*, Washington DC, Cato Institute, 2000.

LARSSON, Tomas. *Falska mantran : globaliseringsdebatten efter Seattle*, Stockholm, Timbro, 2001a. En ligne : http://www.timbro.se/bokhandel/pdf/75664801.pdf

LARSSON, Tomas. *The Race to the Top : The Real Story of Globalization*, Washington DC, Cato Institute, 2001b.

LEUFSTEDT, Sofia et Fredrik VOLTAIRE. *Vad säger empirin om skatter och sysselsättning ?,* Stockholm, Svensk Handel, sept. 1998. En ligne : http:/beta.svenskhandel. se/Filer/empiri. pdf

LOMBORG, Bjørn. *The Sceptical Environmentalist : Measuring the Real State of the World*, Cambridge (R.-U.), Cambridge University Press, 2001.

LOW, Patrick, Marcelo OLARREGA et Javier SUAREZ. *Does Globalization Cause a Higher Concentration of International Trade and Investment Flows ?*, document de travail ERAD, Genève, Organisation mondiale du commerce, 1998.

LUKAS, Aaron. *Globalization and Developing Countries*, Washington DC, Cato Institute, 2000 (WTO Report Card III, Trade Briefing Paper). En ligne : http://www.freetrade.org/pubs/briefs/tbp-010.pdf

MADDISON, Angus. *Monitoring the World Economy 1820-1992*, Paris, Development Centre of the Organisation for Economic Cooperation and Development, 1995.

MADDISON, Angus. *The World Economy : A Millennial Perspective*, Paris, OCDE, 2001.

MARTIN, Hans-Peter et Harald SCHUMANN. *The Global Trap : Globalization and the Assault on Prosperity and Democracy*, Londres, Zed Books, 1997.

MAUSZ, Steven J. et David TARR. *Adjusting to Trade Policy Reform*, document de travail, Washington DC, Banque mondiale, 1999. En ligne : http://www.worldbank.org/html/dec/Publications/Workpapers/wps2000series/wps2142/wps2142.pdf

McNULTY, Sheila. « Investors Lose Faith in Malaysia's Weak Reforms », *Financial Times*, 17 janv. 2001.

MELCHIOR, Arne, Kjetil TELLE et Henrik WIIG. *Globalisering och ulikhet : Verdens inntektsfordeling og levestandard 1960-1998,* Oslo, Royal Norwegian Ministry of Foreign Affairs, 2000.
Voir aussi la version anglaise abrégée : *Globalization and Inequality : World Income Distribution and Living Standards, 1960-1998*, études sur les Affaires étrangères, rapport 6 : B, 2000. En ligne : http://xodin.dep.no/ud/engelsk/publ/rapporter/032001-990349/index-dok000-b-n-a.html

MESSERLIN, Patrick. *Measuring the Costs of Protection in Europe*, Washington DC, Institute for International Economics, 2001.

MICKLETHWAIT, John et Adrian WOOLDRIDGE. *A Future Perfect*, New York, Random House, 2000.

MOORE, Stephen et Julian L. SIMON. *It's Getting Better All the Time : Greatest Trends of the Last 100 Years*, Washington DC, Cato Institute, 2000.

NORBERG, Johan et Paula Werenfels RÖTTORP. *Från Lutherhjälpen till skyltfönsterkrossare – en kartläggning av frihandelsmotståndet*, éd. rev. et corr., Stockholm, Svensk Handel, 2001. En ligne : http://beta.svenskhandel.se/Filer/frihandel2.pdf

NORDIN, Ingemar. *Etik, teknik och samhälle*, Stockholm, Timbro, 1992.

NORDSTRÖM, Håkan. *The Trade and Development Debate : An Introductory Note with Emphasis on WTO Issues*, Stockholm, Kommittén om Sveriges politik för global utveckling, Globkom, mars 2000. En ligne : http://www.globkom.net/rapporter.phtml

NORDSTRÖM, Håkan et Scott VAUGHAN. *Trade and Environment*, étude spéciale, Genève, WTO publications, 1999.

OBSTFELD, Maurice et Kenneth ROGOFF. « The Mirage of Fixed Exchange Rates », *Journal of Economic Perpectives*, aut. 1995.

OCDE. *Survey of OECD Work on International Investment*, document de travail sur les investissements étrangers, Paris, OCDE, 1998.

OCDE. *International Trade and Core Labour Standards*, Paris, OCDE, 2000.

O'DRISCOLL, Gerald P. Jr, Kim R. HOLMES et Melanie KIRKPATRICK. *The 2001 Index of Economic Freedom*, Washington DC, Heritage Foundation et *Wall Street Journal*, 2001. En ligne : http://www.heritage.org/index/2001/

ÖRN, Gunnar. *Nationalekonomi för noviser*, Stockholm, Timbro, 1996.

ÖSTERBERG, Torun. *Economic Perspectives on Immigrants and Inter-Generational Transmissions*, dissertation, Gothenburg, The University, 2000.

OVERSEAS DEVELOPMENT INSTITUTE. *Developing Countries in the WTO*, communiqué n° 3, Londres, Overseas Development Institute, 1995.

OXFAM. « The Clothes Trade in Bangladesh », Oxford. En ligne : http://www.oxfam.org.uk/campaign/clothes/clobanfo. htm

PAGROTSKY, Leif. « Varför en ny WTO-runda ? », discours prononcé devant le comité de l'Union européenne portant sur l'Organisation mondiale du commerce, 25 nov. 1999.

PNUD. *Human Development Report 1997*, New York, Oxford University Press et Programme des Nations unies pour le développement (PNUD), 1997.

POMFRET, John. « Chinese Are Split Over WTO Entry », *Washington Post*, 13 mars 2000.

POMFRET, John et Michael LARIS. « Chinese Liberals Welcome WTO Bid », *Washington Post*, 18 nov. 1999.

RADELET, Steven et Jeffrey SACHS. *What Have We Learned, So Far, From the Asian Financial Crisis ?*, document de discussion CAER II n° 37, Cambridge (Mass.), Harvard Institute for International Development, mars 1999. En ligne : http://www.hiid.harvard. edu/caer2/htm/content/papers/paper37/paper37.htm

RADETZKI, Marian. *Den gröna myten : ekonomisk tillväxt och miljöns kvalitet*, Stockholm, SNS, 2001.

RAND, Ayn. *Capitalism : The Unknown Ideal*, New York, New American Library, 1966.

RANKKA, Maria. *Frihet med förhinder : in- och utvandring i vår tid*. Stockholm, Timbro, 2000. En ligne : http://www.timbro.se/bokhandel/pdf/917566481x.pdf

RODRIGUEZ, Francisco et Dani RODRIK. *Trade Policy and Economic Growth : A Skeptic's Guide to the Cross-National Evidence*, document de travail n° 7081, Cambridge (Mass.), National Bureau of Economic Research, 1999.

ROJAS, Mauricio. *Millennium Doom : Fallacies About the End of Work*, Londres, Social Market Foundation, 1999.

ROODMAN, David. « Worldwatch Proposes 2000$ Tax Cut per Family to Save the Planet », communiqué, Washington DC, 12 sept. 1998. En ligne : http://www.worldwatch.org/alerts/pr980912.html

ROSENBERG, Nathan et L.E. BIRDZELL Jr. *How the West Grew Rich : The Economic Transformation of the Industrial World*, New York, Basic Books, 1986.

RUDBECK, Carl. *Creole love call : kultur i den globala eran*, Stockholm, Timbro, 1998. En ligne : http://www. timbro. se/bokhandel/pejling/pdf/75663805.pdf

RÄDDA, Barnen. « Faktablad om barnarbete ». En ligne : http://www.raddabarnen.se/fakta/arbBarn2000/

SACHS, Jeffrey. « External Debt, Structural Adjustment, and Economic Growth », document présenté au groupe de recherche sur le G-24 à Washington DC, le 18 sept. 1996, Genève, Intergovernmental Group of 24 on International Monetary Affairs.

SACHS, Jeffrey et Andrew WARNER. « Economic Reform and the Process of Global Integration », *Brookings Papers on Economic Activity*, n° 1, 1995.

SACHS, Jeffrey et Andrew WARNER. « Sources of Slow Growth in African Economies », *Journal of African Economies*, vol. 6, n° 3, 1997, p. 335-376.

SALLY, Razeen. « Free Trade in Practice : Estonia in the 1990s », *Central Europe Review*, n° 27, 2000.

SCULLY, G. W. *Constitutional Environments and Economic Growth*, Princeton (New Jersey), Princeton University Press, 1992.

SEN, Amartya. *Development as Freedom*, New York, Anchor Books, 1999.

SHORT, Clare. *Eliminating World Poverty : Making Globalisation Work for the Poor*, livre blanc sur le développement international, Londres, HMSO, déc. 2000. En ligne : http://www.globalisation.gov.uk/intro. htm

SIFO. « Stress i arbetslivet, pensioner : en undersökning för Pensionsforum i januari 2001 », Stockholm, Sifo, 13 févr. 2001.

SIMON, Julian. *The State of Humanity*, Oxford, Blackwell Publishers, 1995.

SMITH, Adam. *An Inquiry Into the Nature and Causes of the Wealth of Nations*, Indianapolis (Ind.), Liberty Classics, 1981.

DE SOTO, Hernando. *The Mystery of Capital : Why Capitalism Triumphs in the West and Fails Everywhere Else*, Londres, Bantam Press, 2000.

SRINIVASAN, T. N. et Jagdish BHAGWATI. « Outward-Orientation and Development : are Revisionists Right ? », *Professor Anne Krueger Festschrift*, sept. 1999. En ligne : http://www.columbia.edu/~jb38/Krueger. pdf

SVENSSON, Mattias. *Mer demokrati – mindre politik*, Stockholm, Timbro, 2000. En ligne : http://www. timbro. se/bokhandel/pejling/pdf/75664666.pdf

TOBIN, James. « Financial Globalization : Can National Currencies Survive ? », document présenté à la *Annual World Bank Conference on Development Economics,* Washington DC, Banque mondiale, 20-21 avr. 1998.

TOBIN, James. Entrevue radiophonique, Australie. 17 nov. 1998. En ligne : http://www.abc.gov.au/money/vault/extras/extra14.htm

TODARO, Michael P. *Economic Development*, 6e éd., Reading, Addison Wesley Longman, 1997.

VARGAS LLOSA, Mario. « Konstnärliga verk är också varor », *Dagens Nyheter*, 28 oct. 1993.

VÀSQUEZ, Ian (éd.). *Global Fortune : The Stumble and Rise of World Capitalism*, Washington DC, Cato Institute, 2000.

VLACHOS, Jonas. *Är ekonomisk tillväxt bra för de fattiga ? : en översikt över debatten*, Stockholm, Globkom, 2000, En ligne : http://www.globkom.net/rapporter/vlachos. pdf

WHEELER, David. *Racing to the Bottom ? : Foreign Investment and Air Pollution in Developing Countries*, document de travail n° 2524, Washington DC, Banque mondiale, 2000. En ligne : http://econ.worldbank.org/view.php?type=5 & id = 1340

WHEELER, David, M. HUQ et P. MARTIN. *Process Change, Economic Policy and Industrial Pollution : Cross Country Evidence from the Wood Pulp and Steel Industries*, document présenté à la réunion annuelle de l'American Economic Association, 1993.

YAGO, Glenn et David GOLDMAN. *Capital Access Index Fall 1998: Emerging and Submerging Markets*, Santa Monica (Calif.), Milken Institute, 1998. En ligne : http://www.milkeninstitute.org/poe. cfm ? point = pub03

YAO, Shuije. « Economic Development and Poverty Reduction in China over 20 Years of Reform », *Economic Development and Cultural Change*, vol. 48, n° 3, 2000, p. 447-474.

YERGIN, Daniel et Joseph STANISLAW. *The Commanding Heights : The Battle between Government and the Marketplace that is Remaking the Modern World*, New York, Free Press, 1998.

Cet ouvrage a été réalisé
par **Bussière Camedan Imprimeries**
à Saint-Amand-Montrond (Cher)
pour le compte des éditions Plon
76, rue Bonaparte
Paris 6e
en décembre 2003

N° d'édition : 13702. — N° d'impression : 035869/1.
Dépôt légal : décembre 2003.
*Imprimé en France*